SVEN HASSEL

CAMARADES
DE FRONT

Traduit du danois
par Elsa Boissy

ÉDITIONS DU
ROCHER
Jean-Paul Bertrand

Du même auteur
chez le même éditeur

Les Panzers de la mort
La Légion des damnés

Titre original : *Frontkammerater*.
Tous droits de traduction, de reproduction et d'adaptation réservés pour tous pays.
© Éditions du Rocher, 2000, pour la présente édition.
ISBN 2 268 03830 0

La moindre souffrance dans ton petit doigt me cause plus de souci que la mort de millions d'hommes.

On nous avait amenés au Centre de pansements, où notre saleté repoussante et la vermine qui grouillait sur nos plaies ouvertes jetèrent le chirurgien dans un transport de colère.

— Je n'ai jamais vu de tels cochons! s'écria-t-il.

Ce médecin très jeune, et frais émoulu de l'Ecole de Graz, n'avait en effet pas vu grand-chose. Petit-Frère le traita de mille noms à base scatologique, ce qui augmenta sa fureur, et il jura sur l'honneur que ce soldat serait châtié si toutefois il en réchappait. En attendant, il s'amusa beaucoup de l'entendre hurler pendant qu'il retirait les éclats d'obus qui truffaient cette montagne de chair.

Ce très jeune médecin ne connaissait rien d'autre, il n'était qu'un enfant qui ne devait jamais grandir. On le fusilla trois semaines plus tard, attaché à un peuplier. Il avait opéré un général qui venait d'être mordu par une vipère et le général était mort sous le bistouri de l'enfant. Le chirurgien de l'état-major, étant ivre, n'avait pu faire l'opération, mais quelqu'un exigea un rapport et le chirurgien de l'état-major s'empressa d'accabler son jeune collègue. Incompétence et manquement au devoir, déclara le conseil de guerre. Le jeune homme cria désagréablement quand on le traîna vers le peuplier; il fallut se mettre à quatre pour le porter, et on nota que son cœur battait à se rompre. Les soldats l'encouragèrent avec bienveillance et lui dirent qu'il fallait être un homme. Mais il est difficile d'être un homme quand on n'a que vingt-trois ans et l'illusion d'être quelqu'un parce qu'on porte deux étoiles sur les manches.

Ce fut une vilaine exécution, dirent ceux du peloton. De vieux fantassins qui cependant en avaient vu bien d'autres! C'étaient des as du 94ᵉ.

1

*TRAIN HÔPITAL AUXILIAIRE
877 EST*

LE gel tranchait, comme des lames rougies au feu, dans toute matière vivante ou morte. Au loin, dans la forêt, on entendait craquer les arbres. La locomotive, traînant le long train sanitaire, sifflait sa déchirante plainte, et sa vapeur blanche paraissait froide en ce jour d'hiver russe. Les chauffeurs portaient de lourds bonnets de fourrure et des vestes fourrées. Des centaines de blessés s'entassaient dans les wagons de marchandises marqués de grandes croix rouges, où la neige du ballast que soulevait la vitesse du train pénétrait en tourbillons, par les côtés couverts de givre.

Je gisais dans la voiture 48 avec Petit-Frère et le légionnaire. Petit-Frère avait reçu un éclat dans le dos et une grenade lui avait arraché la moitié de ses fesses. Il était couché dans la paille, sur le ventre.

— Tu ne crois pas que je suis bon pour une bonne planque? A cause de cette fesse restée chez Ivan?

Le légionnaire, qui regardait plusieurs fois par jour dans une glace ses multiples dégâts personnels, se mit à rire doucement.

— Tu es aussi naïf que costaud. Les bataillons disciplinaires, ça ne trouve une planque que lorsque c'est la tête qui y est restée. Toi, tu vas refiler vers le front pour y laisser ton autre fesse.

Petit-Frère retomba sur sa paille en jurant. Le légionnaire lui tapa sur l'épaule.

— Du calme, gros porc, sinon tu risques d'être flanqué hors du wagon à la prochaine vidange des héros défunts !

Huber, là-bas près de la paroi, avait cessé de crier.

— Il a dû crever, murmura Petit-Frère.

— Oui, et ce ne sera pas le seul, chuchota le légionnaire en essuyant son front en sueur.

Il avait beaucoup de fièvre et le pus coulait du pansement vieux de huit jours qui recouvrait mal son épaule. C'était sa seizième blessure. Les quatorze premières dataient de la Légion étrangère où il avait servi douze ans, de sorte qu'il se considérait comme plus Français qu'Allemand, avec sa mince silhouette, son visage tanné, sa petite taille et son éternel mégot.

— De l'eau, bon Dieu, de l'eau ! supplia le sous-officier Huhn qui avait le ventre ouvert.

Quelqu'un près de la porte jura : — La ferme ! On n'a que son urine à boire et si tu le fais, les salauds te colleront au mur pour maladie volontairement contractée.

L'homme au ventre ouvert se mit à pleurer. Un autre, à l'autre bout du wagon, eut un rire mauvais :
— Fais comme nous si tu veux boire. Lèche la glace du wagon.

Le feldwebel, mon voisin, se redressa à demi malgré les douleurs de son bas-ventre troué d'une balle de mitrailleuse.

— Camarades ! Le Führer prendra soin de nous.
— Il leva le bras pour un raide salut et entonna le début d'une marche nazie, mais il retomba épuisé sur la paille. Les rires fusèrent vers le toit couvert de givre.

— Le héros se fatigue, grogna une voix, pendant qu'Adolf, il doit s'en coller plein la lampe !

— Je vous ferai passer en conseil de guerre, hurla le feldwebel.

Petit-Frère jeta une marmite de choux puants à la tête de l'homme.

— Ta gueule ! Si mon cul n'était pas dans un tel état, je te couperais ce qui te sert de cervelle pour l'envoyer à ton Parti.

Le train s'arrêta avec une violente secousse qui nous fit crier de douleur. Le froid s'infiltrait davantage, rendant doigts et orteils insensibles. Le givre grimaçait à nos visages, sans pitié. Il y en avait qui s'amusaient à graver les parois gelées avec une pointe de baïonnette : des animaux, de jolis petits animaux qui s'effaçaient peu à peu, mais l'un d'eux, un petit chien, aussitôt appelé Oscar, fut redessiné maintes et maintes fois parce que nous nous étions mis à l'aimer. Lorsque desséchés de soif, nous léchions la paroi glacée, nous faisions très attention de ne pas abîmer Oscar.

— Où allons-nous ? demanda le petit fantassin de dix-sept ans qui avait les deux pieds écrasés.

— A la maison, petit, lui chuchota un sous-officier blessé à la tête.

— Tu entends ça ! rigola le marin de la mer Noire au fémur écrasé. C'est quoi, ta maison ? Le paradis à Hitler où les anges d'Adolf jouent « Horst Wessel » avec des croix gammées sur le crâne ? — Il grimaça vers les stalactites du toit qui scintillaient d'une lueur glacée.

Le train repartit, cet étrange train sanitaire fait de quatre-vingt-six wagons à bestiaux, sales et gelés, pleins de cette misère humaine que l'on nomme des héros. Des héros qui bavaient, juraient, pleuraient, des épaves terrorisées se tordant de douleur, cette sorte de héros dont les stèles ne parlent jamais.

— Dis donc, l'Arabe ! s'écria Petit-Frère, quand on sera dans cet hôpital de malheur je commencerai par m'en foutre plein la lampe, et après, ce que je vais m'en envoyer...!

Ses yeux brillaient de désir. C'était la première fois de sa vie qu'il allait à l'hôpital et cet établissement représentait pour lui une sorte de bordel où les clients recevaient un service très complet.

Le légionnaire eut un rire sec : — La raison te viendra, mon garçon. Pour commencer tu vas suer des bouts de fer par tous les pores et tu en perdras le goût de la bagatelle, crois-moi !

— Ça fait très mal quand ces bouchers vous coupent dans la viande? demanda le géant effrayé.

Le légionnaire tourna la tête et contempla le gros visage bestial, blême de peur devant ce qui l'attendait.

— Affreux. On te débite des tranches dans le lard, tu ne peux même plus dire ouf !

— Sainte Mère de Dieu, gémit Petit-Frère.

Le train s'inclina et grinça le long d'une vaste courbe.

— Quand j'aurai été rafistolé à l'hôpital, pensai-je tout haut, je me trouverai une maîtresse, mais une maîtresse chère, à manteau de vison, et pleine d'expérience.

— Je vois le genre, dit le légionnaire en claquant la langue. Un morceau de choix !

— Qu'est-ce que c'est qu'une maîtresse? interrompit Petit-Frère. — Nous lui expliquâmes la chose consciencieusement. — Une putain en dehors du bordel ! Pas possible... ! Et on peut en lever des comme ça ? — Il ferma les yeux et se mit à rêver d'un bataillon de belles filles jouant du derrière.

— Qu'est-ce que ça coûte, une fille comme ça ? demanda-t-il en n'ouvrant qu'un œil.

— Toute une année de solde, chuchotai-je, et j'oubliai la douleur de mon dos en pensant à ma maîtresse en vison.

— J'ai eu une fois une maîtresse à Casablanca, rêva le petit légionnaire. C'était juste après avoir été nommé sergent à la 3ᵉ compagnie. Bonne compagnie, chef épatant, pas un merdeux.

— Au diable avec ton chef, grognai-je. Tous les chefs sont des merdeux, parle-nous plutôt de ta poule.

— C'était la femme dépravée d'un armateur plein aux as. Elle n'avait plus vingt ans et son grand plaisir était de se payer des amants, puis de les vider l'un après l'autre.

— Et tu as été liquidé? Comme les autres?

— Non, mentit le légionnaire, c'est moi qui ai filé. Elle avait une peau olivâtre, des cheveux de jais et des dessous qui vous faisaient l'effet d'un Rœderer brut 1926. Si tu l'avais vue, mon garçon !

Le sous-officier blessé à la tête rit doucement :
— Tu es un gourmet, j'aimerais te voir à l'œuvre.

Le légionnaire qui fermait les yeux, un étui de masque à gaz sous la nuque, ne lui octroya pas un regard : — Les femmes ne m'intéressent plus, ce sont de vieux souvenirs.

— Quoi? demanda le sous-officier médusé, es-tu passé à l'ennemi?

Des rires éclatèrent qui fustigèrent le légionnaire.
— Est-ce que ça te regarde, merdeux de fantassin?
— Furieux, il jeta une botte vers le sous-officier qui l'évita. Elle atteignit l'aviateur mourant mais il ne s'en aperçut même pas.

— Bien visé! ricana l'autre.

La silhouette de géant de Petit-Frère se dressa lentement. Aucun homme, blessé comme il l'était, n'aurait pu faire cet effort. Les yeux fous, il empoigna le sous-officier terrifié qui atteignit l'autre bout du wagon avec un bruit mat.

— On lui a enlevé les billes, au nomade! hurla le géant. Ces chiens du camp de Fagen. Encore un mot sur le nomade et je vous casse le cou comme ça! — Il brisa la crosse d'une carabine et en jeta les morceaux contre la paroi du wagon, puis il retomba sur la paille en gémissant.

Le légionnaire chantonnait à mi-voix « Viens, douce mort, viens ». — Tu es bien mal élevé, Petit-Frère.

Le géant éclata de rire : — Ça me plaît. Raconte

encore sur ta putain de Casa. Quelle espèce de bordel c'est, Casa?

Le légionnaire toussa : — Casa n'est pas un bordel, c'est une ville sur la côte de l'Afrique où les légionnaires de deuxième classe apprenne à boire leur sueur, à manger du sable et où, la nuit, on attrape la vérole. A Casa, même les idiots qui se figuraient que la Légion est une vie d'aventures apprennent qu'ils ne sont que des porcs, fils de porcs comme toi et moi, et comme toutes les armées du monde entier.

— Racailles! cria indigné le feldwebel nazi. Gare à vous quand le maréchal von Manstein va dépasser Lodz et marcher sur Moscou!

— Comme prisonnier vers la Sibérie? ricana quelqu'un.

— Vos gueules! reprit Petit-Frère. Parle encore de l'Afrique.

— Dieu que tu es mal élevé! C'était une délicieuse fille, dit le légionnaire. Allah m'est témoin que je l'aimais. — Il se pencha et murmura : — Curieux que l'amour puisse faire si mal.

— Tu l'avais dans la peau? demanda Petit-Frère qui grattait son derrière avec sa baïonnette. Il y a des poux dans mon cul, dit-il en manière d'excuse.

— Les poux ont de bons généraux, affirma un manchot dont l'unique bras était pourri de gangrène. Ils trouvent toujours le bon endroit pour lancer une attaque. — Il renifla son propre bras. — Mais ils n'aiment pas la gangrène, ça les fait vomir.

— Quand j'aurai fini avec l'hostau, je cognerai sur un intendant, confia Petit-Frère au wagon.

— Pourquoi en as-tu après les intendants?

— Bétail pourri! Tu ne t'es jamais aperçu que nous sommes trempés sous les imperméables? Tu piges la combine? L'intendant gagne trois marks sur chaque imper, alors quand on en jette un ou deux pour tomber sur un meilleur, tu vois où ça va?

— Merveilleuse combine, remarqua le légionnaire. Allah! si seulement je pouvais devenir intendant.

— Et ta poule? clama Petit-Frère oubliant l'intendant.

Le légionnaire répondit comme se parlant à lui-même :

— Allah le sait combien je l'aimais. Par deux fois j'ai essayé d'en finir après qu'elle m'eut donné mon billet.

A travers le bruit du train, un autre bruit de moteur parvint jusqu'à nous. Le silence se fit d'un seul coup. Nous tendîmes l'oreille tels des animaux traqués.

— Jabos, chuchota quelqu'un.

Nous nous mîmes à grelotter, non de froid, mais parce que la mort venait d'entrer dans le wagon. Un Jabos. L'avion virait et le ronronnement allait crescendo. En vrombissant, il enfila le train. L'étoile rouge fixait, glacée, les croix rouges de clémence qui ponctuaient les toits du convoi. L'appareil prit de la hauteur, puis plongea en piqué.

— Viens, Satan rouge! hurla Petit-Frère. Chien de l'enfer, que ce soit fini une bonne fois!

Comme si l'aviateur l'avait entendu, les balles crépitèrent contre les parois pour ressortir de l'autre côté. Il y eut des cris, puis des râles. Le légionnaire chantonnait « Viens, douce mort, viens. » Quelqu'un sanglota, un autre gémit en se tenant le ventre. La locomotive siffla. Nous entrions dans un bois.

Sans doute l'avion disparaissait dans ce beau matin de claire gelée. Les roues sonnaient sur les rails, le froid terrible entrait par les trous qu'avaient faits les projectiles.

— Alfred! — Il y avait longtemps que je n'avais prononcé le nom du petit légionnaire, si même je l'avais jamais fait. — Alfred... — Je devais paraître idiot. — N'as-tu jamais la nostalgie d'un chez-toi? Avec des meubles et le reste?

— Non, Sven, le temps en est passé, dit-il en ricanant. — Comme son visage creusé me plaisait. — J'ai plus de trente ans. A seize, je suis entré dans la Légion en me rajoutant deux ans. Je suis un porc depuis trop longtemps. C'est le fumier, mon élément. La chambre empuantie de Sidi-bel-Abbès sera la dernière.

— Et cela ne t'ennuie pas?

— Rien ne doit vous ennuyer. La vie est belle, il fait beau.

— Il fait si froid, Alfred.

— Le froid aussi est bon. Tous les temps sont bons pourvu qu'on vive. Même une prison est bonne quand on y est encore vivant et que l'on ne pense pas à ce qui aurait pu être si... C'est ce « si » qui ennuie les gens.

— Tu n'as pas peur d'une blessure au cou? demanda le gangrené. Il te faudra peut-être porter un collier de fer.

— Tant pis. Quand tout ça sera fini, je me procurerai une situation dans un dépôt à la Légion. Une bouteille tous les soirs et le marché noir avec le matériel. Ne pas penser au lendemain, la mosquée deux fois par jour. Pour le reste, je l'emmerde.

— Moi, dit le porte-drapeau, Hitler foutu, j'irai à Venise. J'y ai été douze ans avec mon vieux. Chouette ville. Qui connaît Venise?

— Moi, dit une voix douce dans un coin.

C'était la voix de l'aviateur mourant. Elle nous glaça. L'huile bouillante avait brûlé son visage, les yeux étaient deux points rouges dans une masse grise qui tournait au mauve. Le fantassin bavait; sans regarder le mourant il dit :

— Ainsi tu as été à Venise?

Le long silence que personne n'osait rompre. C'était rare d'entendre un mourant parler d'une ville.

— Le grand canal est plus beau dans la lumière du soir. Les gondoles semblent des diamants qui font jaillir des gerbes de perles... C'est la plus belle ville du monde, j'aimerais y mourir, dit le presque mort sachant bien qu'il allait mourir dans un wagon à bestiaux, du côté de Brest-Litovsk.

— Un vieux soldat est toujours content, rêva le

légionnaire, parce qu'il est en vie et qu'il sait ce que ça veut dire. Mais il n'y a pas tant de vieux soldats. L'homme à la faux ne les connaît même pas.

Le train freina en grinçant. Il avançait par courtes saccades, puis il freina de nouveau. Il finit par s'arrêter dans un long hurlement et la locomotive disparut pour se ravitailler en tout ce qu'il faut à une locomotive.

Nous étions dans une gare : bruits de bottes, appels, cris. Il y eut des rires, un surtout, un rire autoritaire de gradé; ce n'était pas un pauvre troupier qui pouvait rire ainsi.

— Où sommes-nous? demanda le pionnier.

— En Russie, imbécile.

Quelqu'un ouvrit la porte du wagon et un sous-officier de santé parut, l'air idiot.

— Heil! camarades! hennit-il.

— De l'eau! gémit une voix sortant de la paille infecte.

— Un peu de patience, vous aurez de l'eau et de la soupe. Y a-t-il des grands blessés par ici?

— Tu veux rire! On est frais comme des gardons, gloussa le porte-drapeau. On revient d'un match de foot.

Le sous-off disparut prestement. Le temps passa, puis quelques prisonniers de guerre surgirent sous la garde d'un territorial, apportant un seau de soupe tiède qu'ils versèrent dans nos gamelles immondes. Nous la mangeâmes et eûmes encore plus faim. Le territorial promit d'en rapporter et n'en fit rien, mais d'autres prisonniers arrivèrent pour jeter dehors les cadavres. Quatorze cadavres dont neuf dus au Jabos. On voulut emporter l'aviateur, mais il parvint à les persuader qu'il était encore en vie.

Plus tard, vint un jeune médecin flanqué de quelques sous-officiers de santé. Ils jetèrent çà et là quelques coups d'œil en disant chaque fois la même chose : — Ça ira, il n'y a guère de mal.

— Comme ils arrivaient à Petit-Frère, la tornade éclata.

— Fils de pute! Ils m'ont arraché la moitié du cul, mais il n'y a guère de mal, hein? Couche-toi là, fakir, que je t'arrache le tien et tu me diras si tu rigoles! — Il attrapa la cheville du médecin qui s'étala dans la paille fétide.

— Bravo! jubila le gangrené qui se mit à taper sur la figure du médecin avec son bras pourri dont le pus et le sang dégouttaient du pansement.

Barbouillé de sanie, effroyable à voir, le médecin fut sauvé de justesse par les deux sous-off.

— Guère de mal! hurlait Petit-Frère. Espèce de buse!

— Ça vous coûtera cher! menaça le médecin furieux.

— On t'emmerde!

Les trois hommes sautèrent dehors et firent rouler la porte. Le train ne repartit que le lendemain matin, mais on oublia de nous donner le petit déjeuner.

L'aviateur vivait toujours; un autre était mort pendant la nuit et deux d'entre nous se battirent pour ses bottes. De belles bottes bien souples, qui valaient un combat, des bottes d'avant-guerre sûrement, doublées de peau claire. Ce fut un feldwebel d'artillerie qui les eut. Son poing atteignit le menton du sous-officier de chasseurs et lui fit oublier les bottes pour un long moment.

— Les belles bottes! cria le feldwebel rayonnant. — Il cracha dessus et les polit avec sa manche.

— Donne plutôt les tiennes au mort, avertit quelqu'un, sinon tu pourrais bien perdre les neuves en vitesse.

— Qu'on ose seulement! hurla l'homme comme un chien qui défend son os.

— Pillage et détroussage de morts. Ça veut dire le conseil de guerre, je te préviens.

Le feldwebel jura, mais se déchaussa et rechaussa le mort. Une heure plus tard, le cadavre n'aurait pas reconnu son propre équipement jusqu'au plus petit détail.

Le sous-officier Huhn qui avait le ventre ouvert réclamait toujours de l'eau. Le légionnaire lui envoya un morceau de glace à sucer; quant à moi, mes pieds commençaient à brûler et des élancements électrisaient mon corps; des flammes semblaient dévorer mes os. Je connaissais ça : d'abord les douleurs, puis elles se calment, puis les flammes jusqu'à ce que les pieds deviennent insensibles. C'est la gangrène et ils meurent; alors les douleurs remontent plus haut. A l'hôpital on enlève le bout gangrené. Je frémis... l'amputation... Pas cela ! Je chuchotai ma terreur au légionnaire qui me regarda : — Ce serait la fin de la guerre pour toi, mieux vaut les pieds que la tête...

Oui, la guerre serait finie. Je tentai de me consoler tandis que la panique me tenaillait la gorge. Les pieds, bien sûr... les mains, ce serait pire. La terreur me poignait. Non, non, pas de béquilles ! Je ne veux pas être un infirme...

— Qu'est-ce qui te prend? demanda le légionnaire stupéfait.

Sans le savoir j'avais crié « Infirme ! » Je m'endormis. Les douleurs me réveillèrent, mais j'étais content; mes pieds me faisaient mal, donc ils vivaient. J'avais encore mes bons pieds.

Il y eut deux arrêts. Chaque fois un sanitaire examina mes pieds et chaque fois j'entendis : « Pas grand-chose. »

— Par le Prophète, qu'est-ce qui est grand-chose? — Il montrait l'aviateur qui venait de mourir. — Et lui? Pas grand-chose?

Personne ne répondit. L'extraordinaire train sanitaire auxiliaire continua vers l'ouest. A Cracovie, soixante-deux pour cent des blessés furent déchargés comme cadavres après douze jours de voyage.

— *Bande de pleurnichards,* bougonnait l'aumônier. *Vous demandez le secours de Dieu, mais Dieu, qu'a-t-il à faire avec des gens de sac et de corde?*

Il appela les infirmières qui emportèrent deux morts.

Cet après-midi-là, l'aumônier dégringola l'escalier et se cassa le bras en trois endroits.

— *Il gémit autant que vous tous réunis!* dit l'infirmière en riant. — Il fallait à cette infirmière deux coucheries par jour pour garder sa belle humeur.

— *Que dè gens curieux!* murmura le petit légionnaire.

Il se retourna et nous parla d'un saint homme qui s'était retiré dans l'aride désert du Rif.

2

LE DEPOT DE L'HOMME A LA FAUX

Dans un ancien séminaire de Cracovie, qui portait maintenant le nom d'Hôpital auxiliaire n° 3, opéraient les médecins silencieux.

Le bureau du Supérieur servait de salle d'opération. Jamais ce bon prêtre n'aurait pu imaginer que tant de gens viendraient y mourir un jour. J'étais étendu sur une civière dure comme une tôle ondulée pendant qu'on opérait un blessé de la tête. Il mourut. Puis ce fut le tour d'un chasseur blessé au ventre. Il mourut aussi. Trois autres moururent après lui; deux furent emportés vivants. Mon tour vint.

— Gardez-moi mes pieds! — Ce furent mes dernières paroles avant l'anesthésie. Le chirurgien se taisait.

Je me réveillai dans une chambre et j'avais toujours mes pieds. Les premières heures furent assez agréables, mais ensuite vinrent les souffrances, des souffrances atroces, aussi bien pour moi que pour les autres. Dans la chambre qui puait l'iode et le phénol s'élevait un gémissement ininterrompu, tandis que l'obscurité protectrice recouvrait peu à peu les lits.

Une infirmière se pencha sur moi, me prit le pouls et continua son chemin. La fièvre montait, les affres de la mort rampaient autour de nous, m'enlaçaient comme des serpents.

Dans un coin de la pièce guettait, impatient, l'Homme à la Faux. Il avait beaucoup à faire, l'Homme gris enveloppé de noir.

— Bonne chasse, charogne, n'est-ce pas? Bonne chasse... Mais ne crois pas que j'aie peur... — Je tremblais de peur... L'infirmière revenait. Que j'ai peur, mon Dieu! Que j'ai peur... — Fous le camp, fille au phénol! Attends un peu les Russes, ils t'en feront voir de drôles, petite bourgeoise allemande!

L'Homme à la Faux eut un rire rauque et trépigna. Sa patience était à bout. Le légionnaire chantonnait toujours : « Viens, douce mort, viens. »

Je me couvris les oreilles de mes mains pour ne plus entendre ce chant maudit, mais des milliers de voix entonnèrent : « Viens, douce mort, viens... » L'Homme gris hocha la tête d'un air ravi et tâta le fil de sa faux, une faux resplendissante. Elle tranchait comme la grande guillotine de Plötzensee ou de Lengries. Pourtant ce fut une hache qui trancha la tête d'Ursule à Kolyma (1)...

— Que dis-tu imbécile? Ta maîtresse était à Berlin, tu sais bien, la juive qui couchait avec les S.S. par sens de l'humour... Magnifique fille! Ne bave pas, crétin... Il fut un temps où tu étais un soldat, et voilà que tu grelottes de peur devant l'Homme à la Faux! Claque des talons, redresse-toi et prends congé. Dès le seuil, tout le monde t'aura oublié. Viens, vautour... Viens, emporte-moi! Crois-tu que je te craigne?

L'Homme gris se leva. Il s'enveloppa de sa pèlerine noire et s'approcha de mon lit... lentement...
— Je hurlai. L'infirmière accourut et m'essuya le

---

(1) Voir la « Légion des Damnés », du même auteur (*Presses de la Cité*).

front. Dieu que sa caresse était fraîche... Il pleuvait. Des gouttes monotones qui calmaient les nerfs. L'Homme à la Faux avait disparu en emportant deux d'entre nous.

Sept jours plus tard je changeai de salle, et retrouvai dans la même chambre Petit-Frère et le légionnaire. Petit-Frère s'était déjà fait coller sept jours de taule à sa sortie pour avoir crié : « Hourrah ! Voilà les putains. Au plumard, camarades ! » à l'apparition de l'infirmière-major flanquée de ses acolytes. Chahut monstre naturellement et sanctions de la part du médecin-chef. Notre malheureux camarade n'y comprenait rien. Il n'avait pas encore saisi la différence entre un hôpital et un bordel.

— On en voit de belles, ici ! dit le légionnaire goguenard. Il y a des infirmières qui ont le feu au derrière. J'ai eu tous les potins par Hansen qui est ici depuis dix-sept mois. Tenez, l'infirmière Lise par exemple, elle a essayé tout le régiment dans l'espoir d'avoir un fils ! Rien à faire, mais elle continue tout de même. Elle dit que c'est un devoir national !

Un beau jour, empaquetés dans des couvertures, nous fûmes installés sur une terrasse d'où nous pouvions voir l'Elbe étinceler et les péniches que l'on halait à contre-courant. Les heures s'écoulaient devant cette vue, au bruit rythmé du marteau-riveur de l'usine de Stulpen.

Il fallut rééduquer mes jambes paralysées. Le dernier éclat d'obus reçu en grimpant la falaise avait intéressé la colonne vertébrale (1). Une infirmière m'apprit à marcher. Je souffris sang et eau, mais peu à peu la patience de cette femme laide et dévouée fit merveille. Son nom? Je l'ai oublié. On oublie les noms de ses amis, ceux des ennemis, jamais.

Petit-Frère mettait son poing noueux sous le nez de ses compagnons de salle.

— Et il cogne, j'aime mieux vous prévenir! Si jamais vous me laissez manquer de bière vous pourrez numéroter vos abattis!

---

(1) Voir « Les Panzers de la mort », du même auteur (*Presses de la Cité*).

3

PETIT-FRÈRE DICTATEUR

La Russie — ou plus exactement ce que nous connaissions de la Russie, le front de l'Est — nous semblait loin. Ce nom restait pour nous le symbole de l'enfer, mais un enfer dont l'horreur dépassait en sadisme tous ceux que les religions auraient pu inventer pour faire peur aux pécheurs. Oui, nous en étions loin, mais nous étions blessés, malades, lubriques, ivres de vivre et d'oublier. Nous foutant de tout puisque demain nous serions morts.

Hambourg. Un bon hôpital, quelques bons médecins, d'autres moins bons, des infirmières de tout acabit. On nous avait un peu charcutés partout où nous avions passé, mais maintenant c'était fini. Nous étions debout, avec droit de sortie, alcool, bordel, bagarres et tout le tremblement. Nous couchions avec toutes les femmes qui nous tombaient sous la main — le légionnaire excepté bien sûr puisqu'il ne pouvait plus rien depuis qu'un S. S. du camp de Fagen l'avait mutilé. Mais Alfred Kalb s'amusait autrement : il buvait. Quand on pouvait dire : « Le nomade en tient », c'est qu'il était ivre, tellement ivre que d'autres en seraient morts.

Déjà, dans trois bistrots de la ville on nous avait fait poliment comprendre que notre présence n'était plus désirée. Cette politesse ne plut pas à Petit-Frère et valut à ses auteurs deux commotions cérébrales, un nez cassé et quelques fractures mineures. Après quoi, le géant s'effondra dans sa vomissure, derrière la statue de Bismarck où il fut ramassé par quatre schupos. Le médecin-chef estima qu'il lui fallait un peu de repos. Chambre d'isolement pendant dix jours — des jours qui le mirent à plat. Tous les jours, lavage d'estomac, tous les jours, lavement, tous les deux jours, tests amibiens, plus deux injections contre « la maladie du port », ce qui valut à toutes les femmes la malédiction de l'infortuné Petit-Frère.

Le docteur Mahler ne mettait jamais personne en taule. Non, la chambre d'isolement suffisait; elle valait dix fois n'importe quelle mesure disciplinaire.

Nous étions tous à l'hôpital pour les fièvres : fièvre des marais, malaria, typhoïde, fièvre de Volhynie et autres. On en mourait comme des mouches.

— C'est une question de cœur, disait le docteur Mahler qui émaillait toujours ses phrases de « Well » ou « O. K. », comme le légionnaire disait « Bon ». L'un avait beaucoup vécu parmi les Anglais, l'autre parmi les Français. Ces manies étrangères agaçaient plus d'un, mais à d'autres elles inspiraient confiance. Ni le médecin, ni le nomade n'étaient des gars de chez nous.

Le docteur Mahler ne portait aucune de ses nombreuses décorations, toutes étrangères elles aussi, octroyées par les ennemis du III° Reich. Des décorations glorieuses et humaines, mal vues sous le règne des brutes. Après le 20 juillet 1944, on essaya de faire pendre le docteur Mahler, mais la chance le secourut et il est toujours dans cet hôpital de fiévreux où tant de gens lui ont dû la vie.

Il y avait de tout dans cet hôpital, du meilleur et du pire : les étudiants en médecine nazis, des incapables, hâtivement formés, et les médecins sans entrailles qui ne connaissaient qu'une chose, le règlement.

— Passons dans mon bureau, disait à chaque histoire le docteur Mahler.

On en voyait sortir, un quart d'heure après, l'interlocuteur, rouge et honteux.

— Foutaises ! concluait Mahler.

C'était un chef minutieux, compréhensif, invisible et omniprésent. Tous le savaient bien, depuis l'infâme docteur Frankendorf, médecin d'état-major, jusqu'au soldat Georg Freytag de notre chambrée.

Georg avait une drôle de maladie qu'on n'arrivait pas à identifier. On lui faisait tout le temps des prises de sang qui ne donnaient jamais rien. Quand on croyait vraiment que tout allait bien, la fièvre se mettait à monter.

On contrôlait, on cherchait, on pensait à une simulation, mais non, la fièvre était authentique. Il y avait des razzias éclair sous les ordres du bandit Frankendorf, pour découvrir le sucre à l'essence ou autre moyen de faire naître la fièvre. Frankendorf menait l'instruction, flattait, menaçait, mais se retirait abattu : Georg avait la fièvre.

Petit-Frère passa un après-midi à promettre monts et merveilles pour le prix du secret, mais Georg secouait la tête : — Ma fièvre est vraie, tu peux me croire, camarade. — C'était un drôle de corps : il ne buvait pas, ne jouait pas, ne s'occupait pas des filles. Il se promenait toujours seul. C'était un joli garçon et un bon garçon que tout le monde adorait, sauf Frankendorf qui avait pris en haine ce soldat de vingt et un ans.

Nous occupions la chambre 72 avec vue sur la Reepersbahn et le Palais de Justice menaçant, au bout de la chaussée. Le légionnaire sortit une bouteille de bière de dessous son matelas. En fait une grande bouteille de kummel qui passa de main en main. Heinz Bauer était déjà ivre.

— Vous avez vu ces filles qui ont été refroidies? Elles étaient rudement chouettes! dit Stein en évoquant un crime récent. Trois prostituées venaient d'être assassinées dans Hambourg durant ces dernières semaines. Il raconta que les filles avaient été violées, puis chaque fois étranglées avec un bas ou une pièce de lingerie intime, et enfin éventrées au couteau. Crime de sadique sans aucun doute. La police était au bord du désespoir.

— Peut-être est-ce Frankendorf, émit Petit-Frère. Vous parlez d'une chance! Si on pouvait le voir se balancer!

— Tout ça finira mal, et vous avec, cria le Sudète Mouritz, un volontaire que nous détestions. Vous qui passez votre temps avec des putains! Vous vous vautrez dans la fange! Vous me dégoûtez tous! — Il était assez puritain.

— Tu dis? demanda Petit-Frère menaçant. Judas tchèque qui t'es vendu à Adolf!

Il mâchonnait un bout de lard dont il jeta un morceau à la figure blêmissante du Tchèque, et marcha vers lui.

Mouritz avec un cri de terreur se laissa glisser sous son lit, sur lequel Petit-Frère s'étala tout botté en tirant sur son lard qu'il n'arrivait pas à diviser. A cet instant, une infirmière entrebâilla la porte, ne vit qu'une chose, le géant tout botté sur le lit, et fila les yeux hors de la tête chercher l'infirmière-major. Celle-ci arriva au trot. Le spectacle du géant vautré, le lard dans une main, la bouteille dans l'autre, lui coupa le souffle.

— Etes-vous fou? cria-t-elle.

Petit-Frère retira la bouteille de sa bouche et cracha, par-dessus le lit, dans un crachoir qui se trouvait près de la porte. L'infirmière évita le jet de justesse. Il renifla violemment.

— Qu'y a-t-il, vieille truie?

Nous haletions. Il était ivre et capable de tout.

Récemment, il s'était bagarré avec une fille dans une chambre d'un troisième étage. La fille prétendait lui faire prendre un bain avant de coucher avec lui. En guise de protestation, il avait précipité la baignoire par la fenêtre et le bruit avait fait dégringoler tout le monde à la cave car on avait cru à un bombardement.

Les yeux de l'infirmière-major, dite « Boule de suif », disparurent dans son visage lunaire. — Tu oses? siffla-t-elle, et se penchant sur le géant tranquillement couché sur le lit : — Debout, porc! Ou tu apprendras à me connaître.

— Epargne tes munitions, ma grosse. Je te connais. On t'appelle « Boule de suif », et moi « Tas de lard ». Allez, file!

Le sang monta au visage de la grosse femme :

— Debout, ruminant! — Prenant les épaules de Petit-Frère, elle le souleva, à notre stupéfaction, et le jeta par terre où il atterrit avec fracas. Absolument émerveillé, il s'assit et la regarda sans un mot. Boule de suif arrangea le lit, jeta le lard et le kummel dans la boîte aux ordures et sortit sans prononcer une parole.

— Sainte Mère de Dieu, prononça la grosse brute, je me battrais bien avec elle.

« Quel combat! Vous voyez ça, les gars?

— Elle t'étoufferait comme un caneton, opina Bauer.

— Je la violerai, cette truie, je la violerai!

La porte se rouvrit et Boule de suif la remplit.

— Assez crié, grosse brute. Il y a des malades. Si tu continues tu auras affaire à moi. — Elle fit claquer la porte sans souci des malades.

— Quelle femme! dit Petit-Frère hilare. Il alla repêcher sa bouteille dans la boîte aux ordures et la vida d'un trait.

— Tu te casseras le cou un jour à cause de ta mauvaise éducation, dit doucement le légionnaire étendu sur son lit, près de la fenêtre. C'était le meilleur de la chambrée et il l'avait occupé dès la première minute de son arrivée. Le lit appartenant au Tchèque

Mouritz qui protesta poliment. Le légionnaire le regarda en dessous, sans répondre. Comme Mouritz insistait, Kalb posa son journal et se leva lentement.

— Merde, mon camarade !

— Tu dis? fit Mouritz d'un air incompréhensif.

Nous sentions venir une belle bagarre. Petit-Frère s'approcha comme un ours qui sent le miel et Mouritz ne vit pas l'ouragan, mais il se sentit empoigné par des griffes de fer et fut jeté sur le plus mauvais lit situé près de la porte. Son occupant était toujours réveillé par les autres pour éteindre ou allumer.

— Tu es un simple porc, dit doucement le géant, et tu as bien demandé ce lit, n'est-ce pas?

— Oui, capitula Mouritz. — Petit-Frère leva un sourcil. — Monsieur le première classe, se hâta d'ajouter le Tchèque.

— Bien, fit l'autre satisfait.

Il obligea Mouritz à chanter un psaume de neuf versets sur la rédemption du monde, puis lui ordonna d'aller se coucher. Lui-même se mit à hurler une chanson qui aurait pu lui procurer la corde pour haute trahison, puis jeta une bouteille par la fenêtre ouverte d'où montèrent de violentes protestations. Il était de plus en plus ivre. Un coup de poing appliqué l'étourdit enfin, et le repos de la nuit envahit la chambrée.

La Tante Dora ne pensait qu'à l'argent. Elle vivait assise derrière le bar, juste sous l'espadon empaillé, et sirotait à longueur de journée son aquavit à l'angustura en ne perdant pas un détail de ce qui se passait chez elle.

Le petit légionnaire siégeait devant elle en buvant son pernod : — Une invention du diable, disait-il, mais on ne s'en rend compte que vers le huitième verre. — Il rit et donna à la fille le neuvième.

Celle-ci se déshabilla dans une des petites niches. Son linge était noir comme la nuit et transparent; seules ses culottes étaient rouges, rouge corail. Mais il n'y eut que Stein et Ewald pour les voir.

4

TANTE DORA

Nous passions notre vie au « Vindstyrke II », derrière la gare. Tante Dora, la tenancière de ce bistrot de luxe, était une femme dure et laide pour qui rien ne comptait que l'argent. Nous, les fiancés de la mort, nous ne pouvions que l'approuver : avec l'argent on obtient tout. « Avec l'argent on peut s'acheter une vie éternelle près d'Allah, dans les vallons bleus », dit le légionnaire en courbant le front vers le sud-est.

— Avec de l'argent on peut venir chez Tante Dora, dis-je en lui envoyant un baiser du bout des doigts.

Nous avions beaucoup d'argent et le marché noir de Hambourg était le plus achalandé du monde. On pouvait tout y acheter, même un cadavre.

Chez Tante Dora, la lumière était rouge, tamisée, et on dansait, bien que ce fût interdit et que la police fît souvent son apparition. Mais notre hôtesse était un diable en jupons et les mouchards ne voyaient jamais rien. La fiche de l'établissement portait : « Local spécial sans intérêt politique », mais il n'y avait pas de lieu où se passassent plus de choses interdites qu'au « Vindstyrke II ».

Il y venait des dames en quête d'expériences prohibées et qui hésitaient, tout émues, à franchir le seuil, ou bien des gens qui s'enivraient avant de se faire trancher la gorge par quelque main mystérieuse. On retrouvait ensuite leur cadavre dans l'Elbe et la douane l'entreposait près de Langenbrücke.

Une fille, la robe aux genoux, demanda au légionnaire si l'on dansait. Il ne lui octroya pas un regard.

— On danse, petit? insista la fille en examinant curieusement la gueule brutale que la longue cicatrice zébrait d'un rouge vif.

— Au diable, fille de putain ! gronda le légionnaire.

La fille se récria, furieuse. Un jeune type s'avança derrière le siège du légionnaire et ses mains se portèrent vers la gorge du soldat, mais au même instant un coup de pied dans l'entrejambe et un autre sur la pomme d'Adam l'étendirent à terre. Le légionnaire s'était rassis et demandait une autre vodka. La Tante Dora fit un signe au portier, un grand Belge, qui souleva la forme inanimée et la jeta derrière une porte où d'autres se chargèrent d'un transport vers un endroit éloigné. La fille reçut la fessée dans une petite pièce attenant à la cuisine. Elle ne cria pas, à moitié étouffée qu'elle était sous un oreiller de plumes sales qui avait assourdi bien d'autres cris. Ce fut un ex-souteneur qui se chargea de la punition avec un court fouet cosaque acquis jadis auprès d'un S. S. Le S. S. en avait deux : l'un fut acheté par Ewald, le bourreau de Dora, l'autre par un agent de la criminelle qui estima que c'était un bon outil pour les aveux.

En effet, le fouet lui valut de l'avancement parce que dans une dictature il faut du rendement. Le S. S. fut pris près de Shitomir et pendu à un peuplier au-dessus d'un petit feu. Il n'avoua pas grand-chose car les gens du G. P. U. avaient un peu trop tendu le peuplier. Il ne demanda que vingt minutes pour mourir.

Ewald fouetta la fille deux fois, puis coucha avec elle, comme c'était l'usage. Le soir suivant on revit la fille chez Tante Dora, touchant comme à l'ordinaire trente-cinq pour cent de ce qu'elle gagnait, mais elle ne demanda plus jamais au légionnaire de danser.

Deux dames bien habillées vinrent un jour s'asseoir à côté du légionnaire. Ce n'étaient pas des filles ; l'une d'elles jeta un coup d'œil sur notre camarade et croisa haut les jambes; on devina un jupon blanc empesé, des dessous parfumés. Les deux dames buvaient du champagne, le meilleur, avaient-elles commandé. Le légionnaire alluma une autre cigarette à son éternel mégot et loucha vers le champagne : — Chateauneuf? Est-ce vraiment le meilleur?

Les deux dames firent celles qui n'entendaient pas. Il gloussa et se pencha vers la brune que son amie appelait Lisa; l'autre se nommait Gisèle.

— Voulez-vous jouer avec moi pour cent marks?

La dame ne répondit pas, mais rougit, et le légionnaire rit de plus belle. Tante Dora qui suivait le manège dans une glace se mit à rire aussi.

— Si nous montions ensemble, je vous donnerais deux cents marks et une paire de culottes neuves, chuchota le légionnaire.

Tante Dora s'étrangla sur son amer, du schnaps danois à l'angustura. Cela nettoyait l'âme, disait-elle, mais un prêtre lui avait dit que son âme serait joliment difficile à nettoyer.

— Vous devriez avoir honte ! — Lisa repoussait le légionnaire. Elle avait vidé son verre d'un seul coup, tandis que sa copine touchait à peine au sien.

Le légionnaire rit sous cape et fit un signe à la serveuse qui aidait Tante Dora au bar, en montrant le verre vide, avec un clin d'œil. Le verre de Lisa reçut aussitôt quelques gouttes d'une certaine bouteille dont le contenu était le secret de Tante Dora, mais les résultats s'avéraient toujours excellents. Tandis que Lisa buvait innocemment, Tante Dora remplit le verre du légionnaire et murmura :

— Tu es un cochon, mais bonne chance; les cochonneries rapportent, mon garçon.

Le légionnaire rit de nouveau : — Madame, quatre cents balles et de la lingerie neuve de Paris? dit-il doucement en faisant des ronds de fumée.

Trude souffla sur un verre très propre et se mit à le briquer éperdument. Elle savait aussi bien que nous que le légionnaire ne pouvait plus avoir de commerce avec les femmes.

Tante Dora prit un long cigare : — Donne-moi du feu, bâtard d'Afrique.

Le légionnaire alluma et se tira le nez : — Que dois-je à ton avis donner à la dame pour une promenade au lit? — Il se tourna de nouveau vers Lisa. — Vous avez de jolies jambes, Madame, de bien jolies jambes. J'aimerais vous déshabiller. Six cents balles pour vous déshabiller, mais avant, danseriez-vous, Madame?

— Non ! Laissez-moi tranquille, je ne suis pas ce que vous croyez.

Il leva un sourcil : — Vraiment? C'est dommage.

La Tante Dora souffla sa fumée par-dessus la tête de notre camarade et sourit : — Pour qui prends-tu la dame?

— Pour une dame noble qui veut faire des expériences, et pas pour une fille vulgaire qui sort dans les frusques de sa patronne.

Lisa bondit et appliqua une paire de gifles sur les joues du légionnaire. Il lui saisit les poignets et ses lèvres, dans un rictus, découvrirent ses dents blanches.

— Merde ! La petite montre ses griffes. Petit-Frère, c'est bien ça, Madame a envie de danser.

Petit-Frère descendit lourdement de son tabouret de bar et s'avança en se dandinant.

— Insolent ! Je ne veux pas danser, souffla Lisa.

— Si, décida le légionnaire.

Elle essaya de se libérer mais les doigts de fer du

légionnaire enserraient ses poignets où un lourd bracelet d'or tintait doucement comme une cloche d'argent. Petit-Frère la prit par la taille, l'entraîna sur le parquet et cria au pianiste :

— Allez, vas-y ! Il faut que je réchauffe ma putain.

Il y eut un rire général. Les filles qui considéraient le bar comme leur fief se gaussaient de l'étrangère. Celle-ci avait eu tort de jouer avec le feu et faisait sur toutes l'effet d'un drapeau rouge sur un taureau. Le piano résonna d'une mélodie sauvage, l'étroite piste se vida et Petit-Frère passa en prise directe. Freinant d'une secousse, il glissa de côté par petits sauts d'oiseau, s'arrêta en un hurlement, et balança Lisa au-dessus de sa tête en la faisant tournoyer, puis il se mit à va'ser autour de la pièce sans se soucier du rythme. Une frénésie d'apache l'envahissait. Il se colla à sa danseuse, la lâcha, cracha par terre, s'en empara de nouveau, poussa un cri et se mit à bondir autour de la pauvre femme terrifiée. Les poings sur les hanches, il se balançait en rond comme un coq en mal d'amour, en chantonnant. Le pianiste oublia de jouer. Petit-Frère se saisit de Lisa, la fit virevolter et, passant à toute allure devant le piano, envoya une baffe au tapeur : — Grouille, animal, qu'est-ce qui te prend ?

Le pianiste retomba sur les touches et frappa une danse tzigane mais Petit-Frère était passé au tango. Il balançait Lisa qui avait perdu un soulier lequel gisait bleu et solitaire au milieu de la pièce. Lisa n'en pouvait plus, ses jambes refusèrent de la porter. Petit-Frère la jeta sur son épaule et continua à danser tout seul.

Le légionnaire riait : — Mets la dame sur le bar.
Petit-Frère pouffa et lança la pauvre Lisa à moitié évanouie sur le bar.

— Trude, commanda le légionnaire, Madame a besoin de quelque chose de fortifiant.

Autre verre avec la drogue de Tante Dora. Soudain, Lisa se trouva debout, bizarrement ivre d'un seul coup. Elle devint sauvage. Oubliant son arrogance, elle dansa avec Bauer, avec Stein, avec Petit-Frère, elle but avec le légionnaire. Son ivresse augmentait. Elle jeta ses vêtements dans une des petites niches à rideaux et Ewald l'emporta à l'étage au-dessus.

La Tante Dora, les yeux mi-clos, écoutait les confidences du légionnaire, des confidences pas ordinaires, d'obscénités et de tueries. L'amie de Lisa, Gisèle, en profita pour se glisser le long du mur en direction de la porte, mais celle-ci était gardée par le Belge qui sourit aimablement.

— On ne quitte pas le monde ainsi, Madame.

Gisèle ne buvait pas, elle fumait et elle avait chaud. Elle s'assit près de moi et je lui demandai si elle voulait coucher avec moi; moi aussi j'étais ivre, je savais que je me conduisais mal, mais qu'importait ! Demain nous serions morts. Elle secoua la tête en balançant son pied chaussé d'un escarpin de soie rose.

« Elle doit être riche », pensai-je. — Couche avec moi, dis-je.

Elle fit celle qui n'entendait pas et profita d'une nouvelle bagarre de Petit-Frère pour disparaître mais en oubliant son sac. Il contenait une carte d'identité avec son adresse, et de l'argent sur lequel le légionnaire préleva cent marks.

— C'est le prix de l'expérience, dit-il en commandant son dix-huitième verre. Elle viendra elle-même chercher ses papiers chez toi, tu ne dois pas les lui rapporter, continua-t-il comme s'il avait lu dans mes pensées.

Lisa portait un nom avec « von » et habitait près de l'Alster; c'était sans aucun doute une femme riche.

— Elle doit en avoir plein le cul, dit Ewald en se léchant les babines.

— Si tu y touches... commença doucement le légionnaire en jouant avec son couteau. Ewald frissonna et rit jaune; ses immondes yeux de souteneur roulaient comme des billes. On vit Petit-Frère se

dresser et lancer son couteau qui se planta entre les doigts d'Ewald mais sans lui faire mal.
— Qu'est-ce que t'es?
— Un chien puant, bégaya Ewald qui fixait hypnotisé le couteau vibrant pris sur un homme de la lointaine Sibérie, un homme que l'on tua à coups de pieds près de Tcherkassy parce qu'il avait énucléé l'œil d'un lieutenant de chasseurs du 104e. Petit-Frère avait pris le couteau dans la botte de cet homme et s'en servait merveilleusement. Un jour, à l'Est, nous partîmes en reconnaissance de l'autre côté d'un pont qui paraissait vieux parce que personne ne voulait l'entretenir; c'était un pont de fer et de bois. Nous avions traversé ce pont sans traîner; nos bottes résonnaient sur le métal; la rivière riait au travers des planches, méchamment, car elle savait ce que nous ignorions, la bonne surprise qu'Ivan nous réservait.

Nous marchions en bavardant comme toujours et Petit-Frère venait en dernier. Il était de fort mauvaise humeur car depuis trois jours nous n'avions pas été ravitaillés, et surtout parce que Alte lui avait interdit de violer une des femmes-soldats faites prisonnières la nuit dernière.

— Je te tue comme un chien si tu y touches, avait grondé Alte menaçant.

Donc Petit-Frère, morose et le meurtre au cœur, traînait derrière nous sur le pont. En passant, il donna un coup de pied rageur à une motte de glaise qui tomba dans la rivière gazouillante et contribua encore à le retarder. La patrouille avait disparu dans le brouillard d'où parvenait le murmure des voix. Tout à coup, il s'arrêta net. Emergeant de la brume épaisse une silhouette légère venait d'enjamber la rambarde du pont et se glissait avec des ruses de chat sur nos talons.

A l'instant, Petit-Frère devint un autre homme, ses bottes cessèrent de craquer et le gorille transformé en panthère noire s'évanouit à la suite de l'homme dans la vapeur grise.

Un cri rauque. La patrouille devenue muette se

redressa comme un seul homme. On entendit des gémissements puis des pas qui martelaient le fer. Nous avions saisi nos mitraillettes. Alte clignait des yeux, Porta dévissait une grenade à main et Stege tremblait comme toujours lorsqu'il se passait quelque chose.

De la grisaille surgit Petit-Frère tirant par les pieds une forme sans vie. Il la jeta devant nous et ricana : — Déjà vu ça ?

Le cou du Sibérien était ouvert, rouge comme les ouïes d'un gros poisson, le sang giclait sur le pont.

Petit-Frère essuya du sang noir sur son visage :
— Ce cochon m'a tout sali quand je le tuais.

Alte respira profondément : — Où l'as-tu trouvé ?

— Il sortait de la rivière derrière vous, mais j'ai taillé un peu dans ce suppôt de Staline.

— Tu nous as sauvés, dit Alte en montrant un chargement d'explosifs sous la veste du mort.

— Chasseur suicide, bégaya Stege en frissonnant.

Porta siffla longuement. — Petit-Frère, dit Alte, tu nous a sauvé la vie. Ce type nous aurait fait sauter comme une fusée.

Le géant se tortillait, gêné, il n'avait pas l'habitude de recevoir des compliments.

— Tu es fichtrement vif à te servir du couteau, dit le légionnaire tout fier. Il était le professeur de Petit-Frère. Ce dernier grandissait d'orgueil et de plaisir. Il regarda Alte et supplia :

— Alors, je peux m'envoyer la fille au gros derrière ? Alte secoua la tête, jeta sa mitraillette sur son épaule et continua la marche. Nous suivions muets. Petit-Frère criait et sa voix perçante devait être audible des Russes, de l'autre côté du fleuve. Alte s'arrêta et brandit son arme sous le nez du géant. Il dit doucement, mais nous savions que c'était sérieux : — Tiens-toi loin des filles-soldats, sinon tu files en enfer et cela me ferait de la peine. Je ne ris pas. Petit-Frère.

Celui-ci se le tint pour dit, mais il devint encore

meilleur au couteau et le légionnaire en était tout fier.

Ewald n'ignorait rien de tout cela et lui aussi manœuvrait adroitement son couteau à cran d'arrêt, pris, un jour, à un marin portugais. Le marin était ivre et il fut à l'origine de la vingtième condamnation d'Ewald. Une sale histoire. Quelque chose — on ne savait pas bien quoi — avait sauvé Ewald du camp d'extermination des criminels de profession. Là-dessus Ewald était très discret. Le secrétaire de la section criminelle, Nauer, au poste de police de la Stadthausbrücke 8, avait arraché une des oreilles d'Ewald et lui avait cassé ses orteils un à un. Pas pour le meurtre du matelot, non, par les temps qui couraient c'était de peu d'importance. Il y avait tellement de matelots que l'on tuait ! Tant que les cadavres ne faisaient pas la queue, pourquoi soulever une histoire ? Mais Herr Nauer croyait Ewald renseigné sur les agissements de la « Chapelle Rouge », et il désirait ardemment être muté à la section anti-communiste de la Police secrète, chez l'inspecteur Kraus — le plus grand assassin que la terre ait jamais porté, mais un fin politique selon les normes du IIIe Reich.

Kraus fut pendu en 1946 par un jour de pluie, dans une cellule à Fühlsbüttel. Il faisait vraiment gris. Kraus cria comme une souris qui se noie et il ressemblait en effet à ces rongeurs. On dut le porter sous la nouvelle corde qui avait une bonne odeur de neuf pour ceux qui aiment l'odeur de corde. Deux jeunes gens le soutenaient sur le tabouret où il sautillait en pleurant, puis on donna un coup de pied au tabouret. Il gargouilla un petit peu, son cou s'allongea, ses yeux devinrent bizarrement protubérants. L'un des jeunes gens dit :
— Damn it ! — et s'en alla. L'autre resta pour prendre une photo, vite, car c'était défendu :
— A damned good souvenir ! dit-il à sa poule à Harburg, une jolie fille qui adorait ce genre de photos. Son père venait d'être tué quelque part vers l'Est, d'un coup de nagan dans la nuque, pour

rien, mais maintenant que la guerre était finie il fallait bien qu'Ivan tuât encore quelques personnes de coups de nagan dans la nuque. La fille l'ignorait encore. On voyait aussi sur la photo la grosse langue du commissaire Kraus lui sortir de la bouche.

Le jeune homme rit : — Il nous tire la langue ! — Il ignorait lui aussi que le « Kriminalrat Kraus (1) », du bureau de la Gestapo n° 60, la section communiste, aurait vendu père, mère, femme et enfants pour pouvoir entrer dans le service secret du pays du jeune homme. Il s'était offert et avait donné des renseignements pendant toute une année, mais maintenant il tirait la langue comme le font tous les serpents.

Ewald, le souteneur, le sadique et l'amateur de femmes réussit à sortir du poste de police, sans faire la connaissance du commissaire Kraus. On disait qu'il avait beaucoup parlé, mêlant vérité et mensonge.

Tante Dora avait proféré tout en tirant sur son cigare : — Cela ne me regarde pas, mais si ce porc dit quoi que ce soit qui me mette en rapport avec « Le grand Nauer », alors... — Elle sourit et cligna de l'œil. Etait-ce la fumée de l'éternel cigare ou un signe à quelqu'un assis près des petites niches qui la faisait ciller ? Personne ne l'aurait su, mais Ewald sortit à reculons, comme un bouffon chassé. A notre arrivée chez Tante Dora, tout cela était déjà du passé, et en ce moment, le souteneur Ewald se trouvait coincé entre deux tabourets de bar, tremblant comme le chacal qu'il était.

Petit-Frère riait et jouait avec son couteau qu'Ewald ne perdait pas des yeux. Tante Dora se nettoyait les dents avec une fourchette et son regard allait de l'un à l'autre. — Pas de bagarre, les gars. Si vous voulez abattre ce chien, sortez-le une bonne fois, mais pas de bagarre ici.

Ewald essaya de s'échapper, mais un croc-en-

---

(1) Conseiller criminel.

jambe le fit glisser sur le parquet. Quand il se fut redressé, un couteau lui effleura l'oreille et se planta dans la porte de la chambre où il avait coutume de flageller les filles. Il s'arrêta pile et chuchota d'une voix rauque : — Je ne vous ai rien fait !

Stein fit mine de lui venir en aide, mais le tremblant Ewald bondit en l'air sous une prise judo et fut précipité sur le sol avec fracas. Il y resta inanimé. Petit-Frère en guise d'adieu, se pencha sur la forme pelotonnée et lui donna un coup de pied, après quoi nous quittâmes « Vindstyrke II », très satisfaits de nous-mêmes.

— *Vous autres juifs des camps de Himmler, vous êtes des marchandises de choix. Des objets, pas autre chose,* dit Brandt le routier.

— *Ce n'est pas vrai!* cria le vieux juif en uniforme rayé.

Nous nous mîmes tous à rire, mais sans joie.
Le vieux juif restait la bouche ouverte, ses yeux caves remplis de désespoir.

— *Ce n'est pas vrai! Les chaînes tomberont comme au temps de Moïse qui nous a délivrés de l'Egypte.*

Alte eut un rire las : — *Il ne le pourrait plus aujourd'hui, et si vous échappez aux bandes de Himmler, ailleurs il y aura d'autres Himmler. Vous resterez des persécutés.*

Porta se pencha et donna deux cents marks au vieux juif.

— *Voilà pour ta nouvelle vie quand tu l'auras trouvée. Ce jour-là, envoie-moi une carte postale!*

Le juif caressa l'argent avec un petit sourire et dit : — *Où devrais-je t'écrire?*

Porta haussa les épaules : — *Qui sait?* — *Sa voix devint plus grave.* — *Quand tu verras un casque rouillé par terre, frappe sur le casque et demande « Qui est-ce qui pourrit ici? » Si c'est le mien je te répondrai : « Un pauvre idiot de l'armée allemande. » Alors, glisse ton mot sous le casque et je viendrai le chercher, une nuit, à la pleine lune.*

5

LE JUIF

— Je t'aime, lui dis-je.

C'était au moins la vingtième fois. Le pensais-je enfin ? Elle se mit à rire en plissant les fines rides de ses yeux, et nous nous assîmes sur le sofa pour regarder l'Alster par la fenêtre. Un bateau s'y balançait, un vieux bateau bondé de gens.

Elle passa le doigt sur mon nez cassé : — Cela t'a fait mal quand on t'a cassé le nez ?

— Un peu sur le moment, mais surtout après.

— Tes yeux sont froids, Sven, même quand tu ris ils restent durs. Essaye de les rendre plus doux.

Je haussai les épaules : — Les soldats de Hitler sont faits pour être sans pitié.

— Allons, tu n'as rien d'un soldat de Hitler. Tu es un gamin à qui on a collé un vilain uniforme avec du métal sur la poitrine. C'est la guerre qui est mauvaise, pas les hommes. Embrasse-moi, serre-moi contre toi, montre que tu n'es pas mauvais.

Je l'embrassai encore, je la serrai contre moi. Dans la rue un tramway freina bruyamment.

— De quoi peux-tu bien avoir l'air en civil ?
— D'un imbécile.
— Tu parles mal.
— Je le sais, mais c'est ainsi qu'on parle dans mon métier. On ne peut pas tuer poliment ; on ne peut pas dire : je vais aux toilettes, et puis s'accroupir sur une voie de chemin de fer avec huit cents hommes et cinquante paysannes qui vous entendent péter et vous voient vous torcher avec une feuille.
— Tu es épouvantable. — Elle se redressa sur le coude et plongea dans mes yeux : — Tu ne réussis pas à imiter les autres ; tu as peur de toi-même. — Elle m'embrassa encore passionnément.

Nous étions de nouveau étendus l'un près de l'autre et nous regardions le plafond.

— Que j'aimerais aller à la chasse, rêvai-je tout haut. Les canards sont bons à cette époque-ci et ils viennent de l'est.

— Oui, nous chassions souvent le canard, mon mari et moi, dit-elle. — Elle se mordit les lèvres, mais trop tard.

— Où est ton mari en ce moment ? demandai-je, bien que ce détail me laissât indifférent.

— En Russie avec sa division. Il est colonel avec des feuilles de chêne à son col.

Je souris : — Nous appelons ça la salade. Ton mari est un héros ? C'est probable s'il a le fer avec la salade.

— Tu es méchant, Sven. Il est comme toi officier de réserve.

— Je ne suis pas officier de réserve, Dieu m'en garde ! dis-je en crachant le mot.

— Je veux dire : il est comme toi, il n'aime ni la guerre ni le Führer.

— C'est inouï le peu de gens qui aiment Adolf. On se demande vraiment comment nous l'avons sur le dos.

— Vraiment, tu n'as jamais pu le sentir ? dit-elle en me scrutant.

— Si, Gisèle, autrefois, il y a très longtemps,

j'ai cru en lui. Grand Dieu ! Comment a-t-on pu croire en ce bouffon ?

— Bouffon ? dit-elle incrédule. Vois-tu en lui quelque chose de risible ?

— Non, tu as raison, il ne porte pas à rire, mais maintenant je ne crois plus en lui. Et ton mari, l'aimait-il ?

— Au début, oui. Il pensait qu'il sauverait l'Allemagne.

— De quoi ? demandai-je.

— Je ne sais pas, mais c'est ce qu'ils disaient tous. En tout cas, il vous a donné du travail et du pain.

— Le pain est rationné et le travail a changé de nature, mais tais-toi maintenant, sorcière, je n'ai guère envie d'en parler.

— Tu es impossible, Sven, dit-on sorcière à celle qu'on aime ?

— Toutes les femmes sont des sorcières ou des putains. N'es-tu pas venue un soir au « Vindstyrke II » parce que tu voulais essayer d'être une putain ? Il te fallait de la prostitution. Lisa a eu ce qu'elle cherchait, mais toi, tu as perdu courage, lâchement.

— Tu es atroce.

— Sûrement. Peut-on s'attendre à autre chose des plus répugnants soudards que la terre ait portés ? Pauvre société qui doit un jour nous hériter !

Elle me jeta les bras autour du cou et m'embrassa si durement que je goûtai le sang de ses lèvres. Il faisait très lourd. Elle était en jupon mauve, un jupon de poule, avais-je dit. Ce genre de jupon vous met de belle humeur. La rue retentissait du bruit des tramways. Ma tunique était jetée au milieu de la pièce, noire et laide. Une des têtes de mort riait vers le plafond. Très loin, une sirène se mit à hurler lugubrement et nous réveilla.

— Alerte, dit la dame au jupon mauve en regardant le ciel sans nuages qui rosissait au coucher du soleil.

— Au diable l'alerte, retournons nous aimer, dis-je en la pliant en arrière.

Nous fîmes l'amour au point de déchirer le jupon. J'étais fou, elle criait, je haletais. Nous avions oublié le monde. Très haut, au-dessus de nous, les grands bombardiers traçaient leurs lignes blanches, les bombes tombaient, mais c'était loin, peut-être près de la Kaiser-Wilhelmstrasse. Elle soupira et se rapprocha encore de moi. Je sentis son beau corps mince contre le mien; il était souple et lisse et sentait le frais. Un de ses pieds, en l'air, montrait sous les bas fins ses ongles rouges. Elle avait de belles jambes longues que ma main suivit, depuis la cheville jusqu'à la rondeur de la hanche.

— Si ton mari survenait, il nous tuerait.

— Il ne viendra pas. Il est avec sa division, une division d'attaque, 28ᵉ chasseurs. Elle a un faucon comme insigne.

— Je la connais, nous l'appelons la division au faucon. Elle était à Gomel et à Nicopol, une vraie division de la mort. Tu ne reverras jamais ton mari.

— Ne dis pas cela. — Elle se mit à pleurer sans bruit; les larmes coulaient, intarissables, pendant que je lui tapotais le dos et caressais ses cheveux comme on caresse un petit chat.

— Tout cela, c'est la faute de la guerre, murmura-t-elle.

On sonna la fin de l'alerte et la rumeur de la rue monta de nouveau vers nous dans la soirée chaude. Les gens riaient, rassérénés; ce n'était qu'une petite alerte, quelques centaines de morts et de blessés seulement.

— Raconte-moi un peu ce qui se passe là-bas.

Elle insista longuement et je ne comprenais pas ce besoin de savoir ce qui se passe en enfer.

— Crois-tu que c'est bien de tuer les gens parce qu'ils sont d'une autre race? Les juifs par exemple?

— Ils font plus que les tuer. Tu peux acheter

un sac de juifs morts ou de bohémiens comme cendres pour engrais.

— Ce n'est pas possible !

— Vraiment ? Il y a mieux que ça. Tu n'as pas idée de ce que l'on peut voir.

— Pourquoi déteste-t-on donc tellement les juifs ?

— Je ne sais pas. Moi je n'ai rien contre eux, mais j'ai souvent rencontré des gens qui ne les supportent pas, et ce n'étaient pas des nazis, au contraire.

— Des fous ?

— Sans doute, mais nous le sommes tous. Ceux qui ne le sont pas, on les enferme derrière des barbelés. Le monde a fait la culbute et il n'y a plus que les fous qui aient droit de cité. Je n'arrive pas à oublier ce jour où nous avons rencontré le juif, au cours d'une chasse aux partisans.

— Raconte, dit-elle en s'étendant paresseusement.

— L'histoire est longue mais elle vaut la peine d'être dite. Nous étions à ce moment-là dans les montagnes tchèques, à la poursuite des partisans. Un travail agréable parce que nous pouvions faire ce que nous voulions, par petits groupes, et sans contrôle particulier. De temps en temps nous tirions en l'air pour la forme. Ces énormes gaspillages de munitions justifiaient nos faux mais belliqueux rapports, mais à la vérité nous ne rencontrions jamais personne. Les partisans et nous, nous nous évitions mutuellement.

L'essentiel était toujours de trouver à manger et lorsque nous n'avions rien, les camarades allaient à la chasse au chamois. Ce genre de chasse coûtait à la grande armée du Reich une quantité ahurissante de munitions. Il était bien rare qu'on revînt avec un chamois ou un cerf, mais plus souvent avec un cochon ou un veau d'autant plus facile à tirer qu'ils étaient attachés.

Un soir, juste avant le coucher du soleil, nous arrivâmes près d'une hutte de montagne aban-

donnée où nous avions l'intention de passer la nuit.
— Qui était-ce « nous » ?
— Tu ne les connais pas. Une bande de possédés du démon dans un régiment de fous qui a toujours un pied dans la tombe. En pénétrant dans la maison, une odeur douceâtre nous saisit à la gorge. Pendant que nous mangions, l'odeur empira. Porta monta voir et réapparut peu après, hilare, essuyant son haut-de-forme avec sa manche (1) : — J'ai trouvé un imbécile mort sur son lit, c'est lui qui pue.
— Quelle honte ! ricana Heide. Monter au ciel dans son lit, par les temps qui courent !
— Porta se promenait en haut-de-forme ? demanda Gisèle très étonnée.
— Oui, Porta avait ramassé ce chapeau en Roumanie et ne le quittait même pas en première ligne. Donc, nous montâmes tous les douze pour voir le type qui était mort dans son lit. C'était un vieux qui reposait correctement dans sa chemise blanche.
— Il a fait dans ses draps, dit Porta qui glissait un regard sous le lourd édredon paysan. Quel cochon ! Un si beau lit !
— Comme il pue ! fit Stege en fronçant le nez.
— L'étudiant ne peut supporter les parfums ? ricana Porta en piquant le cadavre avec sa baïonnette.
— Fais attention à ne pas faire de trous par où les gaz vont s'échapper, admonesta Alte, cela deviendrait intenable. Nous ferions mieux de l'enterrer. Vous autres, voyez à ce qu'il soit mis en terre.
Petit-Frère et Porta prirent chacun une extrémité du drap et emportèrent le corps, mais la terre était tellement gelée qu'il fut impossible de creuser une tombe. On l'enterra dans le fumier, c'était beau-

---

(1) Voir « Les Panzers de la mort », du même auteur.

coup plus facile, après quoi nous nous remîmes à boire et à jouer aux cartes.

— Il y a quelque chose dans cette hutte de malheur! gronda soudain Heide qui regardait nerveusement autour de lui.

La lampe à pétrole fumait et jetait alentour une lueur sinistre.

— La ferme! cria Porta. Joue ou file rejoindre le vieux sur son fumier.

Petit-Frère grogna, bourra Heide d'un coup de poing et le jeu continua. Mais il nous était devenu difficile de concentrer notre attention. Tous les sens en éveil, nous tendions l'oreille. Heide n'avait fait qu'exprimer ce qui nous angoissait tous. Quelque chose alertait notre instinct millénaire, un mystère hantait cette hutte.

Au bout d'une demi-heure Alte, n'y tenant plus, jeta les cartes et cria : — S'il y a quelqu'un, qu'il avance!

Silence. Silence pesant. Pas un bruit. Et cependant, il y avait quelque chose, nous le sentions, c'était vivant, quelque chose qui n'appartenait pas à la maison.

— Il y a quelqu'un caché ici, marmonna Stege et il se colla sur le mur, la mitraillette pressée contre sa hanche. Ses lèvres tremblaient nerveusement.

— Peut-être sommes-nous tombés sur un nid de partisans, murmura Alte.

Petit-Frère sortit une charge de dynamite dont il avait toujours les poches pleines.

— Faut-il faire sauter ce toit à porcs?

— Maîtrise-toi, dit Alte. Nous allons faire une fouille pour avoir la paix, sinon nous deviendrons fous.

Nous grimpâmes l'escalier quatre à quatre, les armes prêtes à faucher tout ce qui se trouverait devant nous. Une porte fut éventrée d'un coup de pied. Tandis que le petit légionnaire arrosait la pièce avec sa mitraillette, Heide jetait une grenade à main dans la pièce à côté.

— Sus aux Satans ! criait Porta.
Les fusils et les mitraillettes crachaient des flammes méchantes dans le noir.
— Vive la Légion ! glapissait le légionnaire avec des bonds de tigre. On entendit soudain un bruit de tonnerre comme s'il avait déniché un nid de partisans, mais ce n'était qu'une grande armoire pleine de vêtements qui lui était tombée dessus, et il se trouvait fait comme un rat !
Au bout d'un quart d'heure un typhon n'aurait pas mieux dévasté le premier étage. Les lourds édredons paysans, que dans notre frayeur nous avions éventrés, pleuvaient sur nous en duvets neigeux, mais, muets comme des souris, nous écoutions toujours. Partout la nuit et le silence.
Pourtant un léger frottement nous parvint de l'étage au-dessous. — Mon Dieu ! murmura le légionnaire.
La peur nous grimpait le long de la colonne vertébrale. Le premier qui perdit la raison fut Heide.
— Qui va là ? Vous êtes cernés, démons ! hurla-t-il, et la maison résonna. Puis le silence redevint absolu. Nous tremblions de la tête aux pieds.
— Filons ! chuchota Petit-Frère en se glissant vers une des fenêtres.
Léger bruit au-dessous de nous.
Petit-Frère poussa un hurlement et sauta par la fenêtre dont les éclats de vitre retombèrent avec fracas. La panique nous prenait, on se bousculait pour fuir. Heide jeta sa mitraillette qui s'était enrayée au cours de la chasse au fantôme. Arrivés dehors, nous vîmes que Stege manquait.
— Il faut retourner le chercher, dit Alte, ce qui nous fit rentrer précipitamment dans la maison maudite.
— Hugo, où es-tu ? — On gratta une allumette pour allumer une lampe à pétrole et dans la lumière tremblotante nous aperçûmes une haute silhouette en vêtements rayés.
Alte fut le premier à retrouver ses esprits.
— Hallo ! zébré !

La misérable silhouette se redressa militairement, le regard rivé sur Alte et fit son rapport.
— Herr Feldwebel, prisonnier N° 36 789 508, se signale comme ayant fui sa compagnie de travailleurs à la voie ferrée 4 356 Est.
— Pas possible! s'écria Porta. Il y en a d'autres comme toi, ici?
— Non, monsieur le soldat.
— Cesse ces titres ridicules, dit Alte irrité.
— Eh, eh! fit Porta, je me sens flatté d'être gratifié d'un grade et de « monsieur ». Ça ne m'est encore jamais arrivé !
Le vieil homme zébré regardait peureusement autour de lui; il restait au garde-à-vous, au milieu de la pièce.
— Assieds-toi, dit Porta, et il montra la table accueillante. Trouve un bout de pain et de la bidoche, avec un coup de jus.
Le vieux prisonnier remuait les lèvres par saccades.
— Monsieur le soldat d'état-major, le prisonnier N° 36 789 508 demande l'autorisation de dire quelque chose.
— Crache, frère, grogna Petit-Frère.
Le vieux resta muet. Il avait l'air de chercher ses mots, connaissant le danger terrible de dire quelque chose qui risquât de déplaire. Un mot de travers pouvait signifier la mort. Nous étions pour lui des ennemis malgré notre brassard à tête de mort, signe des divisions pénitentiaires.
— Hé! zébré! que veux-tu nous chuchoter? aboya Porta. Il avança comme un chat son doigt vers le visage gris du vieillard décharné où la saleté collait en croûtes brunâtres. L'homme laissait ses yeux las, injectés de sang, errer sur chacun des assassins légaux que nous étions.
— Que veux-tu dire? ricana Brandt le routier qui sentait toujours si mauvais. Il n'osait pas aller chez le dentiste et préférait endurer mille morts. Nous avions tout mis dans sa dent, depuis la poudre

jusqu'au salpêtre en passant par des crottes d'oiseau.

— Taisez-vous donc, imbéciles! dit Alte. Vous l'abrutissez de questions idiotes. Ne voyez-vous pas qu'il est mort de peur? Si vous vous regardiez dans une glace vous comprendriez pourquoi, le diable est beau en comparaison de vous!

Il alla vers le vieil homme, lui passa le bras autour des épaules et lui dit à sa manière en se grattant un sourcil de la pointe de sa pipe :

— N'aie pas peur, ami, nous sommes moins méchants que nous n'en avons l'air. Que veux-tu dire?

Le prisonnier respira profondément et regarda la petite silhouette trapue d'ouvrier honnête, avec la bonne figure barbue sous le casque noir. Leurs yeux se rencontrèrent, ceux du prisonnier si noirs, ceux d'Alte si clairs et bleus. Nous vîmes ces deux hommes tisser dans un simple regard un lien qui ne pourrait plus se rompre.

— Herr Feldwebel, ce serait piller que de prendre quoi que ce soit ici; je me suis caché trois jours, mais je n'ai rien pris.

Alte secoua la tête en riant : — Oublie ces foutaises. Assieds-toi et mange. — Il se tourna vers Heide. — Trouve quelque chose à manger et grouille!

Heide restait planté la bouche ouverte devant le prisonnier comme s'il avait vu quelque chose d'anormal. Petit-Frère se pencha vers lui.

— Grouille, mouche à merde! Sinon tu en recevras.

Heide se ressaisit et bondit dans la cuisine. Alte continua : — Où as-tu dormi pendant ces trois jours?

— Par terre dans la cuisine, Herr Feldwebel, parce que j'ai des parasites et que je ne voulais pas salir ces lits tout propres.

— Sainte Mère de Dieu! cria Porta hilare. Si tout le monde était aussi délicat, la guerre serait un vrai plaisir!

Heide revenait, les mains pleines de schnaps et

de lard fumé. Il jeta le tout sur la table avec bruit. Stege avisa un livre sur une étagère et le tendit à Alte.

— Nos hôtes sont des gens à la page.

Le livre s'intitulait « Karl Marx. »

— Tout à fait ce qu'il faut pour la Gestapo, grogna Heide.

— La ferme, lèche-cul, gronda Porta, ou je te tranche le gramophone et tu auras grincé pour la dernière fois. Nous n'avons pas oublié le jour où tu étais mouchard.

Heide jetait des regards mauvais sur le grand Porta en chapeau haut de forme, mais la mitraillette dont jouait négligemment le rouquin le tenait en respect.

— C'est dommage pour la jolie table, dit le vieux prisonnier en voyant le légionnaire tailler son lard à même le bois.

— Tu nous emmerdes, dit Brandt, qui fit de même avec son pain.

— Il faut prendre soin des choses, insista le vieux, têtu.

— La ferme, juif merdeux ! hurla Heide en crachouillant. — Il se pencha sur la table et mit son visage tout contre celui du vieux prisonnier. Ses yeux d'alcoolique rougeoyaient, méchants. Il rota. — Hé ! zébré ! Moi, Julius Heide, sous-officier du 27ᵉ régiment de blindés, je dis que tu es un juif puant. — Il regarda triomphant à la ronde. — Qu'en dis-tu, saleté ?

Le vieux, assis sur son tabouret, regarda le soldat d'un air hébété. Il ne semblait pas se rendre compte que c'était lui qu'on insultait; les mots orduriers glissaient, on lui en avait trop dit, ils ne pénétraient plus jusqu'à lui, il était immunisé.

Heide tournait la tête comme un taureau qui va encorner le torero.

— C'est à toi, cadavre, que je m'adresse. — Il sifflait à travers le coin de sa bouche. — Tu es une saleté de juif, un morceau de merde juive. — Il rejeta la tête en arrière et rit de ses propres injures qu'il répéta plusieurs fois en une litanie ordurière où revenait toujours le mot « juif ».

Il s'échauffait, pétait, bavait, criait. Nous nous taisions. Alte mangeait, indifférent, comme s'il n'entendait pas le torrent de mots ignobles. Porta souriait, plein d'attention, Petit-Frère se tirait l'oreille, le légionnaire sifflotait « Viens, douce mort, viens... » Alte distribua les cartes, lentement, minutieusement. Tout à coup apparut un gros revolver dans la main de Heide. Il en repoussa le cran de sûreté avec un claquement qui nous sembla le bruit d'une bombe.

— Juif ! je vais te faire sauter ta sale cervelle !

Il riait, bestial, et leva lentement le revolver, visant la tête du vieil homme. Il y eut un silence menaçant. Le vieillard se redressa et fixa Heide d'un étrange regard.

— Vous voulez tirer sur moi, monsieur le sous-officier, il n'y a rien à y faire. Que vous me tuiez moi ou un chien, c'est la même chose. Il n'y a qu'une différence, le chien a peur de la mort, moi pas. Je l'ai attendue tous les jours pendant des années. Tirez si vous en avez envie, mais sortons. Ici nous salirions tout; il n'y a rien qui salisse comme la cervelle, monsieur le sous-officier, quand elle s'échappe en coulant.

— Je t'emmerde ! hurla Heide qui courbait déjà son doigt sur la détente.

Alte ne disait toujours rien. Il retourna posément une carte pour terminer sa patience, c'était la dame de pique.

— Pose cette arme, ordonna-t-il brusquement.

Heide eut l'air assommé. — Je hais ces juifs ! J'ai toujours eu envie d'en tuer un !

— Pose cette arme, et tout de suite.

Petit-Frère se dressa et fit jouer le ressort de son couteau de tranchée. Alte leva la tête : — Julius Heide, pose ton revolver.

Le légionnaire chantonnait « Viens, douce mort, viens... » Avec une lenteur infinie Heide abaissa sa main, le revolver tomba en cliquant; une peur panique se lisait sur son hideux visage; le légionnaire lui fit un croc-en-jambe et il s'étala sur le plancher. Petit-Frère leva son couteau avec l'intention bien ferme de le lui planter dans le dos, mais il fut arrêté par le vieillard qui lui saisit le bras.

— Non, non, ne le tue pas, camarade.

Nous restâmes sidérés. Petit-Frère rejeta Heide et regarda le vieux juif blême et tremblant qui s'était accroché à son bras.

— Pourquoi m'empêches-tu de refroidir cette bête puante ? Il t'a bien insulté !

Le vieux prisonnier secoua la tête : — Non, camarade, il ne m'a pas insulté, je suis juif, il est malade. Cela passera quand le monde sera guéri.

— Malade ? cria Porta. L'expression est un peu faible, c'est le plus grand salaud que la terre ait porté !

Alte fit un signe de la main : — Ne soyez pas sanguinaires, laissez ce cochon et asseyez-vous, qu'on puisse enfin jouer. Veux-tu en être ? demanda-t-il au vieux prisonnier.

— Non, monsieur le feldwebel.

— Malheureux ! Tu ne peux pas m'appeler camarade, alors que tu l'as dit à ce grand bandit de Petit-Frère ?

Le vieux hocha la tête et ouvrit la bouche, mais il fallut un certain temps pour qu'on l'entendît.

— Je vais essayer, mais ce sera difficile.

Nous jouâmes en silence jusqu'au moment où Brandt jeta les cartes.

— Je n'ai plus envie, c'est assommant.

— Tu es un gros imbécile, dit Porta furieux, je vais écrabouiller ta vilaine figure.

Plongeant à la vitesse de l'éclair, Brandt évita une bouteille lancée à toute volée, qui s'écrasa contre le mur.

— C'est bien dommage de tout salir comme ça, murmura encore le vieux prisonnier. Les gens qui ont fui la maison ont deux enfants qui doivent en hériter.

— Comment le sais-tu ?

— Il y a des vêtements d'enfants dans l'armoire.
— Et d'abord, as-tu seulement une maison ?
— J'en avais une, mais on me l'a prise il y a longtemps.
— Qui ? L'huissier ? demanda naïvement Kraus, le S. S. qu'on avait muté chez nous pour cause de lâcheté au front.
Nous étouffâmes de rire, mais le vieux juif hocha la tête. — L'huissier, on peut l'appeler ainsi.
— Tu avais dû la chauffer, ta maison, à quelqu'un d'autre à l'époque de Weimar ? rigola Kraus.
— Pas à ma connaissance, dit sèchement le prisonnier.
— Comment as-tu été pincé, zébré ? demanda Porta.
Le vieux juif enfourna goulûment un autre morceau de viande, puis il appuya sa tête sur sa main et se mit à parler. Il parlait comme s'il avait été seul, comme seuls peuvent parler des gens qui ont été enfermés au secret pendant très longtemps. Ils ne parlent pas, ils toussent, projettent des mots, ils rêvent tout haut.
— C'est en 38 qu'ils nous ont pris. Je me suis échappé parce que j'avais des relations.
— Vous autres de la Terre sainte, vous avez toujours des relations, ricana Heide. — Sa haine était telle qu'il n'hésitait pas à risquer sa vie en la manifestant. Il montrait les dents comme un chien en colère. — Tu devrais être pendu, saleté !
Le vieux juif continuait sans se laisser déranger.
— Je vivais à Hambourg dans la « Hoch Allee », près de Rotherbaum, un endroit charmant. — Il soupira en songeant à Hambourg, quand la ville sent le sel de la mer et la fumée des navires, et que le rire fuse des petites barques sur l'Alster. — J'étais chirurgien-dentiste, avec beaucoup de clients et d'amis. J'ai réussi à faire timbrer mon passeport par le Parti, et j'ai eu l'idée de traverser la Russie pour gagner la Chine. — Il secoua la tête. — Mauvaise idée ! Là-bas on nous poursuit aussi, nous autres juifs.

Alte rit d'un air las : — Oui, on vous pourchasse chez les Soviets, on vous pourchassait en Pologne, dans presque le monde entier vous êtes pourchassés. Pourquoi? Dieu seul le sait ! — Il se tourna vers Heide. — Julius, tu dois savoir pourquoi, puisque tu détestes tant les juifs?

— Ce sont des porcs et des bandits ! jappa Heide. Le Talmud en fait foi.

Julius Heide détestait les juifs parce que le garçon le plus intelligent de sa classe était un juif du nom de Mouritz. Le petit Mouritz aidait le grand Julius; il lui soufflait et lui passait des papiers clandestins. Au cours des ans, Julius ressentit chaque mot chuchoté, chaque petit papier, comme une défaite cuisante et sa haine grandit en cachette. En dehors de cela, Julius Heide ne comprenait rien de plus à cette haine de race que nous autres. Il avait seulement appris de longues tirades nazies par cœur.

Nous nous remîmes à jouer en silence, mais le cœur n'y était pas. Porta sortit sa flûte, se moucha, cracha dans ses doigts et se mit à jouer « La petite Musique de nuit ». Nous étions sous le charme. C'était la beauté du printemps, le chant de milliers d'oiseaux qui pénétraient dans la hutte sombre et la transformaient en un palais de cristal où des seigneurs vêtus de soie dansaient une danse qui ressemblait à un menuet. Nous entendions tout un orchestre que dirigeait le maître de chapelle de la Cour.

Le vieux juif se mit à chantonner. Sa voix était grave et rauque. Il rêvait, se souvenait... une maison avant 38, une femme en robe bleu clair, celle qu'il aimait... son Anna... Comme elle savait rire ! Elle riait de toutes ses dents blanches, et comme elle était gentille ! Anna, sa chère Anna que l'on avait tuée sous une porte cochère parce qu'elle était la honte de la race. C'étaient des jeunes hommes très gais, en uniforme brun qui l'avaient tuée, il s'en souvenait si bien. Un soir, tous deux, ils étaient allés au théâtre voir jouer « Guillaume Tell » et, en rentrant, voilà qu'il s'attarda pour acheter des cigarettes. Elle l'avait devancé sur ses hauts talons bruyants dont le son fut tout à coup étouffé par le bruit des bottes cloutées de métal. Il l'entendit crier... deux fois. Un premier cri long et strident, et le second comme un râle. Lui s'en trouva comme paralysé, et il les vit l'abattre. Il entendait encore les coups meurtriers. Un tout petit S. A., aux cheveux blonds cendrés et au visage exquis, que toutes les mères auraient aimé, lui tapa sur la tête avec une planche. C'était le 23 juin 1935 en face de Darmtor.

Avant ce jour, ils avaient eu souvent des soirées musicales; lui jouait du basson ou du violon, elle du piano. C'était presque toujours du Mozart que jouait Anna, avec le même sentiment profond que ce soldat rouquin si sale en chapeau haut de forme cabossé.

Le légionnaire prit son harmonica et accompagna un morceau de musique que nous ne connaissions guère, mais qui nous fit rêver. Tout à coup retentit une danse cosaque, et toute mélancolie disparut. Nous devînmes aussi des sauvages, ivres d'alcool, hurlant à en faire trembler la maison. Le vieux juif, ivre lui aussi, riait et oubliait sa femme assassinée, sa maison volée, les mille coups qu'il avait reçus de jeunes gens dans de beaux uniformes dont l'écusson était une tête de mort. Il voulut danser, il dansa avec Heide qui avait complètement oublié qu'il haïssait les juifs. Ils se tapaient dans le dos et se dandinaient en mesure. Nous dansions tous. Le légionnaire, aux anges, criait : « Vive la Légion », et se mêlait à la danse sous les applaudissements. Enfin, exténués, nous nous effondrâmes sur des chaises et on but de nouveau jusqu'à être archisaouls. Des propos d'hommes ivres se faisaient entendre sous les vieilles poutres.

Le vieux juif qui hoquetait un peu se mit de nouveau à parler.

— Ce fut dans une petite ville sale qu'ils mirent fin à mon voyage vers la Chine. A la bonne vôtre !
— Il leva sa tasse et but. La moitié du liquide lui

coula sur le menton. — Je m'appelle Gerhardt Stief, et, maintenant que nous sommes entre militaires, lieutenant d'infanterie Gerhardt Stief. — Il ricana et cligna de l'œil comme s'il nous confiait un secret croustillant.

Nous éclatâmes de rire en nous tapant les cuisses. Petit-Frère à force de rire tomba de sa chaise et vomit. Brandt lui jeta un seau d'eau à la tête. Le vieux continuait sans se troubler :

— J'étais au 76ᵉ d'infanterie près d'Altona. Ils voulaient que j'aille dans la Garde, à Potsdam, mais je me fichais de la Garde; alors on me renvoya en 1919 et je me remis à étudier. C'était à Göttingen, une époque merveilleuse. — Il but de nouveau.

— Oui, on est bien à Göttingen, dit Alte. J'y ai été en apprentissage chez le menuisier Radajsak dans la Bergstrasse. Tu connais, zébré? — Il reprit gêné. — Tu connais, Gerhardt? Je peux bien dire Gerhardt? Monsieur le lieutenant?

Tout le monde rit. Alte bourra sa vieille pipe à couvercle. — Connais-tu un bon café au coin, qui s'appelle « Holzauge »?

— Je le connais, il y avait une fille qui s'appelait Bertha! cria Gerhardt d'une voix qui éclatait de joie au souvenir de la fille qui s'appelait Bertha.

— Et puis, qu'est-il arrivé? demanda Brandt en crachant sur Heide qui dormait.

— Ils m'ont fait appeler au bureau du N. K. V. D. Un petit, aimable, m'a fait entrer dans un bureau et, tout souriant, m'a expliqué que j'étais retenu comme suspect d'espionnage. Mais ça s'arrangerait naturellement, il n'y avait pas l'ombre d'un doute. Bien sûr, ça s'arrangerait! Je serais ou fusillé ou enterré vivant à Kolyma, pourquoi tant d'histoires juridiques? Une formule imprimée est infiniment plus simple. J'ai vu beaucoup de choses de la Russie soviétique, mais de derrière les barbelés, et il y a deux couleurs que j'ai appris à haïr, le vert des N. K. V. D. et le noir des gardes S. S.

Alte retira sa pipe de sa bouche et secoua la tête : — Camarade Gerhardt, nous te comprenons. Un bonnet de fourrure à croix verte peut aussi vous faire frissonner.

— Près de Boritzov nous devions nous débrouiller pour le ravitaillement. Il y avait de quoi manger dans le fleuve qui coulait tout contre le camp. Boritzov, c'est en Chine, une petite république soviétique minable.

— Quand il y a de quoi manger ça peut encore aller, dit Brandt en mordant dans une saucisse.

Stief le regarda longuement et prit une bonne gorgée de la bouteille de schnaps.

— Tu crois? Connais-tu les poissons rouges?

Le petit légionnaire se pencha au-dessus de la table et regarda intensément le docteur Stief.

— Ceux qui vous donne des vers dans le foie?
— Il siffla longuement — Ils sont diablement raffinés à Boritzov. Ainsi tu as des parasites du foie, lieutenant?

Stief acquiesça lentement : — Oui, et cela fait mal. On est rongé de l'intérieur; les pilules qu'on vous donne ne font que prolonger la douleur. Des poissons rouges nous sommes passés aux mines de sel de Jaslanov. Vous savez, les grands déserts salés de l'Asie du Sud. Puis on nous envoya dans l'Oural. Marrosov, les usines de locomotives. Enfin un jour on rassembla les Allemands, Tchèques, Autrichiens, Polonais et on nous dirigea sur la prison de triage de Gorki, puis à Lemberg. Là, nous avons eu la surprise de notre vie. Les S. S. et les Soviétiques avaient organisé un véritable marché humain. Avec des cris et des rires méprisants nous fûmes remis aux S. S. contre ceux que les nazis remettaient aux Russes. Camarades, avez-vous essayé de rester accroupis pendant des heures?

— Il prit une cigarette que Brandt lui avait jetée et aspira la fumée avec délices en fermant les yeux un instant. — Avez-vous été enfermés dans des wagons d'acier, si serrés que la moitié d'entre nous en étouffait? Vous êtes-vous rendu compte combien un cadavre est mou quand on se tient dessus pendant des heures? C'est la façon moderne de transporter la viande vivante.

Nous savions. Rien n'était exagéré. Torgau, oui, nous connaissions. Lengries aussi et Fort-Plive. Nous avions goûté de la dictature.

— Ne sont-ils pas pires chez les Soviets? demanda l'ancien S. S.

— Ce sont exactement les mêmes gens. Au camp 487, en Oural, on nous donnait du poisson comme dans les camps de prisonniers d'il y a cent ans : un poisson pourri, salé et puant, le poisson tiulka qui pue vivant, il est né pourri. A Madjanek, c'était du pain rempli de vers, de morceaux de fer et de bois. Des prisonniers en mouraient étouffés. Être battus avec des crosses de carabine ou avec le chat à neuf queues, c'est la même chose; les Russes aussi se servaient de chaînes pour nous flageller les reins, et ils exécutaient surtout avec un coup de nagan dans la nuque. Les S. S. préféraient une corde. Vois-tu, homme des S. S., c'est bien la même chose.

— Je ne suis pas un S. S., protesta Kraus.

Un fin sourire se dessina sur les lèvres de Stief :
— C'est ce que beaucoup diront le jour du règlement de comptes.

Porta gronda : — Tous les S. S. et les N. K. V. D. étaient des volontaires. — Il montrait Kraus qui niait toujours. — Tu seras toujours un bandit S. S. et si nous ne t'avons pas tué maintenant, c'est parce qu'on te garde pour le grand soir, tout simplement.

Stief hocha la tête : — Ne sois pas si sanguinaire. Il a sûrement des cauchemars, c'est bien pire qu'être pendu. Donc, je continue : à Fort-Plive il nous fallait nous asseoir sur une longue planche quand nous voulions nous soulager; celui qui tombait dans la fosse se noyait dans sa propre ordure. Les S. S. pariaient sur le temps qu'il lui faudrait avant de disparaître. Mais à Madjanek, chez les Russes, il y avait la même chose, beaucoup y sont restés, étouffés. Ils disparaissaient en gargouillant et en lâchant des bulles d'air.

Petit-Frère cracha un os d'oie et but une gorgée de bière : — A Bruckendorf 3, sous Torgau, il nous fallait pisser les uns sur les autres quand nous avions fait dans nos culottes; les raves nous donnaient la colique.

Nous regardâmes le géant avec stupéfaction; c'était la première fois qu'il parlait de son temps de prisonnier; ce qu'il avait fait, où il avait été, nous ne nous en doutions pas. Il continua la bouche pleine : — On m'a cassé le bras à trois endroits et on a arraché mon cinquième orteil avec une pince. — Il se leva, prit un gros fauteuil et l'écrasa à terre. — C'est ce que je ferai au démon de Torgau quand je le retrouverai. Je sais qu'il est de service dans un camp, près de la Weser.

— A Hagen, ils en ont castré un certain nombre pour s'amuser, dit le petit légionnaire dont les yeux lançaient des éclairs, comme ceux des Maures quand la vengeance est proche.

— Moi, j'ai essayé de me pendre quand je suis revenu de Fort Zinna, dit Alte.

Il y eut un silence. Nous avions déjà entendu dire que Alte s'était pendu, mais sa femme avait coupé la corde à temps, et un ami prêtre s'était occupé de lui. Alte n'avait plus jamais essayé de se tuer.

Nous nous remîmes à jouer. Gerhardt gagna quelque deux cents marks et nous le laissions gagner de bon cœur. Il avait l'air de ne pas s'en apercevoir. La joie était générale quand il retournait la bonne carte.

— Par le diable, Gerhardt, tu vas être riche ! — Quelqu'un poussa la bouteille vers lui. — Envoie-t'en un, lieutenant.

Sief but et reposa la bouteille d'un geste précis comme nous le faisions. Ce geste était important, il signifiait que l'on était intime avec la bouteille; cela vous posait un homme.

Le sous-officier Heide s'était remis sur ses pieds

et il repoussa Kraus loin de Gerhardt. Il y eut un peu de grabuge, quelques jurons et Heide prit la place de Kraus avec un claquement de langue. Il jeta un coup d'œil en coin à Gerhardt.

— On va les nettoyer, ces merdeux.

Gerhardt acquiesça et nous jouâmes avec plus d'attention. Gerhardt gagnait toujours. Heide eut l'air vexé. Puis finalement renonça.

— Nettoyé !

Gerhardt rit : — Tu peux m'emprunter.

— A quel taux ?

— Au taux de soixante pour cent que prennent les gens quand ils ont affaire à des gens douteux, décida le légionnaire.

Au-dehors la lune brillait, toute large et ronde, comme si la vue de quatorze candidats à la mort l'amusait. Le légionnaire balaya les cartes et rejeta sa chaise d'un coup de pied : — Ce jeu m'ennuie, battons-nous plutôt !

En un clin d'œil, tout fut préparé pour un combat de boxe. Petit-Frère et Heide se proposèrent comme premiers antagonistes; des cordes prises au sofa et aux fauteuils furent tressées et entourèrent le ring; les paquets de pansements devinrent les gants de boxe. Les deux grandes brutes se levèrent et un combat qui dégénéra rapidement en une lutte ignoble eut lieu. Tuméfiés, couverts de sang, ils mordaient, crachaient, grinçaient des dents, aussi sanguinaires l'un que l'autre. Mais une seconde, Heide oublia d'être sur ses gardes et ce fut sa perte. Petit-Frère, hurlant comme un gorille, lui prit la cheville, le fit s'étaler et lui cogna la tête contre le plancher jusqu'à ce qu'elle pendît comme un chiffon mou. Puis il jeta le corps inerte dans le coin et s'écroula, terrassé par un profond sommeil.

Dehors, la lune éclairait toujours les arbres gelés. Nous étions tous endormis les uns sur les autres, comme autant de chiots. Le silence lugubre des montagnes enveloppa quatorze candidats à la mort dans une hutte où, jadis, venaient se reposer des skieurs joyeux.

Le lendemain matin, ce fut Petit-Frère qui les aperçut le premier. Ils arrivaient à la queue leu leu, marchant vite, et descendant la montagne, là où le rocher détaché faisait comme une brèche. Le grondement de Petit-Frère nous rassembla en hâte. On gelait. Ils étaient beaucoup plus nombreux que nous et armés de lance-flammes, de trois S. M. G., avec un des nouveaux bazookas. Le soleil qui dorait déjà les cimes faisait étinceler l'argent de leurs têtes de mort. A la jumelle nous pouvions voir que celui qui marchait en tête était un Obersturmführer. Stege devait avoir raison : c'était toute une compagnie. Alte abaissa la jumelle et, sans se retourner, chuchota : — Faites filer Gerhardt.

— Où ? demanda Gerhardt Stief qui se tenait dans la porte et regardait par-dessus l'épaule de Porta.

Oui, où ? Nous nous regardâmes désespérés. Petit-Frère et Heide tournèrent leurs visages tuméfiés vers le soleil et clignèrent des yeux. C'était une vilaine matinée. L'un d'eux trébucha, là-haut, sur le sentier étroit et nous vîmes un S. S. Oberscharführer l'engueuler comme un chien en brandissant une mitraillette.

— Des fumiers, grogna Heide en tâtant son œil enflé, tous des fumiers !

— Mettons la mitrailleuse en batterie et tuons tout le lot, dit Porta.

— Epatant, et ensuite on taille dedans ! gloussa Petit-Frère en jonglant avec son grand couteau.

— Taisez-vous, imbéciles ! gronda Alte. Ils sont vingt contre un. Il faut les jouer.

— Tu n'y crois pas toi-même, marmonna Stege. Ils vont nous refroidir dès qu'ils trouveront les restes de notre mangeaille et Gerhardt.

— Exact, Hugo, dit le légionnaire. Et ce sera lui qui nous tuera. — Il montrait le grand type qui malmenait un autre chasseur.

Ils disparurent lentement derrière de maigres sapins. Dans un quart d'heure, ils seraient de

l'autre côté et, ensuite, rapidement sur nous.
Ils apparurent comme la foudre. Stege serra les dents et saisit sa mitraillette. Alte avait levé un sourcil et nous fit un signe de calme. Petit-Frère changea de position. Les armes de la compagnie S. S. cliquetaient. Kraus, le S. S. muté chez nous à cause de sa lâcheté, en eut une toux caverneuse.
— Foutons le camp !
— Peur de tes frères? demanda doucement Porta.
Le légionnaire sifflait sa chanson favorite. Le S. S. Obersturmführer marchait vivement, les manches retroussées, et l'on pouvait voir ses bras couverts de poils noirs. Nous sentions la mort toute proche, nos narines s'ouvraient comme celles du gibier qui entend les rabatteurs. Gerhardt disparut dans la maison, suivi de Petit-Frère et de Bauer. Ils arrivaient... tous de jeunes types, beaux et bien nourris.
— Compagnie : halte! Reposez armes. Repos.
Les ordres résonnaient, froids et durs comme l'était la matinée. Alte cligna vers le chef aux poils noirs et leurs yeux se rencontrèrent. Alte marcha lentement sur cette herbe invraisemblablement verte que le vieux juif aimait tant. Le petit légionnaire flânait par-derrière, la mitraillette en position de tir, et se glissait mine de rien derrière un tas de bois.
Porta se coula dans la maison et on devina une bouche noir-bleu derrière la petite fenêtre grillagée cachée par des planches. Alte était protégé par deux des meilleurs tireurs du front.
L'officier S. S. remonta son pantalon alourdi par son mauser juste au moment où se faisait entendre dans la hutte un bruit d'assiettes et de verres. Les S. S. tendirent le cou. Quel bruit sympathique !
Le rapport que fit Alte fut court et sec. « Rien de particulier à signaler. » Les verres et les assiettes tintèrent de nouveau et le mince officier S.S. regarda, les sourcils levés, la porte ouverte. Il alla doucement, avec une lenteur inquiétante,

vers la maison. Ses cuirs tout neufs grinçaient. Près du billot il s'arrêta, prit la hache et trancha un bout de bois d'un seul coup. Cette hache avait été aiguisée par un expert. Il donna un coup de pied au bois tranché et rit doucement. Son visage se durcit en se tournant vers Alte.

— Vous, feldwebel, rassemblez vos hommes et filez en vitesse. — Une grosse montre en or brilla à son poignet lorsqu'il leva le bras pour le salut nazi.

La voix d'Alte tonna : — En avant marche, bandits !

Nous avançâmes, revêches. On se poussait et on murmurait. Petit-frère et Heide sortirent de la maison en se dandinant. Petit-Frère avait à la main le long couteau sibérien.

— Prenez les armes. En avant marche ! commandait Alte d'une voix de stentor.

Nous passâmes tout près des S. S. qui nous crachèrent leur mépris.

— Merdeux ! dit l'un.

Petit-Frère sursauta mais le légionnaire et Alte l'encadrèrent aussitôt. Les taons fourmillaient, nous piquant atrocement, toujours au bord du col. Nous traversâmes les pins sans retourner et ce ne fut que tout à fait en bas, près du vieux pont, que nous fîmes halte. Sans un mot, nous nous jetâmes sur le sol, toutes nos têtes tournées vers la hutte que le soleil éclairait maintenant en plein.

Nous vîmes l'Obersturmführer entrer dans la maison suivi de deux S. S. L'un était le grand Oberscharführer qui portait sa mitraillette comme une cravache et ils restèrent longtemps sans que nous entendîmes rien. Quelques autres s'étaient jetés sur l'herbe verte où ils jouaient aux dés ou aux cartes sans se presser.

— Notre ami le lieutenant Stief s'est bien caché, dit Porta.

— Espérons-le, murmura Alte inquiet, en mâchonnant sa pipe.

Petit-Frère fit une tournée de schnaps et nous

bûmes longuement, avidement. C'était du feu qui coulait dans nos veines et avec l'alcool, la rage, le goût du sang. Petit-Frère cracha sur une feuille.

— Chiens salopards, tuons-les ! — Il frappait sur le manche de son couteau. — Allons-y, Alte ! dit-il d'une voix rauque.

Alte suçait toujours sa pipe. Tout à coup, un long cri perçant trancha le silence.

Instinctivement, nous nous aplatîmes encore davantage.

— Le vieux juif ne s'est pas caché assez bien, gémit Stege.

De nouveau le cri s'éleva, ce cri que nous connaissions tous pour l'avoir entendu dans les prisons et les camps.

— Qu'est-ce qu'ils lui font ? dit bêtement Brandt.

— La mort lente, aboya le légionnaire qui mit son lance-flammes en position. Dans le Rif, nous nous vengions toujours quand les Noirs avaient taillé dans un des nôtres.

Il regardait Alte étendu derrière un buisson, qui fixait la hutte.

Le légionnaire allait continuer, lorsque soudain ils apparurent, traînant Gerhardt Stief. Le vieux juif était à quatre pattes et criait tout le temps. Les S. S. lui donnèrent des coups de pied et lui cassèrent un bras. Chaque geste nous brûlait le cerveau, nous devenions comme fous.

Ils firent quelque chose à sa figure et il s'effondra. Le grand Oberscharführer se pencha vers lui, un couteau à la main. Nous savions ce qu'il allait faire, nous l'avions déjà vu, et, malgré tout, cela nous surprenait toujours. Ce cri, ce long cri inhumain alors que le corps se détend comme un arc. Le membre encore vivant, jeté sur le sentier, descendait la pente, en sautillant.

Ils maintinrent sa tête sur le billot et le S. S. O. ne donna que deux coups de hache. Le sang gicla au loin. Ils rirent et firent un trou dans le fumier où ils enfouirent le corps avec la tête, puis ils se mirent en marche en chantant, et disparurent à travers les pins.

Stege sanglotait, Petit-Frère grondait, Alte suppliait presque : « Soyez raisonnables ! » Mais le légionnaire sifflait comme un serpent.

— Vive la Légion ! Comme dans le Rif !

Sa fureur prit comme un feu de forêt et la suite ne fut qu'une question de secondes. Les loups allaient avoir à se battre contre des loups pires encore, conduits par un fauve marocain.

Tuer son semblable peut être parfois un soulagement.

Celui qui devait mourir s'effondra. Il gratta la terre de ses ongles et de ses pieds, ses yeux se fermèrent. Le légionnaire frappa la bouche qui haletait encore « Heil! », et les membres du misérable furent déchiquetés par le peuplier brusquement détendu.

Le soleil monta lentement au-dessus de la crête de la montagne pour contempler la vengeance, et les malheureux d'Auschwitz durent se réjouir du passage de la justice.

6

VENGEANCE

Tapis dans la montagne, nous attendions les meurtriers de Gerhardt.

L'idée de les tuer nous remplissait de joie, une joie qui me rappelait celle que j'éprouvais enfant, le jour de Noël, lorsque nous attendions derrière la porte encore fermée l'apparition de l'Arbre magique.

Stege pleurait, c'était l'âme tendre de la bande. Porta jurait, le petit légionnaire marmonnait des imprécations arabes.

L'endroit que nous avions choisi était une forteresse naturelle, une vraie souricière à S. S., un tir à la cible.

— Ce sera une vraie rigolade, dit Brandt le routier, qui suçait toujours sa dent creuse.

— Je scalperai le grand Ober, cria Julius Heide du haut de l'arbre où il faisait le guetteur.

— Non, Julius, ce sera moi, coupa Porta en embrassant son couteau.

— Vous êtes raides fous, interrompit Alte. Avez-vous imaginé les conséquences de ce que vous projetez?

— Tú es un pâle, dit Porta en crachant par terre. Pas un d'entre eux ne rentrera chez sa mère, tu peux me croire, pour raconter ce qui s'est passé. Avant la nuit, les corbeaux leur auront tous bouffé les yeux.

— Imbéciles! cria Alte avec colère. Vous ne voyez donc pas que c'est un assassinat!

Nous restâmes la bouche ouverte.

— Tu dis? cria Porta en oubliant que le son s'entend très loin dans la montagne. Et comment appelles-tu ce que nous faisons depuis quatre ans, monsieur le feldwebel?

— Idiot! Jusqu'à présent tu as tué des ennemis, pas des compatriotes.

— Des ennemis? ricana Porta. Moi je n'ai comme ennemis que les S. S.

Alte indigné sauta du trou qu'il occupait avec Stege et moi, et brandit son revolver dans la direction de Porta qui était étendu sur une saillie de rocher.

— Tu es bien oublieux, mon garçon, mais je vais rafraîchir ta mémoire! Tu te souviens des N. K. V. D. que nous avons descendus vers Bobrusk (1). As-tu oublié Petit-Frère et le légionnaire tranchant la gorge des volontaires de la mort à Kiev? As-tu oublié les Bosniak et les femmes dans les sections de lanceurs de grenades? C'étaient tes amis peut-être? Alors tu as une drôle de façon de les traiter! Sans parler des fantassins de la cote 754, et des civils dans les égouts de Kharkov, et du personnel du pénitencier de Poltava. Tous des amis? Dois-je continuer? — Alte était rouge brique.

— Ce que tu sais parler! siffla Porta. Tu aurais dû être sacristain dans les troupes de choc du Sauveur!

— Ferme ta sale gueule de Berlinois, ou je te

---

(1) Voir « Les Panzers de la mort », du même auteur.

descends sur place, hurla Alte exaspéré. — Il avait sa mitraillette à la hanche et visait Porta.

Il y eut un silence. C'était la première fois que nous voyions Alte dans un pareil état; en trois ans de vie commune ce n'était jamais arrivé. Médusés, nous regardions notre cher Alte, notre Wilhelm Bayer. Il respirait avec difficulté comme s'il était sur le point d'étouffer, puis il se remit à parler, bégayant.

— Ce sont des bêtes, ces S. S., des assassins, c'est exact, ils méritent tout ce que vous pourrez leur faire. Si quelqu'un vous comprend, c'est bien moi.

Il porta la main à sa gorge, s'assit sur le bord du trou et jeta un regard vers la montagne où nous entendions les S. S. chanter :

> So weit die braune Heide geht
> Gehört das alles mir (1).

— Mais avec l'assassinat on ne combat pas les tueries, ne l'oubliez jamais. — Sa voix était presque imperceptible. Porta voulut parler, mais Alte l'arrêta d'un geste.

— Vous souvenez-vous du jour où vous avez tué ce chien de lieutenant à Lemberg?

Il nous regardait tous alternativement et son regard nous transperçait.

— Vous souvenez-vous?

Personne ne répondit. Nous nous souvenions comme si c'était hier. Un lieutenant de la police du front fut tué un jour d'une balle dans la tête en pleine rue Pahlevi, à Lemberg. Au cours de la razzia qui suivit, on arrêta soixante personnes que l'on fusilla devant la maison où le lieutenant avait trouvé la mort. Parmi elles, il y avait dix-neuf enfants au-dessous de douze ans. Toutes les habitations du voisinage furent réduites en cendres. On

---

(1) Partout où s'étend la lande brune, tout cela est à moi.

abattit d'un coup de crosse une femme avec son nourrisson.

— Le meurtrier de l'officier de police n'a-t-il pas regretté son acte? acheva Alte à voix basse.

Il jeta son casque qui roula au bas de la pente, puis continua joyeusement vers la vallée. Une quantité de graviers dégringolaient derrière lui.

— Vous souvenez-vous de ces deux S. S. que vous avez poignardés à Stalino? continua-t-il avec entêtement. La rançon fut le massacre des habitants de Brigadenhof. Et cette téléphoniste qui prétendait avoir été violée par des civils russes? Trente femmes et enfants furent emmenés en esclavage dans les camps du Reich...

Oui, nous nous souvenions. La téléphoniste avoua plus tard qu'elle n'avait pas été violée. C'était de la frime. On haussa les épaules et elle fut fourrée au violon dix jours pour s'être moquée de la police secrète, mais les enfants mouraient de faim dans le village, pendant que leurs mères crevaient de travail en Allemagne.

Alte continuait les yeux fermés. Il citait exemple sur exemple. Porta battait des cils, Stege gémissait, Heide crachait, le légionnaire sifflotait « Viens, douce mort, viens... » Petit-Frère seul parut insensible.

— Si vous massacrez ces S. S., continua Alte, faites-le en sachant que toute la population alentour en pâtira, et aussi les prisonniers, ajouta-t-il après un instant. Pour chaque fusillé vous serez responsables. Chaque balle dans la nuque sera la vôtre, et quand ce sera fini vous pourrez vous dire que vous êtes des assassins.

Alte regarda de nouveau chacun de nous intensément et nous cria enfin :

— Tirez maintenant, si vous l'osez! Mais n'oubliez pas que chaque fois qu'un S. S. pousse le dernier soupir à cause de vous, vous tuez en même temps vingt civils et probablement des femmes et des enfants, des nourrissons, des écoliers, de pauvres petits affamés qui jouent en ce moment, sans se douter de rien. Tirez, mes gars ! Tirez et vengez le juif Gerhardt Sief qui ne voulait pas se coucher dans un lit pour ne pas le salir de ses poux. Il cracherait sur vous s'il voyait ce que vous allez faire. Voulez-vous le venger ? Alors, criez partout ce que vous avez vu ! Ne l'oubliez jamais. Quand tout le monde se vautrera dans le confort, après la guerre, clamez-le encore. Ce sera la vengeance pour les milliers de Gerhard qu'ils ont torturés.

Le petit légionnaire se leva d'un air las : — Tu as raison, Alte, comme toujours. — Il jeta avec désespoir l'étui pesant du lance-flammes, le piétina et cria à voix rauque :

— Qu'ils soient tous maudits ! Tout nous a été enlevé, la joie, la liberté, et le courage ne sert à rien. Quant aux armes, elles sont sûres de n'être employées qu'au service de ces ordures, même par nous autres, porcs en uniforme. — Il se jeta à terre, sortit son tapis de prière, ôta ses bottes, se prosterna vers l'est et pria longtemps. Muets, nous contemplions ce loup des montagnes berbères qui ne pouvait même pas mordre le couteau qui, lentement, nous assassinait.

Nous nous redressâmes l'un après l'autre. Alte se mit à descendre et nous le suivîmes, le cœur lourd. Porta cracha, se colla son chapeau sur le crâne, balança son arme pesante sur son épaule et suivit lui aussi la petite silhouette trapue qui descendait sans se retourner vers la vallée.

Les S. S. chantaient toujours. Nous serrions les poings de douleur et de rage. Heide gronda : — On les aurait tous eus ! Ça n'aurait pas pris cinq minutes.

Alte trotta plus vite, nous suivions lourdement.

La pente de la vallée s'adoucissait tout à fait lorsqu'une odeur suffocante nous parvint tout à coup, dévalant par-dessus la forêt. Nous nous arrêtâmes, stupéfaits d'apercevoir de gros rouleaux de fumée s'élever dans les arbres.

— Qu'est-ce que ça peut bien être ? murmura Alte, songeur.

— Ce doit être dans le bois, et pourtant ça paraît venir de plus loin, dit Porta.

Il repoussa son chapeau : — Ce serait Katowitz, ça ne m'étonnerait pas, mais pourquoi diable est-ce que ça brûlerait ?

Stege sortit sa carte et son compas : — C'est Tekolowitch qui brûle, annonça-t-il brièvement.

Comme des fous, nous nous ruâmes sur la montagne, mais par les rochers, les alpages et les raccourcis. La sueur obscurcissait nos yeux. Avec un cri, le légionnaire montra le sud-est. Une nouvelle et épaisse fumée montait dans le ciel bleu.

Stege reprit sa carte : — Cette fois, c'est Branowitch. Qu'est-ce que ça veut dire ?

— Représailles, dit Alte. Mais pourquoi ?

Brandt remonta le tuyau de poêle sur son épaule :
— Faut y aller voir.

Un nouvel incendie montait au sud.

— Mais qu'est-ce qu'ils foutent ? cria Heide.

— Représailles, répéta Alte. Un forcené a dû descendre un des gars à Himmler et maintenant la moitié du district paie cette histoire.

Un chien descendait en aboyant. Porta le captura. C'était un grand bâtard de chien-loup comme ils en avaient ici dans la plupart des fermes, collier cassé et fourrure roussie. Le chien était fou de peur et de douleur.

Alte tirait sur sa pipe, pensif, en regardant le chien.

— Cette bête vient d'une des fermes de la montagne et pas des villages.

Le légionnaire caressait la tête du chien : — Ça voudrait dire qu'ils liquident aussi les petites fermes ? Mais qu'est-ce qui a bien pu arriver ?

Il se remit à vérifier très soigneusement son arme et, comme Alte faisait mine de continuer sa descente, il l'arrêta d'un geste. Posant son arme avec précaution, il se pencha vers l'est, s'assit en tailleur et demanda une cigarette.

— Les gars, Alte nous a fait un grand sermon, dit-il, et nous avons été raisonnables parce qu'il y avait des raisons pour cela. Mais maintenant, tout flambe là-haut. Probablement que quelques collègues, de l'autre côté, ont été moins raisonnables. Alors je considère qu'il n'y a plus de raison de le rester.

— La ferme, dit Alte. Rassemblez les armes, on s'en va.

— Attends un peu qu'on voie ce que le nomade veut dire.

Le légionnaire eut un rire mauvais. Ses yeux luisaient d'une haine fanatique.

— Par Allah ! Allons tuer ces S. S.

— Non, dit Alte.

— Les chiens enragés, on les tue ! hurla le légionnaire. Les bâtards de Himmler ne sont rien d'autre ! Qui m'accompagne ? Levez la main.

Porta, Petit-Frère, Heide, Brandt levèrent le poing. A contrecœur nous suivîmes. Le dernier fut Stege avec un regard d'excuse vers Alte.

— Par Allah ! c'est une fête, dit le légionnaire en se levant. Il posa la main sur l'épaule d'Alte. — Nous te comprenons, mais comprends-nous, toi aussi. Les S. S. ne peuvent plus se venger, c'est fait, tout brûle. Nous conduiras-tu comme tu l'as toujours fait au front ?

Alte secoua la tête : — Je vous suivrai parce que j'y suis obligé, mais je ne conduirai pas un assassinat.

Le légionnaire haussa les épaules : — Bien les gars, suivez-moi.

Nous atteignîmes l'orée du bois en escaladant des obstacles qui auraient fait reculer des chasseurs alpins, mais la vengeance nous donnait des ailes. Heure après heure nous progressions, nous frayant un chemin à travers les épines avec nos pelles et nos haches. Nos mains étaient en sang, mais le légionnaire nous houspillait, plus fanatique que quiconque. Harassés, nous le menacions de nos armes, mais il riait, méprisant, et criait à tous vents son cri de guerre marocain.

Enfin nous arrivâmes à la première ferme. Une ruine fumante et trois cadavres recroquevillés, deux femmes et un enfant.

Alte ferma à demi les yeux; il était blême. Nous étions des fauves de guerre qui avaient tout vu, mais nos mains se crispèrent un peu plus sur nos armes et nous nous précipitâmes plus loin, à la suite du légionnaire. Une heure plus tard, nous découvrîmes deux autres cadavres; deux hommes tués d'une balle dans la nuque. Le légionnaire les retourna, les visages n'étaient qu'un trou.

— P. 38, décida Porta en tâtant l'orifice avec le doigt.

Sur les cadavres, aucun papier. On avait tout enlevé.

— C'est peut-être aussi bien l'ouvrage des partisans, insinua Kraus, le lâche.

— Sûrement! dit Bauer en éclatant de rire comme nous tous.

Alte retira sa pipe et parla sous le nez du S. S. :
— Je peux mot pour mot te dire ce qu'il y aura demain dans les journaux du pays : Des paysans pacifiques ont été assassinés par des bandits. Ils ont brûlé en plus trois villages et plusieurs fermes. La répression va suivre au plus tôt. Signé : Heinrich Himmler. Ensuite, le S. S. Standartenführer Blobel, sur l'ordre du Führer en chef de la police Brach, fera les exécutions d'usage. Pour plus de sûreté on notera que les bandits portaient des uniformes allemands. Ils pensent à tout au R. S. H. A. (1).

Porta passa son doigt sur la blessure de l'un des assassinés, puis renifla.

— Gangrène premier stade.

— Tiens! Tout comme les cadavres jaunes de Dobrovina, dit le légionnaire.

---

(1) Département supérieur de la Sécurité du Reinch.

Porta hocha la tête et renifla de nouveau :
— L'autre a fait dans sa culotte.
— C'est ce qu'ils faisaient toujours quand nous les gazions à Birkenau, dit tout à coup le S. S. Kraus.
Il y eut un silence terrible. Nous oubliâmes les cadavres parce que quelque chose venait de surgir, quelque chose d'un intérêt diabolique. Tous les yeux se tournèrent vers le grand S. S., celui qui avait été rejeté par ses pairs, dégradé, et envoyé dans un régiment disciplinaire pour cause de désertion.
— Tiens, tiens... et qu'as-tu vu d'autre à Birkenau ?
Le S. S. blêmit, il en était presque vert. Ce qu'il avait caché avec tant de soin pendant trois ans venait de lui échapper inopinément. Durant des nuits d'insomnie, il avait craint d'être trahi, par quelqu'un du secrétariat par exemple, le sous-officier Julius Heide entre autres, qu'il avait retrouvé parmi nous. Quelle panique n'avait-il pas ressentie à la vue de Heide ! Fallait-il le supplier de se taire en payant ce qu'il demanderait ? Mais peut-être Heide n'avait-il pas tout su... Autrement, c'était impensable qu'il se soit tu si longtemps... Kraus avait bien essayé d'être muté, mais le capitaine von Barring avait dit : « Pas question. » Salaud de von Barring, comme tous ici dans cette section de malheur ! Des traîtres à la patrie qui devraient bien être liquidés...
Puis advint la chose inouïe : personne ne l'avait trahi, mais ce fut lui-même qui le fit. Il adressa une prière mentale au Dieu qu'il avait abjuré en 1938, lors de son entrée dans la section infâme. Comme il avait été fier de parader chez lui en uniforme nazi, vert avec têtes de mort d'argent ! Avec quel soin n'avait-il pas cousu le ruban noir aux lettres d'argent « Totenkopfverband » (Union de la Tête de Mort) sur le bras gauche. Il avait ri de tout son cœur devant la panique de sa mère lorsqu'il était apparu chez lui vêtu du redoutable uniforme.

Il avait menacé son père d'incarcération lorsque celui-ci avait évoqué la justice de Dieu. Quelle joie de voir la racaille le regarder avec terreur !... Tous ceux qui avaient été impertinents le flattaient maintenant, à qui mieux mieux. Et quand ce cabaretier avait osé lui refuser du crédit, il avait jeté sur la table les marks crasseux et avait crié dans le lourd silence : — Tu viendras bientôt te traîner à mes pieds !

Ça n'avait pas traîné... Un mot dans la boîte aux lettres du camp, celle qui n'était levée que par Eike, le chef S. S., avec le nom et l'adresse du cabaretier, et la mention « Traître à la patrie ». Trois semaines plus tard, le cabaretier était convoqué et, le même jour, suspendu au tréteau, il recevait dix coups de bastonnade. Ordure de cabaretier ! Il se fit prendre dans les barbelés, un jour de janvier 1938, et on l'enterra avec une cinquantaine de juifs qui venaient d'être pendus derrière l'écurie.

Le jour où il arriva à Gross Rosen comme Unterscharführer fut un des plus beaux de sa vie. Il y pensait souvent avec émotion. On lui confia la garde des chiens. Il adorait ces chiens, mais le chef S. S. Hauptsturmführer Streicher était une buse. Parce que quelques-uns des traîtres à la patrie avaient été un peu mordus par ces chiens, Streicher avait fait des histoires. C'est entendu, il y en eut un qui mourut, mais quelle importance ? Il serait mort de toute façon. Un vieux schnock, ancien ministre de la République, qui s'évanouissait chaque fois qu'il recevait un coup de bâton...

Le Hauptsturmführer Streicher demanda une enquête, et s'il n'y avait pas eu, en plus, l'histoire du « Hopla Hop ! » l'affaire eût été classée. Mais le « Hopla Hop ! » était peut-être un peu raide, Kraus se l'avouait volontiers, même à l'égard d'immondes traîtres à la patrie. C'était Steinmüller, l'Oberscharführer du bloc 7 qui l'avait inventé et le jeu comportait une douzaine de variantes.

Par exemple, quelques prisonniers étaient amenés

sur la grande place, derrière la bergerie; on leur mettait une boîte sur la tête et on les menaçait du bâton si la boîte tombait. Les S. S. tiraient dans les boîtes, et il arrivait, naturellement, qu'un prisonnier reçût une balle dans la tête. Mais quel merveilleux exercice de tir, et que c'était amusant !

On organisait aussi des courses par-dessus les feuillées, et on retirait la planche quand les types se trouvaient au milieu. C'était rigolo de les voir barboter dans leurs déjections; certains mouraient étouffés, mais encore une fois, quelle importance?

Dieu qu'on s'amusait dans ce bataillon ! Il y avait beaucoup d'autres manières de jouer au « Hopla Hop ! », mais un jour, Steinmüller avait tout de même exagéré. Il avait attaché ensemble trois prisonniers tout nus à l'appareil de chauffage pour voir s'ils étaient courageux.

Cet animal de Streicher le découvrit. Quelle histoire ! Si seulement on avait pu attraper le mouchard ! Mais Streicher, ce salopard, on finit par l'avoir. Il fut traduit en conseil de guerre pour avoir défendu des traîtres à la patrie, chassé des S. S. et muté dans l'aviation. On disait qu'il avait été descendu en Pologne.

Après Gross Rosen, Ravensbrück. Rien que des femmes. Quelle époque ! Il y avait là un Stabsführer avec l'insigne du sang de 1923. C'était un voyeur. Ce qu'il pouvait inventer avec ces filles... A en devenir fou après ces séances ! Une des prisonnières, ancienne avocate, osa accuser les S. S. d'abus de pouvoir. On l'estropia avec un manche à balai, ensuite on lui sauta dessus de la hauteur de la table et elle fut écrasée comme une coquille d'œuf. Le commandant de Ravensbrück ne demanda pas d'enquête, lui au moins savait comment il fallait traiter ce genre de racaille. Que c'était amusant de fouetter ces femmes ! On en avait parfois mal dans tout le corps, mais une fois, tout avait failli tourner mal, parce qu'une de ces harpies, sous prétexte qu'elle était enceinte de Kraus, avait hautement protesté. Il s'était arrangé à temps pour faire crever la pouliche grâce à ses bonnes relations avec le médecin-chef. Inouï ce que ça pouvait être difficile de tuer une femme... Il avait bien fallu demander la piqûre d'essence.

Un truc bien, aussi, d'avoir été retenu pour Birkenau, où il avait été nommé à la section des liquidations. Au début, cela faisait tout de même un petit quelque chose surtout quand des milliers de juifs arrivaient pour recevoir la dose de Cyclon B. Mais on s'habitue à tout, et il ne savait vraiment pas le compte de toutes les juives qu'il avait liquidées.

Un jour tout de même, il n'eut pas de chance, le jour le plus sombre de sa vie, celui où on le renvoya du service de liquidation. Ce fut le S. S. Untersturmführer Rochner qui lui valut ça, et uniquement pour le viol d'une Roumaine. Parlez-moi des copains! On fondit sur lui et sur ses quatre acolytes et on décida de l'envoyer à la section d'éducation de combat à Cracovie. Mais il y coupa à cause d'un pied infecté. Mille marks pour obtenir cette infection du pied, et pourtant la déveine s'acharnait. Il fila directement sur Klagenfurt, au régiment S. S. « Der Führer ». Un régiment de salauds qui n'aspiraient qu'à une mort héroïque...

Ce furent des mois de sueur, de désespoir et de trouille, jusqu'à ce qu'il s'enfuit du front, à Kharkov, dès le premier jour de son arrivée. Conseil de guerre, dégradation, prison et Torgau. Il tremblait encore au souvenir de Torgau, cette atroce prison! Et puis, le bouquet... cet épouvantable régiment disciplinaire avec des criminels de la plus affreuse espèce.

Et maintenant, ces gens de sac et de corde osaient le juger, lui le soldat du Führer, le vétéran des nazis! Il se gonfla, mais son courage s'enfuit par tous les pores lorsqu'il regarda Porta, Petit-Frère et le légionnaire.

On ne savait jamais ce que ces psychopathes pourraient inventer... des animaux... ils pouvaient manigancer le pire. Kraus pensa au capitaine Meyer, à l'Obersturmführer Gratnohl, au Sonderführer Hansen (1)... La sueur perlait, glacée, à son front. Devait-il appeler à l'aide ? Peut-être y avait-il quelques camarades S. S. dans le voisinage... Dénoncer enfin ces cochons, quel plaisir ! Il y aurait quelques balles dans la nuque et ce ne serait pas trop tôt !

Mais que diable ! Voici Porta qui s'avançait... tout doucement... Ne me touche pas ! voulut-il crier, mais pas un son ne traversa ses lèvres. Sa langue était épaisse, gonflée, sèche ; la sueur lui coulait dans le dos. Le légionnaire, ce monstre du Maroc, cette sale bête balafrée venait en souriant vers lui. Et ce gorille de Petit-Frère... et même Julius Heide, un frère d'armes... ils marchaient un peu courbés comme s'ils voulaient charger. Brandt, ce voleur, tira son couteau.

Ils n'allaient tout de même pas le tuer ! Ce n'était pas possible ! Alte avait parlé de meurtre. Et pourtant ils avaient tué Hansen, lentement, c'était un meurtre. Et Gratwohl, ils l'avaient pendu, c'était un meurtre. Et le capitaine Meyer, ils l'avaient fusillé, c'était aussi un meurtre... Ces horreurs ! Ces traîtres à la patrie. Il se défendrait... il allait tirer...

Un bruit métallique. Mon Dieu ! Porta lui avait fait tomber sa carabine des mains.

— Non, non ! cria-t-il quand le légionnaire lui envoya un coup de pied dans l'entrejambes.

Ils souriaient, leurs dents serrées découvertes. Allait-il mourir aujourd'hui ? Mais c'était affreux... la vie, la belle vie... ! Il avait fait son devoir, rien d'autre. Comprenaient-ils ça, ces criminels ?

Alte le regardait sans parler, avec des yeux sombres, des yeux qui n'étaient plus ceux d'Alte. Il était son ennemi, il ne dit pas : « C'est un meurtre. »

Le cercle se resserrait. Ils l'entouraient, tout proches. Lui se tenait au milieu comme la tache

---

(1) Voir « La Légion des damnés », du même auteur.

blanche au centre de la cible. Ils frappèrent. Une souffrance indicible traversa son corps de la tête aux pieds. Il cria en tombant, comme Gerhardt avait crié.

— Jésus-Christ, aidez-moi. Sainte Vierge, aidez-moi. Ah! pria-t-il sans qu'on l'entendît, je me ferai prêtre pour le reste de ma vie. Mon Dieu je vous servirai, je ne vous renierai plus jamais. Sauvez-moi de ces démons!

Les montagnes se renversaient, le ciel s'ouvrait... ils l'attachèrent avec des cordes serrées et le laissèrent là, sanglant, sans faire attention à lui, pendant qu'ils fumaient en silence.

Puis un peuplier fut courbé vers la terre. Il savait ce qui allait se passer. Son hurlement fut celui d'une bête, peut-être était-il devenu fou. Mais seul Satan dut l'entendre et s'en réjouit.

Ainsi mourut le S. S., tous les membres, toutes les articulations déchiquetés. Il cria pendant dix minutes avant de mourir. Porta trouva que c'était trop court. Nous jetâmes son corps dans une gorge étroite et la section continua son chemin. Près d'une nouvelle ruine fumante nous rencontrâmes une bande de S. S. mais personne ne tira et le cri du légionnaire « Allah el Akbar ! » ne retentit pas dans la montagne. Notre soif de sang était étanchée.

Gisèle dormait. Je l'embrassai, elle se réveilla, s'étira et m'embrassa avec passion. Elle avait dormi très longtemps.

— Alors le juif que vous aviez rencontré, est-il mort finalement?

Je l'embrassai sans répondre. Elle rit et nous retombâmes enlacés, puis elle redemanda : — Est-il mort?

— Non, un juif ne meurt jamais.

— Il faut bien tout de même qu'il meure un jour, dit-elle étonnée.

— Non. On ne peut tuer un juif. Il continue à vivre malgré la haine, malgré les persécutions.

— Je ne comprends pas, mais ça ne fait rien. Ces choses m'ennuient, j'aime bien mieux faire l'amour.

On avait fait le ménage en grand au bordel où de nouvelles pensionnaires étaient arrivées.

L'énorme poisson qui était suspendu au-dessus du bureau de Madame avait disparu pour faire place à une tête de taureau. Quelqu'un avait accroché un bas extra-fin à l'une de ses cornes, l'autre portait un slip bleu ciel.

Une femme complètement nue dansait sur une rangée de tables. Elle se tortillait en dansant pendant que des projecteurs faisaient jouer des lumières colorées sur les parties les plus intimes de son anatomie.

Le public hurlait, et Petit-Frère dépassait toutes les limites. On dut l'assommer d'un coup de bouteille pour le calmer.

7

PETIT-FRERE SE FIANCE

CE jour-là, j'arrivai à l'hôpital juste avant la visite.

Le docteur Mahler s'arrêta près du lit de Mouritz et jeta, comme il le faisait toujours, un coup d'œil sur les papiers que lui tendait Boule de suif. Il sifflota un peu, puis regarda attentivement Mouritz, le volontaire sudète.

— Comment se porte notre aventurier, aujourd'hui ?

— Pas très bien, Monsieur le médecin-chef, dit Mouritz dans les meilleures traditions du métier militaire.

— Vraiment? Vous n'êtes pas si malade que ça, cher ami. — Il se retourna et avisa Petit-Frère qui se tenait tout droit dans son lit, ses mains à plat sur le drap et l'air merveilleusement bête.

Le docteur Mahler sourit et se remit à siffloter :
— Le patient se sent mieux? — Petit-Frère haleta de peur, mais Mahler ne l'entendit pas. — L'état général du patient est somme toute excellent. Il demande à être envoyé au bataillon de convalescence

de sa division. — Petit-Frère se redressa d'un seul coup, avec un regard à vous fendre le cœur. — On pourra lui signer sa feuille de sortie... voyons...

— Mardi, le sept, souffla Boule de suif.

Le docteur Mahler eut un fin sourire pâle :
— Bien, infirmière, le sept.

Petit-Frère ouvrit la bouche, la frayeur lui sortait des yeux et il ne comprenait pas plus que nous ce qui prenait au docteur Mahler. Mais, au soulagement général, le médecin se tourna vivement vers le lit de Mouritz et lui tendit la main.

— Bonne chance ! Espère que vous vous êtes bien reposé chez nous.

Petit-Frère retomba sur son oreiller avec l'impression d'être au paradis.

— Le patient paraît un peu pâle, dit le docteur Mahler en arrivant au lit du géant.

Boule de suif renifla et tendit une feuille où il était question davantage de punitions pour indiscipline que de maladie. Le docteur se livra à une auscultation minutieuse de la puissante cage thoracique.

— Le patient a une notable difficulté à respirer, dicta-t-il. Haleine remarquablement mauvaise et langue très chargée. — La langue de Petit-Frère pendait au-dehors comme un énorme morceau de viande pourri de tabac et d'alcool. — Et à part cela, comment allez-vous, mon ami? continua le docteur sarcastique.

— Monsieur le docteur, quand je suis allongé, assez bien, mais, dès que je me redresse, ça ne va plus du tout, dit une voix mourante.

— Hm, hm... je vois. Pas d'appétit, seulement très soif?

— Oui, dit Petit-Frère qui ne savait pas au monde ce que signifiait le mot appétit.

Le docteur sourit et dicta : — Le patient sera mis au régime pendant huit jours. Lit intégral, bains alternatifs en combinaison avec des lavements.

Boule de suif montra ses dents jaunes dans un

sourire diabolique, quant au docteur il salua et continua sa tournée.

Ce ne fut que lorsque toute la salle eut été passée en revue que Petit-Frère se rendit compte avec horreur de ce qui venait de lui advenir. Mais il n'y avait rien à faire. L'heure du lavement arriva, administré par Boule de suif en personne.

La séance fut inoubliable.

— Je vais appeler la gendarmerie et tu passeras en conseil de guerre, hurlait Boule de suif en maintenant de toutes ses forces le tuyau dans le gros derrière de Petit-Frère.

— Il n'y a pas de conseil de guerre qui tienne si je veux ch... sur toi, riposta Petit-Frère en pétant.

L'eau se mit à bouillonner violemment et déborda du bock. L'infirmière glapissait, Petit-Frère hennissait, mais le lavement fut tout de même avalé jusqu'à la dernière goutte.

— Et tu vas le garder! tonna Boule de suif.

Jurant et pestant, Petit-Frère garda le lavement plus d'une heure, sachant bien que l'infirmière allait revenir pour lui faire une piqûre.

L'aiguille était toujours la plus vieille et la plus grosse qu'elle pouvait trouver, elle l'enfonçait tout doucement pour entendre crier le géant. C'était son heure de vengeance.

Ce jour-là, elle ne s'était pas plus tôt penchée sur le vaste derrière velu qu'un geyser tonitruant en jaillit avec force. Boule de suif bondit en arrière en poussant un cri de terreur, tandis que le rire de Petit-Frère faisait trembler tous les lits. L'infirmière, inondée du haut en bas, puait effroyablement.

— Cochon lubrique! bredouilla-t-elle, je vais te faire enfermer jusqu'à ce que tu pourrisses!

— Tais-toi, sac à pipi! gloussa Petit-Frère, hilare.

Boule de suif éructa quelques bruits sauvages, et saisissant son malade par les deux oreilles, elle lui cogna la tête contre le bord du lit.

— Merde! dit le légionnaire admiratif avant de se replonger dans la lecture du Coran.

Une infirmière passa la tête dans l'entrebâillement de la porte et disparut comme par enchantement en se rendant compte de la scène. Ce fut toutefois Petit-Frère qui eut le dernier mot, car à partir de ce jour on supprima les lavements.

Huit jours plus tard, « convalescent » et ayant bu comme une barrique, il se rendit dans la chambre de Boule de suif qui prenait son heure de repos étendue sur son lit, en lisant « La femme de deux hommes », son roman favori.

Il y eut tout à coup un branle-bas monstrueux que personne n'osa interrompre. Le médecin de service, un nouveau, alerté en hâte, fut assez malin pour coller seulement son oreille à la porte sans se mêler de cette bataille de Titans.

Après de longues minutes, le silence tomba soudain. Nous craignions qu'il n'y eût un cadavre. Le silence dura deux heures et demie, et tout le monde commençait à s'inquiéter ferme lorsque nous vîmes apparaître Boule de suif et notre camarade descendant l'escalier bras dessus, bras dessous.

Petit-Frère avait un œil au beurre noir et un uniforme merveilleusement brossé. Ses bottes et son ceinturon, astiqués, brillaient comme jamais.

Boule de suif arborait un manteau rouge et un chapeau bleu orné de plumes de faisan multicolores. Sans nous octroyer un regard, ils disparurent dans la direction de Reeperbahn et ne rentrèrent que tard dans la nuit. Petit-Frère était ivre mort et Boule de suif avait des fous rires de femme saoule en jonglant avec un ballon de baudruche rouge attaché autour de son poignet.

Le géant se laissa tomber sur un lit qui n'était pas le sien et dont le propriétaire fut envoyé à l'autre bout de la pièce. Il riait en dormant et ronflait comme un cochon repu, empuantissant la chambre de relents de bistrot.

Le lendemain, il nous déclara qu'il était amoureux et se mit en frais de toilette dont personne n'osa se moquer.

— Brillantine ! souffla le légionnaire.
La brillantine étendue à la brosse à habits ne pouvait rien contre une pareille tignasse : — Suis-je beau, nomade ?

Le légionnaire, avec une moue, fit le tour de Petit-Frère : — Tu es beau, avec toutefois trop de derrière dans tes culottes. Mais on ne s'en apercevra pas, dit-il avec descendance. File et sois heureux.

Il ne fallut pas longtemps pour qu'il nous revînt, dégringolant l'escalier comme un taureau furieux. L'œil mauvais, il entra comme un bolide et s'assit par terre en grondant.

— Punaise, saloperie, quelle truie ! Elle m'a jeté à la porte en disant que je puais le parfum comme un bordel en faillite !

— Et tu l'as supporté ? dit le légionnaire en prenant l'air étonné.

— Oui, parce qu'elle m'a pris par surprise, mais elle verra ! Je suis un guerrier, moi !

— Et un imbécile, dit gentiment le légionnaire. Moi, Alfred Kalb, de la Légion, je me permets de l'affirmer.

Le géant passa du blanc au rouge. Il donna un coup de pied à un seau, un coup de poing à Mouritz, menaça de gifler Stein et engueula par la fenêtre un cycliste qui n'en pouvait mais.

Après quoi il ordonna à Mouritz de nous chanter des psaumes. Comme le malheureux s'y refusait, il fut poursuivi sous tous les lits, pour enfin regagner le sien d'où sortirent des chants exécutés d'une voix mourante. On aurait dit un chrétien en passe d'être jeté aux lions.

Petit-Frère se mit la tête sous le robinet, s'essuya à un drap et commanda tout à coup : — Stein, Bauer ! En route chez les putains !

— A cette heure-ci ? dit Stein tandis que Bauer commençait à se vêtir.

Le légionnaire rigolait : — Oui, on a besoin d'exercice.

Nous partîmes bruyamment. Dans le vaste couloir, un seau se trouvait sur notre route que Petit-

Frère renversa d'un coup de pied. L'eau inonda le sol impeccable. La fille de salle, indignée, se rua sur le géant.

— Tu l'as fait exprès, salaud !

— Hein? Sorcière à Hitler ! — Le seau reçut un autre coup de pied qui l'envoya au travers d'une porte vitrée. La vitre dégringola avec un bruit de tonnerre tandis que la fille de salle se mettait à hurler. Un sous-officier de service, casqué et armé conformément au règlement, arriva au trot. C'était un jeunet sans expérience, avec des yeux très bleus qui lançaient des éclairs, ce qui fait aussi partie du règlement.

— Garde à vous ! commanda-t-il.

Assez mollement nous claquâmes des talons et prîmes une attitude qui pouvait ressembler à un garde-à-vous. Le visage de la fille de salle s'éclaira. Elle s'essuya les mains à son tablier sale qui portait un aigle délavé sur le ventre et se répandit en braillant dans le grand couloir.

— Vous, cochon, dit le sous-officier, je vais vous rappeler à l'ordre.

Petit-Frère mit sa tête de biais et regarda curieusement le zélé sous-off au casque trop grand pour lui, comme s'il cherchait à déceler sur son visage les premiers symptômes de folie.

— C'est à vous que je m'adresse, voyou !

— Moi? dit Petit-Frère d'un air étonné en se montrant lui-même du doigt. Voyez-vous ça? — Il souriait confidentiellement. — Suivant le règlement je dois être appelé par mon grade, même si j'ai la colique. — Il mit sa manche si près du nez du sous-officier que celui-ci dut faire un pas en arrière pour ne pas être renversé. — Comme monsieur le sous-officier peut le voir, je suis Obergefreiter (1), et je rappelle que l'on doit s'adresser à moi en tant qu'Obergefreiter.

Nous devînmes cramoisis de joie. Personne

---

(1) Soldat de première classe.

n'aurait cru Petit-Frère capable d'une réponse qui eût été digne de Porta.

— Vous allez m'en remonter? cria le sous-officier. Au garde-à-vous et ne parlez que si on vous interroge.

— Tu es un cul à oreilles, dit Petit-Frère.

Le sous-officier éclata comme une bombe : — Vous êtes témoins de ce que cet homme m'a dit ! bredouilla-t-il.

Le légionnaire rit doucement, ce qui augmenta la rage du sous-officier : — De quoi ris-tu, imbécile, nègre castré ! Je vais m'occuper de toi !

Le sourire s'effaça sur le visage du légionnaire et ses yeux devinrent froids comme ceux d'un serpent. Le jeune blanc-bec venait de se faire un ennemi mortel.

Stein cria très vite : — Je signale, monsieur le sous-officier, que nous ne pouvons témoigner de rien. Nous n'avons rien vu.

— Mutinerie ! hurla le blanc-bec. La garde aux armes !

On vit arriver avec un bruit de char d'assaut dix soldats infirmiers qui sortirent de la salle de garde.

— Arrêtez-les !

Personne ne réagit.

— Pas le droit, fit un vieil Obergefreiter d'un accent traînant. Pouvons pas, reprit-il.

— Mutinerie, mutinerie !

Le vieil Obergefreiter, ravi, clignait de l'œil vers nous qui suivions le déroulement des événements en espérant le pire.

Le sous-officier, qui avait réussi à retrouver ses esprits, parvint à crier :

— Réfléchissez ! Ça vous coûtera la tête. Je suis Führer dans la jeunesse hitlérienne ! — Il sortit son gros P. 38 de sa gaine, l'arma, et bégaya en crachouillant : — Vous êtes tous arrêtés au nom du Führer et vous aurez la tête tranchée.

Alors il se passa ce qui devait naturellement arriver. Le revolver partit. Le préposé aux pots de chambre en eut une telle secousse que machinalement il tira une seconde fois, ce qui fit trembler les échos de l'hôpital et détaler la fille de salle terrifiée, qui emporta cependant le seau et la serpillière.

Une porte s'ouvrit et l'on vit paraître le Hauptfeldwebel (1) Domas, la bouche encore toute luisante de son petit déjeuner. Il jugea la situation d'un coup d'œil et se tourna vers le sous-officier avec un air de reproche, tandis que défilaient les mots « mutinerie », et « sabotage » :

— Vous êtes bien sûr de l'exactitude de votre rapport? demanda-t-il en tambourinant sur le bouton supérieur de la veste impeccable du sous-officier. Qui a tiré?

— Moi! aboya le petit préposé aux pots de chambre.

— Vraiment, et sur qui? Il n'y a guère de morts. — Il regardait autour de lui, cherchant un cadavre qui aurait gêné son sens de l'ordre. — C'est toujours comme ça quand les mazettes se mêlent de tirer. Et pourquoi avez-vous tiré, monsieur le sous-officier?

Il appuyait sur « monsieur » et « sous-officier » pour bien lui marquer son mépris. Aucune réponse.

Le feldwebel de l'hôpital s'amusait. Il montra d'un doigt accusateur les deux trous de neuf millimètres perçant la porte du laboratoire d'où surgissaient maintenant des filles blondes comme les blés. Le feldwebel en gloussait! Délicieuse situation. Pouvoir écraser ce pou de sous-officier! Il s'en léchait les babines.

— Etes-vous devenu fou? Une mutinerie? Ce genre de chose ne se passe pas dans « mon » hôpital. Nous sommes d'accord je suppose, allons, répondez!

— Herr Feldwebel...

— Pas de discours imbéciles! coupa le feldwebel qui se délectait.

Soudain, à son infini désappointement, on vit surgir dans le grand couloir le docteur Mahler en

---

(1) Adjudant-chef.

personne. Sa blouse blanche flottait derrière lui d'une manière aussi peu militaire que possible. Il s'arrêta devant le groupe humain au pied de l'escalier et fit, de la main, un geste indifférent.

— Quelle horreur! Adjudant, nettoyez-moi tout ça. On se croirait dans une gare bombardée. — Il nous regarda : — Vous êtes de sortie? Filez! — Il montra la porte vitrée : — Qu'on voie à ce que l'on remette ce carreau, tout est en désordre. Cette maison est un hôpital et non un cirque.

Le docteur Mahler disait toujours « hôpital » et non « lazaret » selon l'expression militaire.

Il jeta un bref coup d'œil sur les nombreuses dames qui s'étaient rassemblées dans le couloir.

— Mes infirmières n'ont-elles rien d'autre à faire qu'à écouter des histoires de soldats?

Il salua et continua son chemin. Les infirmières se volatilisèrent, la garde rentra bruyamment dans la salle de garde et nous disparûmes dans les portes tournantes. L'adjudant siffla au sous-officier : — Nous monterons tout à l'heure et je m'occuperai de vous. Pour commencer vous irez en tôle.

— En tôle! cria le malheureux si fort que le docteur Mahler, à l'autre bout du couloir, se retourna d'un bloc.

— Vous avez parlé, adjudant?

— Non, monsieur le médecin-chef.

Pendant ce temps, notre matinée s'annonçait bien. Nous fîmes une irruption tapageuse au bordel où une grosse femme laide, derrière un bureau, attendait les clients. Au mur était placardé un avis stipulant qu'en cas de besoin il fallait appeler la section de feldgendarmerie N° 0 001, et en cas d'extrême urgence la section N° 0 060.

La gueule de forban de Petit-Frère ne lui disant naturellement rien qui vaille, la grosse femme pensa tout de suite à la section N° 0 001. Petit-Frère se pencha par-dessus le comptoir.

— Sais-tu l'allemand? demanda-t-il à la grosse femme. Oui? Alors, écoute, ma grosse, alerte tes putains et que ça saute ! Nous sommes prêts pour un grand jour !

Il rit tout content, se redressa de toute sa taille et attendit. La mère maquerelle se dressa, colossale; sa poitrine luttait pour échapper au soutien-gorge, ses petits yeux délavés lançaient des éclairs, quelques poils au menton se dressaient en bataille.

— Hors d'ici ! cria-t-elle, ou j'alerte la gendarmerie !

Elle postillonnait sur nous tous. De dessous le comptoir elle sortit un bâton de gendarme et en donna un bon coup sur le crâne de Petit-Frère.

Il hurla puis tout se passa à la vitesse de l'éclair. De la mère maquerelle il ne resta qu'un seul soulier. Le reste nageait dans le salon où un troupeau de filles, nues plus qu'à moitié, se tassaient dans les coins, pensant qu'un V 2 avait atterri au milieu du bordel de Hambourg.

— Bravo, les filles ! criait le géant de belle humeur. Nous voici de retour ! A boire, et au plumard !

— Nous n'avons rien à boire, dit Elfriede. C'est Madame qui a les clefs.

Petit-Frère se pencha sur la montagne de chair étendue sur le sol et trouva les clefs cachées entre les seins. Les filles, ravies, se sauvèrent à la cave et une beuverie sans nom commença. Tout le monde était ivre, nous versions l'alcool dans le gosier des prostituées, Stein peignait à l'encre sur le derrière de l'une d'elles, Bauer s'amusait avec la grosse Trude sur le piano, la pièce était couverte de verres cassés et de vomi. Petit-Frère, trop fatigué pour monter, s'occupait d'Isle à même le plancher, tandis que nous chantions en mesure :

Shön ist die Liebe im Hofen
Shön ist die Liebe zur See

et qu'arrivaient de nouveaux clients, les yeux exorbités de stupeur.

Nous avions à peine quitté le bordel que la feldgendarmerie débarqua en trombe. Les gendarmes étaient armés jusqu'aux dents et paraissaient décidés à tout. Dans l'établissement retentissaient des cris de femmes hystériques.

— Les putains reçoivent une raclée, dit Petit-Frère qui était encore plus noir que de coutume.

Sans aucune raison, il s'arrêta au beau milieu de la rue, mit ses mains en porte-voix et hurla le mot russe : « Stoi ! » Trois gendarmes restés près de la voiture se tournèrent vivement vers nous et virent Petit-Frère agiter les bras, défiant une légion de gendarmes.

Il y eut un bruit de bottes, des armes cliquetèrent, un gros moteur se mit en marche. Les gendarmes, qui venaient de passer à tabac non seulement le personnel du bordel, mais les clients ramassés sur place, se trouvaient maintenant en face de plus gros gibier.

— Venez, punaises, que je vous massacre ! hurlait Petit-Frère aux gendarmes ivres de carnage et bien décidés à tout hacher sur leur passage.

Dans toutes les polices du monde entier on ne trouve personne qui puisse être comparé aux brutes allemandes qui portent sur leurs poitrines la demi-lune en métal. Les gens de la feldgendarmerie adoraient casser des bras en plusieurs temps. Ils savaient comment taper sur un type sans le faire évanouir, mais de manière à lui faire perdre la raison, et pas mal de soldats étaient en effet passés des cellules blindées de la gendarmerie aux cellules capitonnées de l'asile, qu'ils ne quittaient plus que les pieds devant.

— Allah est grand ! dit le légionnaire en cherchant son coup de poing espagnol muni de pointes.

Petit-Frère se tenait toujours les jambes écartées sur la voie du tramway; une belle proie pour les brutes ! Stein jurait, Bauer riait rauque et entourait son poignet de la courroie au bout de laquelle pendait le fourreau de sa baïonnette — une arme terrible pour qui savait s'en servir, et Bauer y était passé maître.

Le feldwebel de gendarmerie Braun, un taureau qui adorait certains coups bas — lesquels réduisaient le tout en bouillie —, descendait lentement la rue suivi de ses tueurs.

Son casque paraissait petit sur son énorme tête. Le Oberfeldwebel Braun, du troisième commando de la feldgendarmerie, était le plus grand salopard qui ait jamais porté cet uniforme. Lèche-cul devant ses supérieurs et odieux pour tous ceux qui dépendaient de lui, il avait fait ses classes dans un commando de police à Hambourg. Bien des grévistes étaient restés infirmes après le travail de Braun, bien des filles de Saint-Paul avaient juré vengeance après avoir subi le traitement spécial du dispensaire Nº 7 de la David-strasse. L'air de Hambourg devenant vraiment malsain, Braun s'était fait muter à Berlin, mais à la déclaration de guerre on le vit à Hambourg à la tête d'un commando spécial. Pendant un temps très court, Paris avait connu ses activités, mais il lui vint la terreur du maquis français et il s'était fait remuter à Hambourg. Il adorait frapper un soldat à mort. Le cri que poussait la victime quand il lui frappait l'entrejambes était pour lui la plus délicieuse des musiques, et arrivant sur Petit-Frère à la tête de ses brutes, il ressemblait à un démon alléché par le sang. Sa matraque tapotait ses bottes, une matraque qui, disait-il, avait tué deux soldats d'un seul coup. Les hommes l'appelaient « le Gorille », un surnom qui le mettait en fureur. Le cri de Petit-Frère résonna comme un tonnerre : — Gorille ! Gros tas, viens te faire massacrer.

— Sus ! On doit le prendre vivant !

Sept gendarmes se précipitèrent sur le géant qui les attendait planté comme un roc au beau milieu de la chaussée. Les matraques volèrent. On entendit des bruits sourds, un gendarme râla, Petit-Frère bramait comme un cerf, les commandos de Braun galopaient dans la rue.

Le tout ne dura guère que cinq minutes. Ficelé comme un saucisson, Petit-Frère fut jeté dans la voiture de la feldgendarmerie.

— Allah et Akbar! hurla le légionnaire et il chargea, envoyant son poing armé dans la nuque d'un des gendarmes. Un couteau lança un éclair, un coup de feu claqua. Le long des maisons se devinaient des ombres qui fuyaient à la vue des gendarmes haïs. Le légionnaire bondit sur le dos de l'un d'eux et lui serra la gorge jusqu'à ce qu'il s'effondrât. Stein riait comme un fou; d'un revers de main il en abattit un qui tirait son revolver.

Des sifflets stridents éclatèrent tout à coup. Une femme poussa un cri d'alarme : — Filez les gars! voilà le commando d'attaque!

De la Reepersbahn hurlait une sirène, des lumières vertes s'allumaient, on entendait des bottes ferrées qui dégringolaient la rue. Sans demander notre reste et traînant le corps inanimé de Petit-Frère, nous détalâmes vers la brasserie Saint-Paul dont un gardien nous ouvrit une porte sombre. On entendit crépiter une mitrailleuse.

Petit-Frère était de beaucoup le plus mal en point, son visage zébré de deux grandes balafres qui saignaient abondamment. On alla chercher un infirmier de l'hôpital qui recousit notre camarade sans trop de précautions. Le malheureux jurait de douleur, mais ses mains encore ficelées l'empêchaient heureusement de se défendre. Après un temps assez long et par des chemins détournés, le même infirmier nous fit réintégrer l'hôpital.

Trois jours plus tard, dix hommes casqués de la feldgendarmerie sous la conduite de Braun en personne firent irruption dans les salles et triomphèrent en reconnaissant Petit-Frère. Ils se jetèrent sur lui et l'emmenèrent, mais nous, on ne nous trouva jamais.

Deux jours passèrent. A notre grande stupeur on vit alors Boule de suif quitter l'hôpital juste au moment où il y avait le plus de travail. Elle était en grande toilette : chapeau rouge, veste jaune et pa-

rapluie vert, ce qui la faisait ressembler au grand
pavois brésilien. Tout l'hôpital se mit aux fenêtres.
L'infirmière-chef filait à toute vitesse le long du
Zirkusweg et disparut dans l'escalier de la gare menant à la station de Saint-Paul. Elle revint à 17 h 15
tenant Petit-Frère par la main. Ce qui s'était passé,
personne ne l'aurait jamais su si un feldgendarme
n'en avait raconté la fantastique histoire.

Boule de suif avait de hautes relations, parmi lesquelles un général en personne. On l'avait vue entrer comme une trombe à la feldgendarmerie, suivie
du général d'artillerie, de trois officiers d'état-major et d'un S. A. Gruppenführer. Ce dernier ne
savait dire que « Ah oui? » à tout.

Dès la porte le général trompetta : — Garde à
vous! La discipline laisse à désirer ici! — Il répéta
ces mots trois fois, à trente secondes d'intervalle.
Herbert Freiherr von Senne, artilleur comme l'était
le général, demanda à voir le Oberfeldwebel Braun,
Hans. — Il prononça « Hans » avec la sécheresse
d'un couperet. Les deux autres officiers tapaient
tout joyeux sur les gaines de leurs revolvers qu'ils
portaient sur le ventre, contrairement au règlement.
Le général remonta son monocle et donna un coup
de pied à une Bible qui traînait par terre. Un factionnaire piaula :

— Infirmerie 7. Rien à signaler!

— Porc! répondit Boule de suif en poussant son
parapluie dans l'estomac du factionnaire.

— Oui, madame, admit le factionnaire à qui la
vue d'un général faisait tourner la tête.

L'Oberfeldwebel Braun sortit en courant de sa
cage, derrière le couloir des cellules, se mit au
garde-à-vous à la prussienne et dégoisa un rapport
insignifiant qu'il n'arriva pas à terminer.

— A terre, Oberfeldwebel!

Braun tourna la tête sans comprendre. Il y avait
au moins dix ans qu'il s'était déshabitué de ce genre
d'exercice. Le général fixait Braun à travers son
monocle. Boule de suif avança ses doubles mentons.

— Tombe, cochon!

Comme une montagne qui s'écroule d'un coup de dynamite, Braun se jeta par terre et dut exécuter l'exercice réglementaire avant d'en être quitte avec le major.

— Cette bande a besoin de discipline! tonna le général d'artillerie en crachant sur la photo d'un chef de guerre qu'on appelait Ludendorff.

Il s'occupa énergiquement de tout le personnel de l'infirmerie, exigea la mise en liberté de Petit-Frère, parla du front de l'Est et termina par ces mots terrifiants :

— Toute cette cochonnerie sera rapportée au Führer. Je vais expédier en vitesse votre proposition de mutation dans une unité combattante.

Un faible « Oui, mon général » se fit entendre. A Petit-Frère il tonna : — De toi on parlera plus tard! — Mais il aperçut au même instant l'insigne des régiments disciplinaires et rougit. Il respira profondément : Le front de l'Est t'attend! — Il fit un signe à Boule de suif et bourra Petit-Frère qui avait l'air de plus en plus bête. — Au moindre signe de fuite, cette dame se servira de son arme! — Puis ils s'en allèrent.

Petit-Frère cracha par terre et dit : — Viens, Emma, on les met.

Elle le prit par la main et l'emmena comme un petit garçon. On le coucha, mais quand la nuit fut tranquille, il s'enivra avec le légionnaire et ils chuchotèrent pendant de longues minutes. De temps en temps nous saisissions quelques mots : « Gendarmes » et « Gorille »...

Ce fut un samedi, dans la soirée, qu'ils décidèrent d'aller trouver « le Gorille ». Ils étaient déjà en pleine forme, et cette forme s'améliora encore grâce à la bouteille de vodka que le légionnaire avait emportée. Braun se déshabillait et parut surpris de cette visite imprévue. Il mit quelque temps à reconnaître Petit-Frère qui était particulièrement amical, le chatouillant avec son couteau, lui pinçant la joue, et lui promettant de lui trancher la gorge. L'Oberfeldwebel Braun ne réussit qu'à pousser un faible cri, à moitié étouffé par les doigts d'acier du légionnaire qui lui serraient la gorge.

— Je veux le tuer moi-même, protesta Petit-Frère quand Braun devint violet.

A cet instant, de la chambre à coucher, sortit Mme Braun qui était membre actif des femmes national-socialistes. Avant de bien comprendre de quoi il s'agissait, elle commanda : — La paix ! Et tout de suite !

Dans la pénombre, on pouvait voir les papillottes de ses cheveux et sa chemise de nuit qui avait appartenu comme tout le reste à la propriétaire de l'appartement, une veuve juive morte à Neuengamme. Cet appartement était un vieux rêve de Mme Braun qu'elle avait enfin pu réaliser un jour. La veuve et ses trois enfants avaient été emmenés par les S. S. sans avoir pu emporter autre chose que ce qu'ils avaient sur eux à trois heures du matin. Mme Braun était là en personne, bottée et vêtue de cuir. Dans l'escalier, le petit de trois ans pleura et dit qu'il avait froid sous la pluie. Un S. S. le gifla. Mme Braun cracha à la figure de la mère et lui donna un coup de pied sur le tibia : — Toi et tes gosses, on vous mettra au pas, dans les camps.

Puis elle monta et se mit en devoir de réarranger l'appartement à son goût, avant l'arrivée de son mari.

La juive et les deux plus jeunes furent envoyés à la chambre à gaz, l'aînée, une fille de quinze ans, finit dans un bordel de camp.

Tout cela, Petit-Frère l'avait appris par des voies mystérieuses que seuls connaissent les gens en marge de ces milieux. Il regarda Mme Braun. On entendit quelques grognements quand il la saisit par les cheveux. Elle cria, mais pas beaucoup. Il lui frappa la tête contre le montant de la porte et laissa retomber le corps sans vie.

— C'était un démon, dit-il au légionnaire en

marchant sur le visage de la femme avec ses grosses bottes.

Il étouffa Braun avec un bout de fil de fer et, quand il fut sûr de sa mort, murmura quelques mots latins restés au fond de sa mémoire depuis le temps de la pension catholique de Minden.

En partant, ils vérifièrent soigneusement la fermeture de la porte : — Il y a de si drôles de gens qui rôdent ! On pourrait dévaliser l'appartement ! dit Petit-Frère. Puis il remonta son pantalon et suivit le légionnaire chez Tante Dora qui plaça devant eux deux verres en disant : — Encore un verre, les gars ? — comme s'ils venaient de faire un tour de danse.

— Skôl ! fit le légionnaire en avalant le sien.

— C'est fait ? murmura Tante Dora en se versant un amer.

Le légionnaire la regarda et cligna de l'œil en levant son verre.

— Skôl ! répéta-t-il.

— A la santé de tous ceux que tu rectifieras, dit Tante Dora qui était prête à jurer aux indiscrets que ses deux clients n'avaient pas bougé de chez elle de toute la nuit.

Mais il n'y eut pas d'indiscrets.

Le lendemain, les avions canadiens bombardaient le quartier où avait habité « le Gorille », qui ne fut plus qu'une mer de flammes.

Petit-Frère regarda le légionnaire.

— Une chance que nous nous soyons décidés à y aller hier, sans ça on serait arrivé trop tard ! Et on ne serait jamais entrés dans le paradis d'Allah, hein, nomade ?

— Ne te moque pas des choses sérieuses, dit le légionnaire.

— Il faut se faire des relations, dit Tante Dora. C'est aussi nécessaire que l'air qu'on respire.

Le « Beau Paul » était une excellente relation. Il envoyait les gens à la potence ou commuait la peine en travaux forcés, comme cela lui chantait, et il ne faisait d'ailleurs rien pour rien, mais Tante Dora n'était pas non plus une relation négligeable.

Le « Beau Paul » était un des serpents les plus redoutables du IIIe Reich. Tante Dora ne craignait pas les morsures. Elle rit et gratta ses grosses cuisses en suivant des yeux la sortie des sbires du Service de Sécurité.

Le verre de genièvre que le « Beau Paul » avait seulement reniflé fut vidé dans l'évier, pour plus de sûreté. Petit-Frère trouva que c'était dommage !

8

« *VINDSTYRKE II* »

Notre feuille de sortie de l'hôpital fut signée un certain mercredi. Le docteur Mahler nous serra la main en nous regardant dans les yeux, et eut quelques mots gentils pour chacun de nous.

Il nous fallut trois jours pour faire nos adieux à la ronde. Petit-Frère se surpassa au bordel. Le légionnaire et moi nous saoulâmes à fond au « Vindstyrke II » en compagnie de Tante Dora qui marmonnait de temps en temps des mots incompréhensibles en regardant le légionnaire d'un air bizarre. Nous étions assis dans une des petites niches, sous la lumière rouge tamisée.

— Que ferez-vous tous les deux après la guerre? demandai-je pour dire quelque chose.

— Après la guerre? rêva le légionnaire. — Il tourna son verre dans sa main en regardant avec intérêt l'absinthe changer de couleur. — Peut-être un peu de commerce.

— La traite des blanches, suggéra Tante Dora.

— Pourquoi pas? Une marchandise ou une autre... Il y a des endroits où les femmes sont rares, ça se paie cher. Si je t'avais rencontrée il y a quelques années, ma grosse, j'aurais pu te trouver une belle situation. Tu te serais amusée avec tout un bataillon au B. M. C. d'Alger.

— Fumier, fut la réponse de Tante Dora.

— Si je réussis, continua le légionnaire, et après avoir tranché la gorge de quelques-uns qui le méritent, je filerai en douce et j'irai vivre comme un homme riche de l'autre côté de l'eau. Un endroit sans cette police de Satan. — Il rit à cette pensée.

— Tu n'y crois pas toi-même à tout ça, dit Tante Dora en allumant un nouveau voltigeur. Tu veux que je te dise ce que tu feras dès que la guerre sera finie ? Tu iras au premier bureau d'engagement français et tu claqueras les talons pour avoir un contrat à la Légion.

Le légionnaire la regarda longtemps. Sa longue balafre devint d'un rouge vif comme si le sang voulait jaillir de la peau mince. Il écrasa la cigarette à demi fumée dans un cendrier.

La porte-tambour grinça et le rideau de perles suspendu devant la porte de la garde-robe tintinnabula. C'était un rideau de perles comme on en trouve dans le sud de l'Espagne ou aux Philippines, un cadeau d'un marin il y avait bien longtemps. Une nuit, ce marin avait crié au nez d'un type de la Gestapo : — Je t'emmerde, toi et Adolf ! — et il lui avait jeté un verre à la figure pendant que l'homme tirait son revolver. Tante Dora était un peu à l'écart, mais vive comme l'éclair, on la vit brandir un bas lesté d'une pierre. L'homme de la Gestapo fut retrouvé plus tard dans un fossé de l'autre côté de Harburg.

Le lendemain, le marin s'embarquait, mais il revint et rapporta le rideau de perles. Peu après il reprenait la mer sur le « Bismarck » et mourut dans l'eau glacée, les yeux mangés par les mouettes, pour ce drapeau qu'il haïssait.

— Alfred ! dit Tante Dora d'une voix étrangement douce, une voix qu'on ne l'aurait jamais supposée capable de prendre. Reste auprès de moi, tu pourras faire tout ce que tu voudras, je te le promets, tout, dès l'instant où tu auras jeté l'uniforme jusqu'au jour de ta mort?

Était-ce une illusion, ou des larmes brillaient-elles dans les yeux de cette femme brutale — ces yeux délavés, durs comme ceux d'un cobra qui va fondre sur sa proie. Ils se ressemblaient tous les deux, la tenancière et le soudard brûlé par quinze années dans les déserts de l'Afrique. Ce sont des curiosités de l'existence.

— Dora, ma vieille, chuchota le légionnaire confidentiellement, essayons d'être des grands et ne nous mettons pas à faire du sentiment. La fleur bleue, c'est pas pour nous. Toi, tu es chez toi avec les filles et les bandits, moi, dans le désert avec une mitraillette sur l'épaule. Pourtant, quand un jour on sera vraiment vieux, on se retrouvera pour acheter un petit local avec un bar et sept chaises.

Tante Dora soupira : — Alfred, nous n'aurons jamais un bar et sept chaises parce qu'il y aura longtemps que tu auras étouffé dans le sable rouge en perdant ton sang, et que moi je serai morte du delirium tremens.

Le légionnaire se leva, il alla chercher quelques bouteilles, fit un certain mélange et en donna un grand verre à Tante Dora.

— Bois, femme. Nous savons tous ce que c'est que le cafard.

Une sirène se mit à hurler une alerte, déclenchant tout un concert.

— Alerte! dit quelqu'un, comme si personne ne le savait, et la moitié de l'établissement se vida.

Une dame aux cheveux châtain foncé entra et demanda où était l'abri. Elle était belle, avec ses talons hauts et une jupe étroite, des bas gris clair très fins. Ce n'était pas une fille.

Les premières bombes commencèrent à tomber en secouant la maison, puis la flak se mit de la partie. Des plumets blancs voletaient très haut.

— On les entend, dit quelqu'un. — Oui, on

entendait les lourds bombardiers décrire leurs cercles en vrombissant au-dessus de Hambourg.
— Où est l'abri? demanda la dame.
— Ici, dit quelqu'un en montrant un tabouret de bar vide.
Un nouveau chapelet de bombes s'écrasa contre les pavés.
— Il y en a qui doivent faire dans leurs culottes, dit, hilare, un marin d'un équipage de submersible en empoignant une fille sous ses jupes.
La dame qui voulait descendre dans l'abri sortit, suivie d'un monsieur gras, très nerveux. Au même instant un tonnerre secoua la maison et la lumière clignota dangereusement.
— C'en était une belle! dit le marin en pliant la fille qui gémit à haute voix.
La dame et le monsieur nerveux rentrèrent précipitamment. Elle était gentille avec ses cheveux en désordre et ses joues rouges de frayeur. Pas encore familiarisée avec la mort, évidemment. Elle s'assit au bar et regarda autour d'elle, apeurée. Le matelot qui avait perdu le long ruban de son béret rejeta la fille et s'approcha de la dame. Sans un mot, il glissa sa grande main le long d'une jambe mince.
— Laissez ma femme tranquille, dit le gros monsieur en se levant.
Le matelot ne le vit pas et, se penchant sur la dame, chuchota quelque chose où revenait le mot « lit ».
— Laissez ma femme tranquille, marin! redit le monsieur indigné.
— Pourquoi? demanda le marin d'un air curieux.
— Parce qu'elle est ma femme.
— C'est ton mari? dit le marin sceptique. Oui? J'aime les filles mariées.
Le monsieur lui prit le bras : — Vous voyez bien que c'est ma femme!
— Et après? dit le marin passablement ivre. Je veux coucher avec ta femme, tu comprends, frère?
— Il colla sa main entre les cuisses de la dame

qui le gifla, furieuse. Il rit aux éclats, but une rasade et cria : — Tu me plais, j'adore la résistance et demain je file en mer avec l'U-189. — Il fit un geste de la main et dit confidentiellement : — C'est mon dernier voyage.

Un fracas terrible nous couvrit soudain de fine poussière de plâtre. Le matelot rentra la tête dans ses épaules et sourit.

— Celle-là est tout près de moi, mais elle ne m'aura pas. On m'a prédit que j'y resterai à mon prochain voyage. Au premier torpillage, tss... Le U-189 est une brouette, et le commandant von Grawitz un fumier. Toi, le blindé du désert, tu le connais le fumier von Grawitz, avec sa croix autour du cou pour le remercier de tous ceux qu'il a envoyés au fond?

— Ferme-la, dit le légionnaire qui détaillait à Tante Dora une certaine recette de soupe qu'on mangeait à Damas.

Le gros monsieur, qui était lourdement tombé sur une chaise au fracas de la bombe, se leva et sautilla vers le matelot. Il se campa, menaçant, devant l'homme des sous-marins.

— Je vous ordonne de laisser ma femme en paix et de me faire des excuses.

— Merde! dit le légionnaire. L'idiot veut se battre avec l'homme de la mer?

— Cela ne nous regarde pas, dit Tante Dora en soufflant un nuage de fumée.

Le matelot se pencha et embrassa la dame à pleine bouche. Le monsieur vacilla, frappa l'homme au menton et cria des choses incompréhensibles. Sa femme criait aussi. Le mari leva le poing et atteignit encore le matelot en renversant sa bière, un double « ingefar » qu'on avait difficilement. Ce fut cela qui mit l'homme en fureur. Il donna un coup de pied au monsieur qui s'effondra, puis il se jeta sur sa femme et la courba en arrière. Le mari se releva, blême. Il saisit une chaise et voulut la casser sur la tête du matelot, mais il manqua son coup et attrapa sa femme qui s'écroula par terre comme une poupée de son.

Le matelot bondit sur lui : — Porc ! assommer une femme ! Maintenant tu auras la fessée !

Le monsieur tomba en avant le nez dans la poussière et le Belge le jeta à la rue.

— Prends la femme ! cria le feldwebel d'infanterie. Donne-lui son content !

— La ferme ! dit Tante Dora.

La porte s'ouvrit et un schupo entra en trébuchant.

— Tout Kirchenhalle brûle ! dit l'agent. Ça brûle comme l'enfer ! — Il retira son casque et on le vit très pâle, avec des raies noires sur le visage.

Son uniforme empestait la fumée. — Seigneur ! comme ça brûle... — Il demanda un double qu'il vida d'un seul trait. — Il y a un gros type qui pleurniche dans la rue. Est-ce que vous l'avez jeté dehors ? — Sans attendre la réponse il montra la dame étendue sur le comptoir qui remuait la tête en geignant — Celle-là en a reçu un sur le crâne ?

— Tu es bien curieux ! cria le feldwebel en vacillant. Tu veux te battre avec moi, combattant ?

— Sûr que non, répondit l'agent en essuyant sa bouche d'un revers de main ce qui étala la suie sur son visage et le fit paraître très sale.

— Lâche ! cria le feldwebel.

— Ecoute, fantassin, dit l'agent avec patience, calme-toi. Ce que ça brûle ! reprit-il en se tournant vers Trude. Une autre bière, cette fumée donne soif ! Et toi file, fantassin, je ne me bats pas contre des blessés. — Le feldwebel à la tête bandée essaya en titubant d'atteindre le policier, mais il perdait l'équilibre. Avec beaucoup de peine, il se saisit d'une bouteille et la lança à la tête de l'agent qui bondit en arrière.

— Es-tu fou ? — Il tirait son revolver.

— Oui, bégaya l'ivrogne, raide fou. — Il farfouilla dans ses poches et en tira un bout de papier qu'il mit sous le nez de l'agent stupéfait.

— Ça, par exemple ! Il essuya le sang qui lui coulait de l'écorchure causée par la bouteille. — Un permis de chasse ! Un vrai. Tu as de la chance, sans ça tu étais mort. Il m'a collé un de ces coups ! Quelle brute !

Le marin fourra de nouveau sa main sous les jupes de la dame.

— Je vais la chatouiller. Vous allez voir comme elle va revenir à elle, dit-il en riant. — La dame gémit. D'un seul coup le matelot lui arracha sa jupe. — Dessous roses ! dit-il en jubilant. — Il lui donna une tape sur les fesses. — Allons, réveille-toi ! Heinz ne reviendra jamais à Hambourg.

Nouveau chapelet de bombes. Les verres tombèrent en cliquetant, la lumière s'éteignit, une fille cria de peur. Le feldwebel se mit à chanter. Le schupo toussa. Son casque avait roulé dans un coin au moment de l'explosion. Le marin embrassait la dame qui gémissait toujours.

— Une tournée de noces ! cria quelqu'un.

Tout le monde rit et on but à la santé du matelot et de la dame.

— Grouille-toi, putain ! entendit-on dans le noir. C'est mon dernier voyage, demain le U-189, mais aujourd'hui c'est ton tour.

Trude arriva avec de la lumière et dans la pénombre nous vîmes deux corps étendus par terre. La dame poussa un cri strident. Le schupo gronda :

— Cochon, laisse-la tranquille !

Tante Dora se leva sans bruit et avança dans l'ombre vers l'homme qui était couché sur la dame. Les vêtements de la femme étaient en loques, elle se défendait violemment mais le matelot arrivait à ses fins. L'agent se pencha sur le marin et lui arracha sa victime.

L'homme se redressa et cria comme un fou... Il bondit vers la porte.

— Au premier mouvement je tire ! dit le schupo.

Le matelot disparut en grondant dans l'escalier au moment où l'on entendit claquer des bombes incendiaires. Inondé de liquide, l'asphalte se mit à brûler, les flammes montèrent, vivantes, il faisait chaud comme dans un four. Une voix hurla pour demander du sable. Des ombres s'allongeaient dans cette lueur d'enfer. Toute la rue brûlait.

Tante Dora, très calme, alluma un voltigeur, le vingtième depuis le début de l'alerte. Le légionnaire chantonnait : « Viens, douce mort, viens... ». Par la fenêtre, nous vîmes le matelot prendre feu comme une torche, il fondit lentement jusqu'à devenir une poupée roussie.

La femme violée était assise par terre et regardait droit devant elle sans rien voir. Elle se balançait en criant tout le temps et se mit à se taper la tête contre les murs, de plus en plus vite, comme un train qui prend de la vitesse. Sa voix s'éleva en un fausset strident.

— Elle est devenue folle, dit un sous-officier de pionniers.

Tante Dora jeta un coup d'œil sur la femme qui se balançait.

— A l'arrière, commanda-t-elle en faisant un signe à Ewald.

Nouveau tonnerre. Des maisons s'écroulèrent tout près, mais les cris furent engloutis dans la tempête de feu qui balayait comme un typhon l'autre côté de la Hansaplatz.

Tante Dora, toujours calme, arriva avec un plat de châtaignes grillées que nous mangeâmes avec du sel gemme jusqu'au moment où une patrouille du Service de Sécurité fit une entrée bruyante. Leur premier regard fut pour le schupo qui remettait son casque, et l'oberscharführer qui commandait la bande siffla longuement.

— Ah! ah! Un agent qui se chauffe au coin du feu, quelle bonne surprise!

L'agent se mit au garde-à-vous et fit son rapport.

— Surveillant de police Krull de l'infirmerie de la Gare centrale. Rien à signaler.

Les S. S. se mirent à rire : — Pas d'imagination, grand-père! La moitié du quartier brûle et tu n'as rien à signaler? Là, à la porte, il y a deux cadavres et tu n'as rien à signaler? — Le S. S. tendit la main en riant. Sans un mot, le schupo lui remit son ordre de patrouille et son carnet. Le S. S. feuilleta indifférent le petit carnet gris, sans lire l'ordre de service, et fourra le tout dans sa poche de poitrine. — Tu aspires à une balle dans la nuque, grand-père?

Le schupo cilla, agita la tête et murmura quelque chose d'incompréhensible.

— Se mettre au frais dans ce bordel, pendant que nous on fait notre devoir, c'est fort de café! — Il fit le tour de l'agent et le fouilla avec soin. Le mauser disparut dans la poche du S. S. — Allons, face au mur et que ça saute! — De sa mitraillette il poussa l'agent vers le mur. — Tu vas te balancer, oncle de la police, avec une pancarte sur le gésier : Déserteur! — Les autres S. S. éclatèrent de rire. — Mets tes mains sur ta nuque ou je t'arrache les oreilles! cria le S. S.

Il se tourna vers le bar et commanda : — Cinq doubles, en vitesse.

Tante Dora se leva, cligna de l'œil à Trude qui disparut dans l'arrière-boutique où était le téléphone et prit la place de la servante. Elle tirait énergiquement sur son voltigeur.

Le S. S. la fixa avec insistance. Son assurance semblait décroître devant la petite femme grasse aux yeux brutaux qui le toisait avec indifférence.

— J'ai dit cinq doubles.

Tante Dora, lentement, retira son cigare et lui souffla la fumée dans la figure : — Non.

Tout le monde leva la tête. Le « non » de Tante Dora avait éclaté comme un coup de carabine. Le légionnaire découvrit ses dents. Il se leva aussi et prit le tabouret voisin de celui qu'occupait l'oberschar.

— Un type à la coule? demanda-t-il à Tante Dora en indiquant l'homme d'un signe de tête.

— Non, mais certainement bête.

— Qui est bête? Hé, souteneur femelle? cria le S. S.

Tante Dora lui souffla de nouveau la fumée dans la figure.

— Toi. Si tu avais été malin, il y a longtemps que toi et tes types vous auriez filé d'ici.

De l'arrière-boutique sortit Trude qui fit un signe imperceptible à Tante Dora et eut un regard empreint de joie maligne vers les S. S. Leur chef se redressa avec fureur.

— Tu menaces, vieille peau? Il est grand temps que tu viennes faire un tour chez nous. Je m'occuperai de toi personnellement, ma grosse!

Ses gars rirent bruyamment et l'un d'eux posa sa mitraillette sur le bar. Le légionnaire la poussa négligemment, ce qui la fit tomber sur le sol avec fracas.

— Espèce de pou! cria le S. S.

Tante Dora lança un regard à Trude laquelle, de nouveau, hocha la tête.

— Assieds-toi et ramasse ton flingue, commanda le S. S. à son homme. — Il se tourna vers Tante Dora. — Et ces doubles? Faut-il aller les prendre?

— Vous n'aurez rien, dit Tante Dora en garant une bouteille sur l'avant-dernier rayon.

— Tu dis? Tu refuses de nous servir? — un S. S. se glissa sans bruit derrière le bar. — Obéis, punaise, ou gare à ta tête!

Le feldwebel au permis de chasse se leva en titubant et s'approcha du bar.

— Il y en a qui veulent se battre, fumiers de S. S.?

Le S. S. lui jeta un regard indifférent : — File, crapaud!

Le feldwebel, de plus en plus titubant, colla son visage tout près de celui du S. S. : — Je vois que tu me cherches, fumier de S. S.!

L'homme ne donna qu'un coup de crosse de son revolver et le feldwebel tomba comme une masse. Un filet de sang lui coulait du nez.

— Ça suffit! gronda Tante Dora en posant son cigare. Si vous ne disparaissez pas tous les cinq en vitesse, vous allez recevoir une tournée dont vous

vous souviendrez. — Elle jeta la mitraillette loin du bar. — Cet endroit est un bar, pas un arsenal. — Elle se mit à astiquer fébrilement le comptoir en jetant des regards anxieux vers la porte.

Le légionnaire ouvrit la bouche. — Boucle-la! souffla Tante Dora, et occupe-toi de tes oignons.

— Par Satan! tonna le oberschar. Vieille putain, on va te faire ton affaire et ta trogne, tu vas voir ce qu'elle va devenir!

Il donna un coup de pied au feldwebel inanimé, ce qui fit sauter son pansement. Une longue cicatrice toute fraîche apparut. Elle s'était ouverte en plusieurs endroits; on voyait la chair rouge que traversait un drain. Une fille se pencha sur le blessé : — Hans! Oh! le pauvre Hans! — Et elle tira avec peine dans une des petites niches.

Les S. S. rirent et le chef haussa les épaules.

— Emportez cet abruti en partant, on le passera à tabac. Et maintenant la bière, ou on va voir!

A ce moment précis, le Belge qui se tenait à la porte toussa discrètement. Tante Dora leva vivement la tête et sourit. Un petit homme noir venait d'entrer, avec un cache-nez blanc autour du cou, des gants blancs et un imperméable gris. Ses yeux étaient bizarres, opalescents comme ceux des morts.

Tante Dora alluma un nouveau cigare, claqua des doigts et dit :

— Bonsoir, Paul.

Le petit homme fit un signe de tête : — Heil Hitler!

Ses souliers grinçaient. Sans se presser, il mit une cigarette dans un long fume-cigarette en argent à embouchure d'ivoire que les S. S. regardèrent hypnotisés, et il désigna du bout de la cigarette l'oberschar juché sur un tabouret.

L'oberschar se troubla. Il ne savait pas exactement ce qu'il devait faire. Se lever et présenter un rapport, ou simplement crier : — Ta gueule! ce qu'il aurait aimé faire. Mais la voix était trop familière, elle rappelait la caserne ou les sombres couloirs de la police. Il n'osait pas. D'autre part, l'expérience lui avait appris qu'il pouvait se cacher des surprises incroyables sous les frusques ridicules des civils.

Il se laissa glisser du tabouret, mais lentement et ne rassembla les talons qu'à demi sans claquement. Il dit qu'il faisait une rafle habituelle et qu'il avait trouvé un schupo suspect d'avoir déserté.

Le petit homme jeta un coup d'œil indifférent vers le schupo debout contre le mur.

— L'ordre de rafle?

Le S. S. hésita. Une main gantée de peau glacée se tendit vers lui.

— L'ordre?

— N'en ai pas, Monsieur.

Un œil étonné le regarda, un seul, l'œil gauche du visage pâle ; l'autre fixait le vide, il était en porcelaine aussi insensible que le cœur du petit homme, mais commode pour épouvanter les accusés.

— Qu'est-ce que ça veut dire? Vous n'avez pas d'ordre?

— Non, Monsieur... — Le S. S. hésita sur le grade. Qui donc pouvait se trouver devant lui? — Nous pensions que cette porcherie avait besoin d'une inspection.

Le petit homme remonta un coin de sa bouche en une sorte de sourire qui ressemblait à une horrible grimace.

— Qui « nous »? Et qu'entendez-vous par porcherie? Car le seul porc qui soit ici, c'est vous-même, oberschar.

Il y eut un long silence. Dans le lointain on entendait tomber les bombes.

— C'est vous qui commandez, oberschar?

— Oui, monsieur.

— Voyez-vous ça! Ainsi c'est vous le responsable de cette irrégularité? Rafles personnelles entreprises sans ordre. Conseil de guerre n'est-ce pas, oberschar? Et vous vous reconnaissez bien comme responsable?

Le S. S. bavait et se dandinait d'un pied sur l'autre. Il avait maintenant rassemblé les talons et aligné le petit doigt sur la couture du pantalon. Ce civil ne disait rien qui vaille. Tante Dora essuyait toujours le bar et ses yeux brillaient de joie méchante.

— S. S. Oberscharführer Brenner fait savoir que la responsabilité de la patrouille lui incombe.

Le petit homme leva un sourcil. L'œil vivant s'assombrit un peu, l'œil mort resta glacé.

— Nous en reparlerons au Quartier général, oberschar. Filez et emmenez vos hommes.

— Je demande où je dois aller pour le rapport, monsieur?

Le petit homme fit le tour du local sans répondre. Il jeta un coup d'œil dans les nombreuses petites niches éclairées aux bougies, et montra l'agent de police, droit contre le mur, les mains à la nuque.

— Celui-là, emmenez-le.

L'oberschar vira, toujours au garde-à-vous, de façon à se retrouver face au petit homme.

— Où devons-nous nous présenter, monsieur?

Pas de réponse. Le petit homme noir était maintenant devant le bar et regardait le bataillon des bouteilles. Tante Dora astiquait toujours, sans un coup d'œil pour personne. Ce fut Trude qui lui versa un grand verre de genièvre. Il le renifla.

— De Hollande, dit-il comme en se parlant à lui-même.

Il jouait avec le verre et regardait la boisson. Il se mit à fredonner :

Judenblut soll spritzen (1)...

posa le verre plein sur le bar, y remit son nez et murmura :

— Amsterdam. Keizersgracht.

Il renifla encore une fois, fit un signe de tête et se leva sans y goûter. On le vit marcher rapidement vers la porte, mais, en passant, il posa sa main sur l'épaule d'Ewald.

(1) Le sang des Juifs doit couler.

— Tu seras chez moi demain à 12 heures 10. L'adresse, ton chef te la donnera.

Le souteneur Ewald devint pâle comme la mort. Il pouvait s'attendre à des embêtements. Arrivé à la porte le petit homme se retourna vers l'oberschar.

— Je suis le conseiller criminel Paul Bielert, de la Sûreté Nationale, Section 4, II A. — Il disparut.

— Enfer! murmura l'oberschar étourdi. Le « Beau Paul » en personne! — Il regarda sa troupe. Ça voulait dire un prochain départ pour le front de l'Est, dans une unité combattante.

La bande donna des coups de pied au schupo, menaça le Belge et cracha sur Ewald, mais à Tante Dora on ne dit rien. Il y avait là quelque chose qu'ils ne comprenaient pas bien.

L'alerte prenait fin. On entendait dans toute la ville le hululement des sirènes alternant avec celles des pompiers qui filaient dans les rues. Tout brûlait partout. Une puanteur de viande grillée parvenait jusqu'à nous, mais c'était celle de la viande humaine. Le feldwebel au permis de chasse ne reprit pas connaissance et mourut dans les bras d'une fille qui se vendait pour avoir du beurre et du café, choses plus précieuses qu'un lingot d'or.

— Sacré Nom de Dieu! s'écria le légionnaire. Quelle soirée! — Il regarda Tante Dora qui sirotait son genièvre.

— Qui est ce Bielert, et comment le connais-tu?

— Curieux n'est-ce pas? dit-elle en souriant. Paul Bielert est une grosse légume de la Police criminelle, ici à Hambourg. Il est conseiller de la Criminelle. Sa signature peut envoyer n'importe qui sans jugement dans l'autre monde. Ils en ont fait un important S. S. Sturmbannführer, ou quelque chose du même genre.

— Et tu fréquentes cette horreur?

Tante Dora continua sans se soucier de l'interruption.

— Autrefois, Paul n'était pas grand-chose, un coquin insignifiant de la « Kripo ». Je l'ai un jour tiré d'affaire. — Elle se cura les dents avec une allumette. — Sans moi le Beau Paul perdait la face, mais j'ai naturellement pris mes précautions. Elle rit silencieusement. — Quand on a affaire à des serpents de cette espèce-là, il faut du bon sérum.

Le légionnaire se gratta l'oreille : — Hm !... dit-il pensivement. Gare que ce ne soit pas malsain ! Si le Beau Paul trouvait prudent de te refroidir... Mon lapin, à sa place, je m'y emploierais.

Tante Dora se mit à rire : — Dis donc, Alfred, tu me crois de la dernière couvée ?

— Merde, bien sûr que non ! Si tu étais une pucelle, il y a longtemps que tu ne serais plus là, mais tout de même... ce type a une de ces gueules ! Moi j'aimerais autant ne rien savoir qui puisse lui nuire.

Tante Dora s'amusait : — Si quelqu'un était assez bête pour me refroidir, tout ce que je sais sortirait du tombeau et les tribunaux auraient des heures supplémentaires. Ils le savent tous. C'est leur intérêt qu'il ne m'arrive rien et que je sorte vivante de cette guerre, tu peux me croire. Il est possible d'ailleurs que je finisse toute seule avec quelques putains, à chercher des clients derrière l'église Sankt-Michaélis. Mais Adolf, lui, il aura crevé depuis longtemps.

D'un coup elle avala son genièvre et fit bouffer sa tignasse noire à deux mains.

— C'est politique ce que tu sais sur lui ?

— Naturellement. Tu crois que les histoires de meurtre leur font peur à ces gens-là ?

Nous bûmes en silence.

Le schupo qui était venu se rincer la gorge à cause de la fumée fut jugé par un tribunal d'exception en vingt minutes. Le juge, un vieux juge, avait à juger des milliers de gens, bien au-delà de ce qu'il lui était possible de faire. Sa femme étudiait les dossiers pendant qu'il mangeait et il signa maintes pièces dont il n'avait pas lu une seule ligne. Après la guerre, il prit sa retraite et cultiva des tulipes et des œillets dans sa petite maison d'Aumühle, à cinq minutes de la colonne de Bismarck.

Le jour où il prononça le jugement de ce pauvre schupo, il avait eu une matinée particulièrement chargée et avait envie de rentrer déjeuner. « Au nom du Führer, le prévenu paiera de sa vie sa désertion, mais attendu qu'il a servi de longues années dans la police la peine de décapitation lui sera épargnée et il sera passé par les armes, sur la place d'armes. » Son « Heil Hitler ! » fut prononcé alors qu'il avait déjà presque quitté le tribunal.

Le schupo de cinquante ans qui avait trente ans de service s'effondra en sanglotant. Quelqu'un dit que le malheureux était déjà mort de peur avant que les douze balles ne l'aient transpercé. Un des hommes du peloton atteignit son visage qui fut mutilé. Ce n'était pas réglementaire et pouvait passer pour une violence — quelque chose qui n'a pas sa place dans une exécution militaire.

Le lieutenant de police commandant le tir se fâcha tout rouge et punit le peloton lequel partit quinze jours plus tard pour la Pologne, combattre les partisans. Par une nuit sombre, leur compagnie fut envoyée au nord de Lemberg. Deux camions s'embourbèrent. Pendant qu'ils travaillaient à les dégager des coups de feu crépitèrent. Violents comme un tremblement de terre, avec de méchantes petites flammes bleues. Elles venaient de la droite, de la gauche, et aussi au-devant d'eux. Le tout dura exactement quatorze minutes puis ce fut le silence; il n'y eut plus que le grésillement des flammes qui consumaient les camions, et aussi quelques gémissements.

Des silhouettes vêtues comme des paysans s'avancèrent. Elles donnèrent des coups de pied aux morts, et aux blessés des coups de grâce. Il n'avait pas fallu longtemps pour liquider cent soixante-quinze soldats de la police, puis le lieutenant Wassilij Poloneff disparut sans bruit comme il était venu. Les cent soixante-quinze soldats liquidés étaient tous des hommes d'un certain âge qui pendant de longues années avaient arpenté les rues de Hambourg, de Brême, ou de Lübeck, sans se douter de l'existence de ces tueurs fanatiques, tels que Wassilij Poloneff.

Dans quelque temps, la poste apporterait une carte aux familles : « Le sergent chef Schultz (ou Müller) est tombé pour le Führer et pour la grande Allemagne. Le Führer vous remercie. »

Il ne fallait surtout pas pleurer, car montrer de la peine n'est pas allemand, cela pourrait passer pour un sabotage, et les annonces mortuaires ne devaient pas parler de douleur.

« C'est avec fierté que nous avons reçu la nouvelle de la mort pour la Patrie de notre fils le lieutenant de réserve Heinz Müller... »

Trois semaines plus tard, la famille Müller reçut une longue lettre l'avisant de l'envoi de 147 marks 25 pfennigs. Le remerciement de l'armée pour le sacrifice. Le père Müller se mit en colère et dit des tas de choses sur le prix du sang, mais il fut entendu d'un surveillant de la maison.

Le lendemain soir on vit arriver deux messieurs bien habillés qui emmenèrent Müller. Il y eut un jugement. Défaitisme, manquement à la conduite d'un bon Allemand, offense au Führer et appel à la rébellion. Un matin de novembre, alors qu'il tombait une petite pluie fine, le bourreau trancha la tête du père Müller.

Mme Müller qui avait vécu si longtemps en compagnie de Hans Müller fut envoyée à Ravensbrück pour rééducation.

Un concert de cris et d'appels s'élevait de milliers de gorges. Les bombes tombaient comme grêle. Des torches humaines couraient dans les rues, puis se ratatinaient en petites momies.

Ils appelaient Dieu, mais le Seigneur ne les entendait pas.

L'église Saint-Nicolas était un océan de flammes. Le prêtre voulut sauver les Saintes Espèces mais un grand Christ de pierre s'effondra et lui brisa les reins.

Hambourg tout entier brûlait.

Nous, nous buvions dans la cave de l'hôpital et les huiles du Parti festoyaient dans un restaurant souterrain de Baumwall où Paul Bielert cherchait un assassin.

Pour les détrousseurs de cadavres la nuit était fructueuse.

9

NUIT DE BOMBES

Les torpilles aériennes tombaient sur le quartier de l'hôpital; le home d'enfants, du côté de Landungsbrücke, avait déjà été pulvérisé (1). Un immense nuage de poussière, et le home avait disparu, avec les aigles hitlériennes et tous les gamins dans la cave. Neuf garçons de douze ans qui servaient la pièce antiaérienne disparurent en même temps.

Une des ailes de l'hôpital, celle qui longeait la Nachtstrasse, était à moitié rasée. On pouvait voir des restes de lits de fer tordus, une jambe nue arrachée au niveau du genou et couverte de milliers de grosses mouches vrombissantes, et puis une main, une grosse main calleuse avec un anneau lisse au doigt. Deux chiens efflanqués se la disputèrent, ce qui nous fit rire.

— Merde! camarades, souffla le légionnaire. La fin approche, le Reich devient première ligne.

Devant la brasserie Saint-Paul, une femme à demi couverte d'un jupon et d'un vieux tapis rose, et tout éclaboussée de chaux grise, pleurait toute

(1) Voir « Les Panzers de la mort ».

seule. Nombreux étaient, ce jour-là, ceux qui pleuraient seuls. On vit sortir de Hambourg par la porte du Nord une longue théorie; c'était les ouvriers étrangers qui travaillaient sous contrat. Personne n'essaya de les arrêter, la Police s'était effondrée. Les épaules chargées de colis, les ouvriers traversèrent Neumünster, passèrent le pont de Rensbourg et approchèrent de la frontière. Ils en avaient assez de la guerre allemande. La frontière fut passée sans contrôle, l'Allemagne entière semblait en feu.

Quant à nous, notre sortie de l'hôpital fut remise sans raison et on nous affecta au déblaiement, mais celle qui nous commandait était bien inexpérimentée pour de vieux soldats comme nous. C'était une infirmière-major nouvellement arrivée, avec un gros chignon tortillé sur le sommet du crâne; une personne germanique, maigre et contente d'elle. L'emblème du Parti, tout doré, s'étalait sur sa poitrine au-dessus de sa broche d'argent; elle parlait d'une voix gutturale et enrouée.

— Vous quatre, propres à rien, tâchez de vous remuer un peu ! Trouvez une pelle et déblayez la station 3.

— Une seule pelle ? s'enquit Petit-Frère.

— Impertinent ! aboya la femme maigre.

Le légionnaire se leva d'un air indifférent et dit en français : — Allons-y, les gars !

— Ici on parle allemand, cria-t-elle.

— On t'emmerde !

La femme grinça des dents et disparut dans l'escalier. Une petite infirmière, témoin de la scène, nous chuchota : — Gare à Mathilde ! Elle a un frère dans la Gestapo...

Le légionnaire se tourna vers Petit-Frère : — Rappelle-moi d'ajouter la Mathilde à la liste de Porta.

— Pourquoi ? dit la petite infirmière étonnée.

Le légionnaire lui prit le menton : — Pour le jour des comptes, ma mignonne. On fait la liste au fur et à mesure.

— Seigneur ! cria la petite dinde, seriez-vous des communistes ?

Le grand routier Willy Bauer éclata de rire et la jeune fille secoua la tête en nous voyant partir.

— Fais attention à ce que tu dis, Grethe, chuchota-t-elle à une de ses camarades. Les communistes notent les noms; il est temps que nous filions.

L'infirmière Grethe se mit à rire : — Pas mon genre, ma fille ! Depuis cinq ans, mon père est dans un camp de concentration. Il était national-socialiste mais ne savait pas tenir sa langue. Alors, tu vois, c'est une assurance pour l'avenir.

La petite infirmière se gratta la cuisse : — Si seulement je pouvais en dire autant. Malheureusement mon père est major dans une division S. A. de la Feldherrenhalle et deux de mes frères sont dans la division S. S. « das Reich ».

Elles continuèrent en silence à nettoyer canules et seringues, puis la petite dit pensivement : — Peut-être dois-je faire un rapport au chef ? C'est le règlement quand on entend des propos subversifs.

Grethe la regarda longuement : — Margaret, ne le fais pas ! Ce sera dangereux pour toi le jour où Adolf sautera. Ce genre de règlement est fait pour s'asseoir dessus, rappelle-toi mon conseil : ne rien voir, ne rien entendre, ne rien dire.

Elle tourna les talons et cria encore : — Souviens-toi de ça si tu veux surnager. Mange, dors, fais l'amour, mais tais-toi, c'est l'essentiel.

L'infirmière Grethe est encore aujourd'hui dans les hôpitaux. Pendant quatre ans elle a soigné des soldats, fermé les yeux des morts, abruti les hommes de morphine lorsque la folie les guettait, couché avec eux quand ses nerfs étaient à bout. Pendant deux ans elle soigna les soldats anglais, les piquant, les engueulant comme elle avait fait pour les soldats allemands. Puis les civils succédèrent aux soldats, avec de drôle de maladies inconnues jusqu'alors. L'infirmière Grethe de la Croix-Rouge refusa de monter en grade et continua de faire ses piqûres. De temps à autre elle rencontrait un ancien malade allemand, norvégien, danois, anglais, un nègre du Congo, un arabe d'Alger, un légionnaire tremblant de fièvre rentrant d'Indochine. Elle riait en les retrouvant, buvait avec eux, parfois couchait avec l'un ou l'autre.

— Ce n'est jamais qu'un être humain, disait-elle, et nous avons déjà tant vécu !

Grethe était une grande infirmière, que certains méprisaient au nom de la morale, mais que d'autres — bien plus nombreux — saluaient avec respect. Lecteur, si tu passes un jour par Hambourg, va à Landungsbrücken près de Reepersbahn. A gauche de Hafenkrankheit, dans une maison un peu en retrait qui est une clinique spécialisée, va trouver l'infirmière Grethe et dis-lui merci de la part de milliers d'hommes inconnus habillés de vert ou de kaki.

La petite Margaret fut pendue un jour de mai 1945, et elle mourut aussi bêtement qu'elle avait vécu, au nom de la morale et à cause de trop nombreux rapports. Qu'elle repose en paix, elle n'est pas la seule dans ce cas.

De notre côté, nous avions trouvé le moyen de couper au déblaiement et jouions aux cartes à la cave, chez l'infirmier Peters.

— Car, disait le petit légionnaire, si nous aidons au déblaiement, nous aidons en même temps les gens que nous haïssons.

Peters gagnait; il nous bourrait de saucisson arrosé d'alcool à 90° dilué avec de l'eau, nous étions heureux, nous étions en vie. A Hambourg, en 1944, c'était le principal. Petit-Frère montra un bocal où nageait quelque chose d'indéfinissable.

— Qu'est-ce que c'est que ça ? dit-il en allongeant le cou.

Peters tourna la tête : — Un appendice infecté.

Très intéressé Petit-Frère le saisit à deux doigts et siffla le chien dont le museau se montrait sous l'appareil de rayons X.

— Cochon! dit le légionnaire en regardant l'animal avaler le bout d'intestin.
— Tu vas voir, dit Peters. Je parie trois de mes saucissons contre un litre de ton schnaps qu'il ne le gardera pas !

Le chien tapi dans un coin nous regardait de ses yeux affamés. Tout à coup il se dressa, eut un hoquet violent et rejeta l'appendice.

— Amène ton litre ! cria Peters enchanté. Je te l'avais bien dit.

Il eut cependant un accès de grandeur d'âme et remit à Petit-Frère un de ses saucissons, en nous confiant qu'à la section 7 il y avait un artilleur capable d'avaler n'importe quoi.

— Peuh! dit le légionnaire à qui on ne la faisait pas. Moi j'ai vu des hommes avaler des serpents, du verre et cracher du feu.

— Allons voir, fit Petit-Frère, et s'il ne marche pas, on le passe à tabac.

En traversant le jardin pour nous rendre à la section 7, nous ramassâmes une grenouille. L'artilleur était un montagnard râblé avec des poings comme des battoirs. Ses sourcils se rejoignaient sous le front bas et obtus, ses petits yeux noirs nous fixaient bêtement. Il rit, tout fier, lorsque Peters lui demanda s'il pourrait manger une grenouille.

— Je mange n'importe quoi quand on me donne quelque chose pour le faire.

— Une baffe ! dit Petit-Frère.

— Pour ça, répondit l'artilleur, je peux assommer tout le monde et toi y compris, ordure !

Petit-Frère sursauta. Un chasseur alpin vint vers nous et bredouilla dans un dialecte presque incompréhensible :

— Émile peut casser un pied de table avec ses mains, il peut assommer une vache... Comme ça ! Et la vache tombe. Il peut soulever un cheval d'artillerie avec tout son équipement.

Petit-Frère renifla de mépris. Il alla vers la triple fenêtre, se saisit du cadre, donna une ou deux secousses puis y mit toute sa force. Poussières et gravats se mirent à pleuvoir; le géant se tenait là, le cadre dans les mains et l'air triomphant. Il précipita le tout par la fenêtre béante et on entendit, dans le jardin, un bruit de tonnerre accompagné d'un concert de protestations. L'artilleur hocha la tête. Il se leva lentement, saisit la grande table au milieu de la pièce, en arracha un pied et le cassa sur le coin d'un lit. Petit-Frère, haussant les épaules, empoigna le lit dont l'occupant hurlait de peur et le jeta à l'autre bout de la pièce.

— La paix! hurla un feldwebel de son lit.

Deux gifles l'envoyèrent dans les pommes; quant à l'artilleur, un coup de poing le fit s'étaler, la bouche ouverte d'étonnement.

Le légionnaire nous fit un signe. Nous nous saisîmes de Petit-Frère et nous l'entraînâmes.

— Ça, mon vieux, c'est le mitard! prophétisa Peters. Tu vas être signalé; le pire, c'est la fenêtre.

— Tu rigoles, y en a tant qui disparaissent, ces temps-ci!

Il sortit la grenouille de sa poche et la jeta sur la table à écrire de l'infirmière qui sauta en arrière avec un cri de terreur.

La nuit les avions revinrent. Les braises, ranimées par le phosphore, s'enflammèrent de nouveau et firent de nouvelles victimes. Des enfants se jetaient pieds nus dans les abris, pour y périr, pris au piège comme des rats. Quelque part, dans les environs du port, une colonne de prisonniers talonnée par les gardiens S. S. se dirigea aussi vers un abri. Personne n'entendit le hurlement de la bombe qui les attrapa de plein fouet. Il ne resta qu'une flaque sanguinolente de chairs qui se tordaient, puis la puanteur habituelle de sang, de salpêtre et de viande brûlée. Un S. S. sans jambes se traîna en pleurant vers un prisonnier sans ventre. Ils moururent dans les bras l'un de l'autre, et les lance-flammes des sapeurs les réduisirent en cendres.

Près de Monckebergstrasse on pouvait voir se glisser une silhouette qui, de temps en temps, se penchait sur les corps. Un couteau luisait, sectionnait un doigt et une bague tombait dans une grande poche. La silhouette allait plus loin, vers le prochain cadavre : un gémissement, un coup avec une matraque, et des doigts agiles se promènent sur le corps frémissant... Partout près de l'Alster, sur la Hansa Platz, dans la Kaiser Wilhelmstrasse, on voyait la même chose. Au coin de l'Alter Wall une femme hurlait de peur. Une petite silhouette féline tomba sur elle, des doigts d'acier firent taire le cri dans la gorge... D'une jambe, l'homme la frappa au jarret et la renversa, une main fouilla sous la jupe étroite, déchirant une lingerie légère. Les jambes de la femme battirent désespérément mais une cuisse souple et forte les écartait... Des paroles chaudes et douces étaient chuchotées à l'oreille tandis qu'une bouche avide caressait le visage convulsé.

— Laisse-moi donc faire... je ne te veux pas de mal...

La femme se laissait faire, mieux valait cela que la mort... elle pleurait seulement de frayeur... Au-dessus d'eux un arbre de Noël éblouissant se balançait dans l'air, l'eau glougloutait dans le canal de l'Alster, les projecteurs illuminaient le ciel, livide de poussière et de flammes. La terre tremblait comme la femme sous la main de celui qui la violait. Avec précaution, il remontait le long des jambes écartées et dénudait la malheureuse. C'était une jeune femme qui se hâtait vers un abri et qui était tombée sur le monstre qu'engendrent ces sortes de nuits. Il se jeta sur elle... elle ne cria même pas. Une bombe éclata tout près... ils n'y firent pas attention, ne sentirent pas la terre qui giclait sur eux. Doucement, il retira un des longs bas de soie, laissa ses lèvres glisser sur lui, y enfouit son visage... Son souffle devint plus précipité, ses yeux luirent dans la lueur des flammes. Il mordit la joue de la femme, la saisit aux cheveux et, rapidement, enroula le bas autour de son cou... serra... Elle gargouilla, se débattit violemment. L'homme rit. Mais les lèvres bleuirent, les yeux s'exorbitèrent, la bouche s'ouvrit. Elle devint toute molle et mourut. L'homme enleva rapidement la petite culotte de sa victime et la mit dans sa poche, puis il viola le cadavre encore une fois et baisa les lèvres sans vie. Il se calma, sourit au cadavre violenté, tomba à genoux et joignit les mains.

— Mon Maître très saint, je suis ton instrument. Un démon féminin a encore été châtié comme tu me l'as commandé.

Il se pencha sur le corps et, de la pointe de son couteau, tailla une croix dans la peau du front, puis il disparut comme un chat par-dessus les gravats et les décombres fumants.

Peu après deux jeunes femmes trouvèrent la femme assassinée, mais, prises de panique, elles s'enfuirent tête baissée. C'était le cinquième meurtre de femme depuis quelques semaines à peine; la police était aux abois. L'affaire alla de la Kripo à la Gestapo, et le Kriminalrat Paul Bielert se chargea de l'enquête, le « Beau Paul » en personne, protecteur de Tante Dora.

En manteau et gants blancs, fume-cigarette d'argent aux lèvres, et le nez enfoui dans un mouchoir parfumé, il regarda longuement le cadavre en silence. Photos et mensurations venaient d'être faites; un médecin se redressa, un vieil homme tout courbé qui regarda le « Beau Paul » de biais.

— Il l'a violée avant de l'étrangler. Les blessures et entailles ont été faites après la mort.

— Dis-moi plutôt qui les a faites! gronda le « Beau Paul ». Ce serait plus utile!

Il tourna le dos au médecin et se dirigea lentement vers sa Mercédès. Son cerveau travaillait à plein, ce cerveau qui avait inventé les tortures les plus sataniques pour « les ennemis du Reich » et qui s'occupait enfin de quelque chose de raisonnable.

Au troisième étage de la Préfecture de Police, sur la Karl Muck Platz, on dénombrait les victimes du bombardement, à quelques centaines près naturellement, car il était impossible d'établir des statistiques exactes. Une vieille employée toute mitée rassemblait les listes. Après beaucoup de discussions on était arrivé à 3 418 morts, autant de blessés, autant de disparus car de nombreux corps avaient été réduits en cendres après le nettoyage aux lance-flammes des sapeurs. On griffonna des fiches qui furent envoyées aux Archives, on timbra un monceau de certificats de décès, et on se tint prêt pour la prochaine attaque. L'ordre est nécessaire dans une société civilisée.

Au N° 367, deuxième étage, « le Beau Paul » entouré de quelques collègues étudiait cinq photographies de femmes assassinées. La plus jeune avait seize ans, la plus âgée trente-deux; toutes étouffées par un bas, toutes portant des croix sanglantes au front, et dans tous les cas, le meurtrier avait emporté les culottes.

— L'homme est un soldat, dit tout à coup Paul Bielert en se levant.

Ses trois collègues le regardèrent stupéfaits. Un S. S. l'aida à passer son manteau; il mit ses gants blancs avec soin et, tirant sur son long fume-cigarette, il quitta la Préfecture.

Pendant des heures on put le voir se promener dans les rues pestilentielles, un mouchoir parfumé sur la bouche, toisé avec mépris par les uns ou salué obséquieusement par les autres. On le vit chez Tante Dora; il bavarda avec les filles, engueula le souteneur Ewald, puis il flâna le long de Neuer Wall et entra dans divers endroits.

Vers le soir, il aboutit à un restaurant luxueux près de Baumwall, à quelques étages sous terre. En surface on ne voyait guère qu'une vieille cave à détritus, mais lorsqu'un raide escalier de fer vous avait permis de descendre bien au-dessous du niveau de la rue, un monde nouveau s'ouvrait devant vous. Des loges climatisées montraient des tables au linge éblouissant, couvertes de porcelaine et d'argenterie. Des lampes de couleur, de vastes fauteuils et d'épais tapis rendaient l'atmosphère intime. Une armée de serveurs en veste blanche à revers rouges s'empressaient auprès de la clientèle élégante et joyeuse.

Ni carte des vins ni menus dans ces restaurants de luxe souterrains. On commandait tout ce qu'on voulait et le prix était fonction de la commande. Une dame très légèrement vêtue prit le manteau du « Beau Paul » qui se jeta nonchalamment dans un fauteuil, sans octroyer un regard au maître d'hôtel courbé en deux. Perdrix aux champignons, pommes frites, bouteille d'Oppenheimer... puis le « Beau Paul » se pencha en arrière et se mit à étudier les nombreux convives. Elégants officiers en uniformes gris ou verts, officiers de marine en bleu foncé à multiples dorures, aviateurs en gris-bleu avec chemises d'une blancheur éclatante, S. S. noirs aux cols brodés d'argent, fonctionnaires du Parti tellement dorés sur tranche qu'un maréchal du temps de François-Joseph en aurait été jaloux, tout ce monde riait, insouciant, avec des dames vêtues de fourrures et de soie. Un amiral paradait entre deux dames très gaies; à son cou pendaient la croix de Chevalier avec épées et feuilles de chêne, et celle « pour le Mérite » de la Première Guerre mondiale. Paul Bielert renifla de mépris en voyant l'amiral lui jeter un regard condescendant, mais l'amiral aurait été glacé s'il avait pu lire les pensées du S. S. Standartenführer Paul Bielert.

Le « Beau Paul » détestait autant les officiers supérieurs que les Junkers, et il le montra bien après l'attentat du 20 juillet lorsque, en tant que S. S. Gruppenführer, il fut mis sous les ordres directs du chef de la Gestapo, Kaltenbrunner.

En attendant, il mangeait son perdreau en silence et mordait la carcasse comme un fauve sans s'occuper des regards dédaigneux de ses voisins. Les os s'écrasaient entre ses dents puissantes, de temps en temps il en crachait un puis se curait les dents avec sa fourchette. Il lui échappa un petit rot.

Un monsieur en civil, suivi d'une dame, le salua poliment, trop poliment en passant devant lui. Bielert rendit le salut sans retirer de sa bouche une cuisse du perdreau qu'il tenait à deux mains.

— Agent de la Gestapo, haut placé. Dieu sait ce qu'il fait ici ! souffla le monsieur à sa compagne.

Un fonctionnaire du Parti, en uniforme caca d'oie, entra flanqué de trois femmes. Il réclama du cognac et, en passant, donna une grande claque sur les fesses d'une dame dont le cavalier fit mine de se fâcher, mais en reconnaissant le coupable il devint subitement tout sourire. L'homme du Parti lança une autre claque sur le derrière de la danseuse d'un major de la Luftwaffe. Celui-ci protesta et émit quelques faibles menaces. Le nazi se mit à rire et regarda la croix de guerre du major qui luisait solitaire sur le drap bleu-gris.

— Tu languis dans l'attente de la mort des héros?

Le sang monta à la tête de l'officier mais sa cavalière sourit à l'homme du Parti. L'aviateur, violet, se redressa et dit faiblement :

— Tu auras de mes nouvelles.

— Tu auras des miennes aussi, fit l'homme en emmenant ses dames au bar où il se percha avantageusement sur un haut tabouret.

« Beau Paul » s'essuya la bouche avec sa serviette et réclama du moka. Au loin, on entendit le hululement des sirènes qui annonçaient l'alerte.

Les lourdes portes d'acier munies de soufflets contre les gaz furent verrouillées, reléguant audehors le monde en flammes. On ne percevait la chute des bombes que par un vague frémissement.

Les maîtres d'hôtel servaient comme d'habitude, sans hâte, sans crainte; pas la moindre compassion ne se manifestait pour ceux qui, avec des hurlements de terreur, dansaient là-haut sur l'asphalte en flammes, ou pour les enfants qui fondaient dans la lumière aveuglante du phosphore. Un orchestre jouait une languissante musique pour la fleur de Hambourg et du Parti, les colliers étincelaient sur les gorges nues des femmes; des pierres d'une richesse inestimable éclaboussaient d'éclairs les mains raffinées des danseuses.

Dehors, dans les rues avoisinantes, les silhouettes fantomatiques des nuits d'alerte étaient à l'affût... Une bombe sur l'élégante boîte de nuit, quelle aubaine pour les détrousseurs de cadavres ! Certaines de ces silhouettes portaient la croix gammée à la boutonnière.

Une femme, belle, en robe bleu ciel et hauts souliers décolletés, glissa entre les tables et s'arrêta près de Paul Bielert.

— Bonjour, Paul, toi ici?

Les yeux mi-clos, il fit un signe de bienvenue et lui montra une chaise en face de lui.

— Assieds-toi, Elsebeth, et bavardons.

Elsebeth s'assit et releva un peu sa jupe, ce qui découvrit une paire de longues jambes gantées de bas arachnéens.

— De choses personnelles ou du service?

« Beau Paul » fit la moue. L'œil vivant luisait, menaçant.

— C'est la guerre, Elsebeth, on est toujours de service.

Elle eut un rire sarcastique.

— Je m'en suis rendu compte, Paul. Même après avoir perdu un mari et trois frères. — Elle alluma une cigarette. — Et un fils, ajouta-t-elle après réflexion. — Mon fils unique. Comprends-tu ce que ça signifie, Paul?

— Ça ne signifie rien, Elsebeth, absolument rien. La seule chose qui compte est la victoire de l'Allemagne. Mourir pour le Führer doit être le désir de tout Allemand, homme ou femme, c'est une belle mort, Elsebeth, on peut la jalouser. Tout le monde ne peut pas montrer cinq héros tombés.

Elle regarda longuement son œil mort : — Tu as dit héros?

— Oui, des héros tombés au champ d'honneur pour le Führer. — Il se redressa en disant « Führer ».

Elsebeth eut un rire forcé : — Mon petit garçon

avait sept ans; une poutre lui a écrasé le dos. Mon petit Fritz... Tu aurais dû l'entendre pleurer...

— Pas de victoire sans larmes, Elsebeth, c'est la loi de la vie. Il nous faut souffrir pour vaincre. Le Führer lui aussi a des moments durs.

Un serveur apporta le moka et se pencha confidentiellement vers Bielert.

— Ça tombe depuis vingt minutes au-dessus de Barmbeck et de Roter Baum. On dit que c'est terrible cette fois-ci !

Paul Bielert leva le sourcil qui ombrageait l'œil mort.

— Pourquoi me racontez-vous ça, garçon? Vous y êtes allé voir?

Le garçon tressaillit : — Non, Monsieur, mais tout le monde en parle.

— Le colportage des on-dit est puni par la justice, dit Bielert d'un ton rogue. Le savez-vous? De toute façon pourquoi n'êtes-vous pas mobilisé? Vous me paraissez fort capable de porter une mitraillette?

Le garçon changea de couleur et passa un doigt entre son col et son cou. Il put enfin balbutier :
— J'ai été réformé pour maladie de cœur.

— Maladie de cœur? dit la voix méprisante. Qu'est-ce qu'une maladie de cœur aujourd'hui? Ça n'a plus aucun sens. On tire avec la main, on vise avec l'œil, on est transporté jusqu'aux lignes. Même pas à marcher. Savez-vous ce que vous êtes? Un défaitiste, mon ami.

Le garçon jeta un regard désespéré vers l'homme du Parti qui buvait accoudé au bar, une main sous les jupes d'une dame. Leurs yeux se rencontrèrent.

Le nazi se leva, tira sur sa veste d'uniforme et s'avança grand et fort vers la table de Bielert où le garçon suait à grosses gouttes.

— Que se passe-t-il? demanda l'homme avec une tape sur l'épaule du serveur et un regard condescendant vers Bielert qui croisa ses jambes avec précaution afin de ne pas déranger le pli de son pantalon.

— Ce monsieur me menace des tribunaux et du front, dit le garçon indigné.

— Comment? grogna l'autre en approchant son visage brutal de celui de Paul qui fumait, indifférent. Cet homme est un de mes amis, je tiens à vous prévenir. C'est vous qui irez vers l'Est si quelqu'un doit y aller. Vos papiers?

Bielert eut un mauvais sourire. L'œil vivant, tel celui d'un reptile qui fascine sa victime, lança des éclairs. Lentement, il porta la main à sa poche et en retira une carte d'identité qu'avec deux doigts il plaça sous le nez du nazi. L'homme, stupéfait, vit la carte rouge de la Gestapo et lut le grade : S. S. Standartenführer und Kriminalrat R. S. A. Il se mit au garde-à-vous.

Paul Bielert laissa errer son regard du nazi au serveur.

— Demain, 10 h 15, bureau 338, quartier général Karl Muck Platz. Nous mettrons au point le voyage de ces messieurs vers l'Est.

Il leur fit un signe de tête protecteur et continua sa conversation avec Elsebeth. On l'entendit proférer : — Quand je trouve des embusqués, je les expédie en vitesse.

— As-tu jamais été au front? demanda-t-elle doucement.

— Non, pas au front auquel tu penses, mais sur un autre, dit Bielert d'une voix coupante. Adolf Hitler — il se redressa encore — a besoin de gens qui fassent marcher la machine, de gens sans pitié pour les traîtres, les défaitistes, et qui protègent de cette peste l'héroïque peuple allemand. Ne crois pas que notre travail soit une sinécure, ma fille. Il nous faut être durs, durs comme l'acier de Krupp, ne rien connaître d'une sensiblerie enfantine. Crois-moi, je ne sais pas ce qu'est un cœur.

Elle le regarda : — Je te crois.

Pendant ce temps, l'homme du Parti, fou de rage, couvrait d'injures le malheureux serveur.

— Crétin! Tu m'as mis dans de jolis draps. Même un imbécile comme toi pouvait voir qu'il pue la

Stapo à dix mètres ! Mais tant pis pour toi, j'ai fini de me mouiller pour des gens de ton espèce !

Il appela le directeur et lui chuchota quelque chose à l'oreille en désignant le garçon livide. Dix minutes plus tard ce dernier rassemblait ses affaires et quittait le luxueux paradis par le petit escalier de fer. La porte d'acier se referma sur lui avec un bruit sinistre.

Dehors, une lumière aveuglante... Hambourg brûlait. Le garçon se coucha derrière un muret. Il pleurait, il sanglotait, son cœur lui faisait mal, les larmes coulaient le long de ses joues à la pensée du paradis perdu.

Six semaines plus tard, le soldat Théo Huber se trouvait dans une hutte russe et fumait une cigarette de machorka qu'il venait de rouler lui-même d'une main lasse en bavardant avec des paysans. Ils buvaient de la vodka et jouaient aux cartes. Le plus jeune des soldats, un gamin de dix-sept ans, lutinait une fille de ferme; on riait; personne n'avait encore vu le front, tous étant arrivés la veille pour boucher des trous. Soudain, les orgues de Staline firent trembler la nuit, grondant comme un fauve blessé.

Tous dans la hutte se raidirent et regardèrent vers la petite fenêtre sale, tout là-haut. Puis on entendit une explosion terrible.

— Pretsmjartnuj tschas, chuchota la fille russe qui jouait avec le soldat de dix-sept ans.

Dans la hutte parvint le hurlement de l'orgue, un ouragan arracha le plafond, une vapeur empoisonnée les paralysa tous. C'était fini.

Le gosse de dix-sept ans fut projeté en l'air et empalé sur la pointe d'un arbre déchiqueté. Il tourna deux fois comme une hélice, agita les bras et mourut dans un long cri perçant. L'ex-serveur Théo Huber, jeté contre une poutre, fixait l'obscurité de ses yeux. Des deux mains il comprimait son ventre où un morceau d'acier de la taille d'une soucoupe se trouvait planté. Il émit une plainte infinie et attira vers lui une jambe arrachée pour y poser sa tête. La maison s'effondra tout à fait. Un violent frisson le parcourut, ses bras devinrent lourds. Tout doucement il mourut, presque fou de douleur.

A Hambourg, sous Baumwall, ils continuèrent à danser et le garçon ne manqua à personne, mais le « chercheur de héros » ne s'arrêta pas pour autant. Il avait l'œil partout, fouillait les hôpitaux, les bataillons de surveillants, les unités de police, les fabriques, les bureaux. Invalides, vieillards, gamins, tous tombaient dans son filet.

— En avant, camarades! — En chantant ils allaient vers les unités de formation. « Il est si beau d'être soldat! » Vive la grande Allemagne, vive Adolf Hitler, et vive la mort des héros!

« Beau Paul » flânait toujours, on le voyait partout. Quand il traversait une période d'ennui, il faisait venir deux femmes pour « la visite ». Cela durait un certain temps, puis, un peu rouge et fatigué, Paul Bielert quittait la « Criminelle ». Les filles « visitées » étaient relâchées. Tout se paie.

Il y eut un nouvel assassinat de femme, trois jours plus tard, à quelques mètres de la Reeperbahn, dans la Hein-Hoyerstrasse, pas loin de l'hôpital. Le Kriminalrat Paul Bielert faillit devenir fou. Emmenant une douzaine d'experts, il les lâcha comme une meute en les menaçant de tout l'enfer.

— Et ne vous montrez plus, tas d'empotés, avant d'avoir un résultat! Vous avez cinq jours, pas une seconde de plus. Ou ce sera la division S. S., secteur central du front de l'Est. Vous pourrez y crever réglementairement dans les marais.

Deux par deux, les limiers disparurent du bâtiment gris de la Karl Muck Platz. Le sixième meurtre fut celui d'une infirmière de notre hôpital, une jeune fille de vingt et un ans. Elle avait été violée comme les autres, et sa culotte également avait disparu.

La morale étriquée d'une mère stupide fut en partie la cause de ses crimes. Il assassinait pour faire le bien, croyant acquérir des mérites.

Tout ce qu'on lui avait raconté était resté gravé en traits de feu dans son cerveau malade, brouillant son entendement. Mais personne ne s'avisa de le comprendre.

Nous aussi nous étions des assassins, mais des assassins en service commandé, ce qui est tout différent... sauf pour les assassinés, naturellement!

10

LE TUEUR DE FEMMES

Ce fut Hans Bauer qui trouva les culottes. Cette trouvaille donna lieu, comme bien l'on pense, aux plaisanteries les plus graveleuses jusqu'au moment où Stein nous mit le journal sous le nez.

Il s'agissait d'un nouveau crime. Encore une femme. Le cadavre, comme ceux des précédentes victimes, avait été dépouillé de sa culotte par un meurtrier vraisemblablement sadique.

— Enfer! s'écria Bauer.

Il regarda avec ahurissement le sac où il venait de dénicher les culottes qu'il compta fébrilement : six! Nous demandâmes à vérifier, même résultat. Le petit légionnaire siffla.

— Saperlotte! Six culottes et six cadavres, les comptes tombent terriblement justes!

Petit-Frère allongea le cou et jeta un œil dans le vaste sac posé par terre à côté du lit. Il contenait quelques paquets de biscottes de seigle et un peu de linge d'aviateur plié réglementairement, l'aigle bien en vue.

— Comment les as-tu trouvées? demanda Petit-Frère en poussant le sac du pied.

Hans Bauer tourna la tête : — Quelle merde

d'avoir été fourrer mon nez là-dedans! Je cherchais de quoi écrire et j'ai senti quelque chose de lisse, voilà !

— Tu mens! décida Petit-Frère. La vérité, c'est que tu as reniflé ces housses à plaisir et que tu as farfouillé dans le sac de Georg.

Il n'y avait dans la pièce que nous cinq. Tous les autres étaient de corvée ou à la visite du médecin.

— Qu'est-ce qu'on va faire? demanda Bauer avec stupeur.

— Tu veux dire qu'est-ce que tu vas faire? rectifia Stein. C'est toi qui as trouvé ça, pas nous. Nous, on ne fouille pas dans les affaires des autres.

Bauer rit méchamment et leva un doigt aussi accusateur que malpropre.

— Tu parles! C'est peut-être pas toi qui as chauffé le schnaps à Petit-Frère pendant qu'il était au bordel? Hein? Tu ne dis plus rien, gros cul!

Petit-Frère bondit, furieux. Il saisit Stein par le col et cria en postillonnant : — Cochon! C'est vrai que tu m'as volé?

Stein suspendu aux poings du géant bafouillait, l'air effondré.

— Un voleur de copains! Quelle saloperie! — Il secouait Stein dont la tête bringuebalait et le lâcha avec un juron : — Tu vas me rendre en vitesse trois bouteilles que tu voleras à qui tu veux. Mais en vitesse, t'as compris! — Il prit une culotte et la renifla. — Elles puent encore la femme.

— Ta gueule! dit le légionnaire en se tournant vers Bauer affalé sur son lit. Quelle est ton idée? Envoyer un mot à la Criminelle?

— Kripo! — Bauer sursauta : — Tu es fou? Pour qui me prends-tu? Tu crois que j'aurais affaire à ces chiens de la police!

Le légionnaire hocha la tête : — C'est bien ce que je pensais, mais il faut faire quelque chose. As-tu une autre idée?

Bauer secoua la tête en signe de dénégation.

— Alors c'est moi qui en ai une. — Sans attendre de réponse il jeta à Bauer son long couteau de tranchée : — Emploie ça comme il faut pour qu'on puisse oublier cette histoire le plus vite possible.

Bauer tenait le grand couteau dans sa main, et son regard effaré allait de l'arme au légionnaire qui fumait tranquillement sa pipe.

— Tu veux que je tue le petit Georg ! C'est pas possible !

Le légionnaire le regarda stupéfait : — Crétin ! Tu veux que ce soit moi, ou Sven, ou Stein? C'est toi qui as fait la découverte, c'est ton affaire, mais parce que tu nous l'as racontée c'est aussi la nôtre. C'est pourquoi nous voulons qu'on fasse quelque chose. Aller à la Kripo, tu as raison, impossible. La police et nous, ça ne va pas depuis longtemps. Donc on doit faire ça soi-même. Georg a tué six femmes, tu diras que nous on en a tué d'autres, c'est vrai, mais c'est tout de même différent. Et la petite infirmière? C'était une copine. En la tuant, Georg a fait une chose immonde car elle était aussi sa copine. Tu vois bien qu'il n'a plus le droit de vivre et que ça nous regarde.

Bauer ferma les yeux. Il était livide.

— Je ne peux pas tuer le petit Georg. Il ne m'a jamais rien fait et ce que tu exiges est un meurtre. Je serai pris et je passerai sous la hache.

Ces mots lui donnèrent un frisson.

Le légionnaire se leva, alla lentement vers Bauer, lui arracha le couteau des mains et le remit dans sa botte. Il grinça.

— C'est toi qu'on devrait supprimer. Lâche !

Bauer se balançait d'avant en arrière, le dos courbé sous le mépris du légionnaire. Soudain Petit-Frère se proposa pour couper le cou de Georg.

Le légionnaire se tourna vers lui et le regarda longuement.

— Et pourquoi veux-tu que ce soit toi?

Le géant se mit à rire : — Puisqu'il faut lui faire passer le goût du pain à cet assassin, que je le fasse à lui ou à un autre c'est tout comme !

— Et ça ne te fait rien? dit encore le légionnaire.

— Pourquoi ? Georg est une ordure, tu l'as dit toi-même, nomade.

Le légionnaire éclata de rire et se laissa retomber sur son lit : — Par Allah ! tu es magnifique. Georg est une ordure et froidement tu lui coupes le cou ! — Il se souleva sur un coude : — Camarade ! au nom de la société à venir je souhaite vraiment que la mort du héros t'atteigne avant que cette guerre n'ait perdu le souffle !

Il tira de dessous son matelas une bouteille de cognac dont il but une rasade avant de la passer à la ronde.

— Bon, tu le tuerais donc bien, ce Georg ?

— Je viens de te le répéter ! cria Petit-Frère qui était en train de menacer Stein. — A quand mon schnaps, voleur de copains ? — Il donna un coup de pied à une paire de culottes bleu ciel qui traînait par terre. — Et combien de temps ces étuis à fesses vont-ils rester là à exciter le monde ?

Bauer s'empressa de ramasser la lingerie féminine et l'enfonça dans le sac de Georg qu'il repoussa sous le lit. Puis il se tourna vers le légionnaire qui jonglait avec trois dés.

— Seigneur Jésus-Christ ! murmura Bauer d'une voix rauque. — Il tendit la main. — Donne-moi ce couteau et Georg sera coupé en tant de morceaux que sa propre mère ne le reconnaîtrait pas.

Le légionnaire leva les yeux ; un fin sourire s'inscrivit sur la bouche brutale traversant son visage balafré. Sans mot dire, il tira le couteau sibérien de sa botte et le tendit à Bauer tremblant qui le prit et le cacha sous son oreiller.

La porte s'ouvrit. Georg et les autres firent une entrée joviale et bruyante. Georg portait un gros gâteau, donné par une infirmière, car toutes adoraient ce petit aviateur de vingt ans qui en paraissait seize. Un vilain sourire parut sur le visage de Bauer. Il tira de dessous son oreiller le long couteau sibérien.

— Prends ça, camarade ! Il peut aussi bien partager les gâteaux que tailler dans les putains !

Georg se raidit l'espace d'une seconde, puis il se mit à rire à sa manière enfantine en commençant à partager le gâteau.

— Est-ce qu'il y en a qui viennent au bordel? cria Erich le grand sapeur. Il enfourna dans sa bouche un morceau de gâteau et commença à feindre un combat de boxe contre d'imaginaires adversaires.

— Pas d'énergie inutile ici! cria Petit-Frère d'une voix de stentor. Ramasse tes sous et va chercher de la bière sinon on t'en donnera de la boxe fantôme!

Un bon coup de poing fit atterrir le sapeur sur le lit du Schleswigois Thomas Jensen. Il se releva et alla s'asseoir sur un autre lit. Thomas ne se mêlait jamais de rien. On murmurait qu'il avait été volontaire en 1939 et lui-même ne disait ni oui ni non. Mais qu'il eût le mal du pays, tout le monde pouvait s'en rendre compte. Volontaire ou non, il n'en pouvait plus de la guerre et on disait aussi qu'il s'était amoché le bras lui-même, échappant d'un cheveu au conseil de guerre. Thomas la bouclait comme une huître dès que quelqu'un se montrait un peu curieux. Le légionnaire avait ordonné à Petit-Frère de tirer les vers du nez à l'infirmière-major, laquelle savait tout de Thomas, mais le pauvre idiot avait tout gâché en débitant son histoire d'un trait. L'infirmière Emma regarda Petit-Frère en réfléchissant, puis hocha la tête, à la suite de quoi ils s'étaient couchés tous les deux. Mais un peu plus tard, Emma était allée trouver le légionnaire qui dormait du sommeil du juste et l'avait jeté à bas de son lit d'une poigne irrésistible.

— Serpent marocain! Inciter Petit-Frère à espionner! Tu es un beau salaud. Puis elle avait caressé la joue de Petit-Frère et était sortie tandis que le géant lui envoyait des baisers.

— Tu es le plus grand imbécile que la terre ait jamais porté! s'était écrié le légionnaire furieux.

Petit-Frère sourit, tout heureux.

— Je suis bête, nomade, je le sais bien. J'ai mal tourné ma phrase, mais tu vois, je ne peux pas mentir.

— En effet, renonça le légionnaire.

— Tu ne viens pas avec nous, Georg, tirer un bon coup? disait Bauer à Georg en le regardant fixement. A vingt ans, c'est l'âge.

— Merci, très peu pour moi. Je suis les conseils du Dr Gœbbels aux jeunes soldats. Se tenir loin de l'alcool, du tabac et des femmes.

Bauer commença à se curer les dents avec le couteau sibérien.

— Très juste. Toutes les femmes sont des démons, elles vous foutent la vérole et le reste. Ce serait mieux de les liquider toutes, pas vrai? — Il éclata de rire et fit un mouvement significatif de la pointe de son couteau. — Tailler dedans avec un engin comme ça! — Il se remit à rire.

Georg s'arrêta brusquement de manger son gâteau et resta la bouche ouverte devant Bauer qui ricanait et balançait le couteau au-dessus de sa tête.

— Pourquoi dis-tu ça? demanda-t-il tranquillement.

Bauer le dévisagea : — Les femmes sont des ordures, c'est pas ton avis?

— Je ne comprends pas, fit Georg, je ne t'ai jamais vu comme ça. — Il posa son gâteau sur la table et arpenta nerveusement la chambre. — Je n'ai rien contre les femmes, celles que je connais sont toutes gentilles avec moi. Ma mère était gentille; c'était si merveilleux quand elle venait me dire bonsoir avant que je m'endorme quand j'étais petit. Maintenant elle est morte... brûlée par le phosphore. Je pense qu'elle est au ciel.

— Dieu sait où elle est, dit brutalement Bauer. — Il ne riait plus mais il jeta un coup d'œil vers le légionnaire lequel jouait toujours aux dés, l'air indifférent. — N'as-tu jamais couché avec une femme? reprit Bauer en se penchant pour observer le jeune soldat.

Stein, très nerveux, se mit à siffler. Il sentait comme nous tous que Bauer allait trop vite.

— Non! s'écria Georg. Je hais tout ça! Tu comprends à la fin! Je hais ça... vous êtes des animaux, des bêtes immondes quand vous pensez aux femmes! Et quand les femmes ont envie de la même chose que vous, alors elles sont les instruments de Satan!

Bauer recula, effrayé, devant le regard de Georg; on y lisait la folie. Le jeune soldat se prit les cheveux à poignées comme s'il voulait les arracher puis il tomba sur son lit, enfouit son visage dans ses mains et se mit à sangloter.

Dans la salle se fit un silence pesant. Tous regardaient atterrés le jeune soldat, mais, de nous quinze, cinq seulement comprenaient ce qui se passait. Petit-Frère se leva, remonta son pantalon et se dirigea vers Georg, mais, telle une panthère, le légionnaire bondit, saisit l'épaule du géant et dit fermement : — Viens, Petit-Frère, allons boire un bock.

— Tu paies la tournée? dit le géant tout content.

Le légionnaire acquiesça et l'entraîna.

— Dois-je le tuer? demanda innocemment Petit-Frère à voix basse en montrant Georg écroulé sur son lit qui sanglotait sans se rendre compte de rien.

Stein et moi l'encadrâmes aussitôt et il consentit facilement à sortir. A notre retour, quelques heures plus tard, la salle était calme. Georg se trouvait chez les infirmières et aidait une élève à rouler des bandes. Tous deux riaient, très gais; nous les entendions du couloir. Bauer s'étendit sur son lit et murmura : — Je le fais ce soir, il le faut.

Le légionnaire hocha la tête : — Le plus tôt sera le mieux.

Nous nous mîmes ouvertement à boire comme nous le faisions toujours, sans nous soucier de l'interdiction, pendant que Petit-Frère montait chez Emma. La soirée s'avançait, nous étions très ivres. Tout à coup, l'infirmière-major surgit, sans uniforme, drapée dans une robe de chambre vert vif. Un spectacle inouï!

Silencieuse comme un chat, elle alla vers Bauer, tendit la main et chuchota :
— Donne-le-moi.
Bauer eut un air effaré : — Que voulez-vous dire?
Elle se pencha sur lui et souffla pour ne pas réveiller la salle : — Tu le sais bien, donne.
Bauer se redressa et la regarda incompréhensif :
— Je ne comprends pas.
— Ah! tu ne comprends pas. Eh bien, tu peux t'estimer heureux que ce soit moi qui sois là et pas la police.
Elle fourragea sous l'oreiller de notre camarade, extirpa le couteau et le cacha sous sa robe de chambre. Puis elle sortit sans regarder personne.
Le légionnaire bondit : — C'est cet âne de Petit-Frère qui a bavardé !
— Que faire? demanda Bauer avec désespoir.
— Qu'est-ce qui se passe? dit une voix dans le noir.
Personne ne répondit. Tard dans la matinée, Petit-Frère réapparut, de merveilleuse humeur et parlant très fort. Le légionnaire s'en empara, ils chuchotèrent, sortirent et allèrent continuer l'entretien aux toilettes. A leur retour, Petit-Frère se montra presque sobre, silencieux et même un peu déprimé.
Le légionnaire se jeta sur son lit et fuma. Il ne dit pas un mot et fit semblant de ne pas comprendre nos signes interrogateurs. La matinée continua comme à l'ordinaire par la visite médicale, docteur Mahler en tête. L'infirmière-major était d'une raideur réglementaire; rien sur son visage ne trahissait ce qui s'était passé cette nuit-là. Un artilleur amputé du pied, nouvellement arrivé, se mit à rire bêtement quand le docteur Mahler lui demanda comment il se sentait.
— Bien, monsieur le boucher en chef, magnifique ! J'ai été chez les filles boire du cognac. Signalez que je me sens diablement bien, monsieur le boucher ! Filez, boucher du champ de bataille !

Tout le monde sursauta et attendit une explosion, mais le docteur regarda un instant l'artilleur et lui frappa sur l'épaule.

— Tant mieux, Fischer, je voudrais que nous puissions tous en dire autant.

Le légionnaire me regarda et se frappa le front du doigt. L'infirmière-major sortit la dernière et juste avant de passer la porte, elle se retourna et ses yeux rencontrèrent ceux du légionnaire. Ils se comprenaient ces deux-là, le dur soldat et la femme non moins dure, l'un maigre et desséché, l'autre obèse, toute bouffie. La porte se referma d'un claquement sec. Le petit Georg se leva et se mit à fouiller dans son sac. Nous le vîmes lever la tête d'un air étonné, ses yeux cherchèrent quelque chose... il regarda de nouveau dans le sac, puis, comme s'il prenait une résolution subite, il le ficela rapidement, le repoussa sous le lit, poussa un cri perçant et sortit de la pièce comme un fou.

— Qu'est-ce qu'il a? demanda le légionnaire à Bauer.

— Comprends pas. Cinglé aussi celui-là.

— Ils tournent et tournent et t'écrasent! cria l'artilleur Fischer en éclatant d'un rire de dément. Ils t'écrasent tout doucement... Ils écrasent tes os... Hurrah, camarades, en avant! Au combat! On est les blindés, les cochons, la chair à canon la plus bête du monde! — Il se mit encore à rire frénétiquement.

— Ta gueule! hurla le Prussien de l'Est qui avait le ventre perforé.

Fischer le regarda poliment, claqua des talons et hennit d'un ton de fausset :

— Oui, mon général! On la boucle. Je crois à la Sainte Trinité et à la victoire. Au nom d'Adolf, amen!

— Il est raide fou! dit-il.

Le légionnaire fit un signe à Petit-Frère et tous deux vinrent se placer devant Fischer qui se tenait larmoyant au garde-à-vous.

— Repos, canonnier! commanda le légionnaire comme à l'exercice.

Fischer avança un pied et se détendit. Ses yeux regardaient le légionnaire, mais il paraissait ne pas voir.

— Couche-toi et dors! dit encore la voix dure.

L'artilleur, toujours au garde-à-vous, aboya : — Batterie en position. Feu! Les hommes, planquez-vous! — D'un bond énorme il aboutit dans son lit, se roula sur le dos et les yeux fixes regarda le plafond.

— Merde alors! s'exclama le Prussien de l'Est, il est complètement siphoné!

Notre déjeuner prenait fin lorsque, tout à coup, la porte s'ouvrit livrant passage à un rouquin, chapeau tyrolien sur la nuque, qui entra suivi d'un type à peau basanée, massif, le feutre enfoncé sur le crâne comme s'il était trop grand.

— Heil! cria le rouquin.

Quinze hommes levèrent le nez de la soupe aux orties, d'un air intéressé. — Je t'emmerde! dit le Prussien de l'Est.

Le rouquin se mit à rire : — Viens me voir un jour, aspirant héros, et je te chaufferai les couilles de telle façon que tu pourras y cuire des œufs.

— Vous êtes de la territoriale? demanda Petit-Frère en regardant curieusement les deux civils.

Le rouquin ricana : — Elle est bien bonne! On est d'une territoriale mais pas celle que tu crois, mon garçon. — Il pouffa et tapa sur l'épaule du basané dont le sérieux restait glaçant.

Le légionnaire plissa les paupières.

— Police? dit-il.

Le rouquin hocha la tête : — Dans le mille. Kripofritz. N'avez encore jamais vu ça, hein? Lequel d'entre vous, héros fatigués, se nomme Georg Freytag du 7ᵉ régiment de la flak?

Tous les regards se tournèrent vers Georg, lequel, blanc comme un linge, s'appuyait à la table. Le rouquin se colla devant lui.

— Alors, mon ange, tu es Georg Freytag?

Georg ouvrait et fermait la bouche sans qu'un mot dépassât ses lèvres.

Le rouquin se pencha en avant et sourit.

— Perdu la parole, petit lapin? Parce que l'oncle Kripo vient te voir? Peut-être avons-nous une bonne nouvelle... un gros héritage d'une dame qui est morte subitement... Si on a une bonne conscience on n'a pas peur de l'oncle Kripo !

Il régnait dans la salle un silence de mort.

— Tu ne veux rien dire à l'oncle? C'est dommage. Vois-tu un inconvénient à ce que je regarde dans tes bagages pour voir si tu es l'héritier que nous cherchons?

Sans attendre une réponse, il se pencha et tira le sac du jeune soldat vers lui.

— Non ! hurla Georg. Ne pas toucher, c'est à moi.

Le rouquin fit comme s'il n'entendait pas et le basané vint se placer, tel un roc, derrière le dos de Georg. Le rouquin se mit à fouiller. Son manteau de cuir noir s'entrouvrit et on aperçut la bretelle de cuir brun qui soutenait l'étui du lourd 38. Georg le regardait hypnotisé. Brutalement, l'homme éparpillait ses affaires militaires si soigneusement pliées; une boîte de confitures roula sur le plancher suivie de la photo d'une dame à cheveux gris.

— Maman ! cria Georg désespérément en suivant des yeux la photo.

Quelques livres de classe furent jetés à terre, puis une Bible, et enfin un couteau dans sa gaine — le genre de couteau que les Finnois portent à leur ceinture.

Le rouquin tira lentement le couteau hors de sa gaine de peau de renne et examina l'acier brillant creusé d'une profonde rainure.

— C'est à toi, petit ami? — L'arme disparut dans la poche de la capote noire. Entre deux doigts le policier tenait maintenant une culotte de femme, une culotte blanche que suivirent une culotte bleue, puis encore une blanche... en tout six.

Il se leva. L'air narquois avait disparu, il ne restait que la hyène qui aboyait.

— Assez de frime ! C'est toi qui as assassiné les filles. Nier ne fera qu'aggraver ton cas. Amène-toi !
— Les deux hommes l'empoignèrent aux épaules.
— Laissez-moi, je suis malade ! criait Georg avec désespoir. J'ai de la fièvre. — Il essayait de donner des coups de pied aux deux colosses.
— Du calme, dit le basané qu'on entendait pour la première fois.

Loin dans l'escalier nous pouvions encore entendre Georg qui criait : — Laissez-moi, laissez-moi ! J'ai de la fièvre.

Quand un instant après la voiture s'arrêta au haut de la Reepersbahn, Georg réussit à s'arracher aux policiers, et, filant le long de Glacis Chaussée, il sauta par-dessus la haie qui donnait sur la Sportsplatz. Sur ses talons galopaient les deux hommes.

— Halte ! crièrent-ils trois fois, réglementairement. Halte !

Puis les salves retentirent. Un bruit léger de baiser. Les projectiles des mitraillettes le firent sauter en l'air; un instant il parut flotter, puis il s'écrasa brutalement. Il gratta la terre et murmura quelque chose d'incompréhensible.

Le rouquin le retourna du bout de sa botte.
— Mort. Besogne faite. Filons chez le « Beau Paul » avec le corps.

Le basané au volant, ils roulèrent vers la Criminelle.
— On a de la veine, nous deux. Pas encore de front de l'Est pour cette fois-ci.

— L'homme qui aura mon cœur n'est pas encore né, avait toujours dit Tante Dora.
— Aimer une seule femme est contre nature, prétendait le légionnaire.
Mais ces propos dataient d'avant leur rencontre.
Maintenant, ils étaient redevenus des enfants et rêvaient d'un paradis, c'est-à-dire d'un petit bar avec sept tabourets.
Tante Dora supplia le légionnaire de déserter mais il était trop vieux et trop malin pour tenter ce coup de folie.
Le train partit et les sépara comme tant d'autres. La guerre continuait plus farouche que jamais.

11

TRAIN DE PERMISSIONNAIRES

L'OFFICIER de service à la gare vérifia nos papiers et dit d'un ton bref :
— Train de permissionnaires Berlin-Varsovie-Lemberg quai 4.
— Alors, ça y est ! soupira le légionnaire.
Le capitaine le regarda et fit, narquois : — César en a dit presque autant en passant le Rubicon.
— Oui, *alea jacta est.*
Etonné, l'officier dévisagea le soldat balafré :
— Vous êtes étudiant, obergefreiter ?
— Non, 2ᵉ bataillon de la Légion étrangère, rétorqua le légionnaire que la surprise de l'officier amusait.
— Et vous savez ce que ça signifie ? insista l'autre.
— Oui, figurez-vous !
L'officier rougit et nous fit passer. Petit-Frère poussa soudain un cri et partit au pas de course. Il venait d'apercevoir Boule de suif laquelle, à la surprise générale, était venue lui faire ses adieux. Ils

se précipitèrent l'un contre l'autre comme deux éléphants de guerre.

Le train, tel un long serpent avide, attendait la foule des soldats qui se pressait sur le quai. Je regardai la grande pendule de la gare dont les secondes filaient sur le cadran, noires et menaçantes. L'aiguille tournait... tournait... les dévorait l'une après l'autre... bientôt ce serait fini.

Le Prussien de l'Est et Thomas Jensen arrivaient lentement, tassés sous le lourd barda de fantassin. Stein et Bauer se penchèrent par la fenêtre du compartiment et crièrent qu'ils avaient cinq places; comme nous leur tendions nos paquetages, une petite « Croix-Rouge » nous demanda si nous voulions du café, c'est-à-dire ce liquide qui semblait la décoction d'un vieux sac de jute.

— En voiture! criait l'officier de quai pour la quatrième fois, car personne n'en tenait compte.

On poussa brutalement quelques hommes, parmi lesquels Petit-Frère qui éructa un torrent d'injures à l'adresse d'un sous-off de la gendarmerie, mais celui-ci, sachant par expérience qu'il valait mieux ne pas chercher la bagarre avec les permissionnaires du front, disparut comme par enchantement. Ce genre de trains avait le don de vous mettre les nerfs à vif. On entendit une voix de femme qui appelait : « Alfred! » Le légionnaire pivota sur ses talons et courut vers un kiosque où Tante Dora, le col remonté sur les oreilles, se dissimulait tant bien que mal.

Elle posa sa main sur l'épaule du petit légionnaire et lui dit à voix basse :

— J'ai apporté des vêtements civils pour toi. Dépêche-toi de te changer dans les toilettes et file!

Le légionnaire plissa les paupières :

— Dora, ma vieille, pas de bêtises! Tu connais ces chiens de la gendarmerie aussi bien que moi. Pas un sur mille ne réussit le coup, et, si on me prend chez toi, tu es fichue aussi.

— Je n'ai pas peur de leurs prisons!

— Non, mais moi de leurs balles!

Il tira de sa poche une coupure de journal et la mit sous les yeux de Tante Dora. Elle remuait les lèvres en lisant : « Avis aux déserteurs et aux lâches ! — Je demande au peuple allemand et surtout aux femmes d'avoir à l'œil ces lâches qui essaient de se cacher dans les colonnes de réfugiés pour passer de l'Est à l'Ouest. Aucune pitié pour ces misérables déserteurs ! Vous, fières femmes allemandes nationales-socialistes, dénoncez-les impitoyablement, qu'il s'agisse d'étrangers, ou de vos maris, fils et frères. Il n'y a pas de place pour eux dans notre grande Allemagne nationale-socialiste ! Signé : Heinrich Himmler. »

Tante Dora hocha la tête :

— Quel monstre ! Mais attends un peu qu'on lui coupe enfin ce qui dépasse !

— Et à nous aussi, dit sèchement le légionnaire, si nous faisions les imbéciles. La seule chance de survivre à cette folie est de suivre le mouvement... en silence. Se défiler là où c'est possible. — Il lui prit le menton. — Et se débrouiller pour avoir dans la poche de bons papiers imperméables à l'examen le plus minutieux. — Il montra du doigt un grand feldwebel qui ressemblait à un hippopotame : — Regarde celui-là avec sa gueule de pleine lune, ça le démange de pincer un déserteur et de le pendre avec une pancarte sur la poitrine. Tu pleures, ma vieille Dora ? Qu'est-ce que ça veut dire ? Dora, ne pleure pas ! — Il essuya gauchement les larmes qui coulaient sur le fard.

— Tu es bête, tu es bête, sanglotait la grosse femme en cachant son visage sur l'épaule du légionnaire. Je t'écrirai, Alfred, toutes les semaines...

Elle caressa la joue balafrée en regardant la locomotive qui crachait sa vapeur en gros nuages blancs et elle pensa : — On dirait un fauve qu'il faut nourrir avec de la chair et du sang ! — Elle reprit : — Où crois-tu qu'on vous envoie ?

Le légionnaire jeta un regard vers le pont où bringuebalaient les tramways avant de répondre : —

Alte a écrit dernièrement que le régiment se trouve près d'Orscha, dans le secteur central. Orscha est un nœud de routes entre Minsk, Tula et Moscou. La route va jusqu'en Sibérie, ajouta-t-il, et se termine à Kolyma où des camarades à nous travaillent maintenant dans les mines.

Orscha ! pensa-t-elle. Un nom. Un nom inconnu, un point sur une grande carte. Un endroit triste et sale dans l'éternité russe où passent des milliers de soldats dont la plupart ne reviennent pas.

Elle lui caressait les mains qu'un sort méchant destinait à apporter à d'autres soldats et qu'elle aurait tant préféré voir mélanger des boissons...

— Alfred ! murmura-t-elle, en dévorant le laid visage de ses yeux durs qui se mouillaient de larmes, ne comprends-tu pas, imbécile, que je t'aime ? Pourquoi ? Je n'y comprends rien. J'ai été violée à douze ans, à quinze je me suis mise à aimer ça, maintenant je n'y pense plus. Des enfants, nous ne pouvons plus en avoir, mais nous sommes deux êtres humains qui se comprennent et peuvent s'aimer. Tous les deux nous savons ce qu'est la vie, un carnaval affreux où il faut porter un bon masque. Alfred, je t'attendrai trente ans s'il le faut. Un jour on se réveillera d'un mauvais rêve, alors nous vendrons la bicoque et nous disparaîtrons quelque part où nous pourrons travailler.

Le légionnaire se mit à rire :

— Où, Dora ? Au Thibet ?

Elle secoua la tête : — Non, au Brésil. Ma sœur y possède un vrai bordel; il y a de la place pour deux. Pas de gendarmes, pas de Stapo, mais le droit de respirer librement !

Une petite infirmière frais émoulue des Écoles du Führer dansotait le long du quai en accrochant çà et là une branche de sapin aux poignées de portes, comme elle l'avait vu faire dans un film de guerre. Elle s'essuyait les yeux avec le coin d'un mouchoir et jetait la tête en arrière comme une Walkyrie en criant : — Merci aux héros ! Merci de combattre pour nous autres, femmes allemandes, et de nous défendre contre la peste soviétique !

Un fantassin au visage de renard lâcha un gros pet et lui dit dans le nez : — T'as besoin de te faire mettre ça, ma fille ! — Un rire énorme s'éleva des compartiments voisins, tandis que le fantassin y allait en plus d'une claque sur les fesses.

— Dépêche-toi de rentrer ! Les vainqueurs approchent.

La petite infirmière, outrée, arracha la branche de sapin et courut se plaindre à un feldwebel de gendarmerie qui haussa les épaules et la repoussa. Plus loin, toute une famille accompagnait un garçon de dix-sept ans qui partait pour un camp d'instruction en Pologne.

— Sois fier et brave ! criait le père — un Regierungsrat, disait-on — fais honneur à ta famille !

— Bientôt une lettre, neveu ! glapissait un vieil homme à cheveux blancs, en uniforme fantaisie de colonel de la Première Guerre mondiale. Qu'elle nous dise que le Führer t'a donné la croix de fer !

— Envoie une photo dès que tu pourras, murmura la mère qui essuyait une larme furtive.

Le père la regarda avec reproche à travers son monocle : — Les femmes allemandes ne pleurent pas, Louise !

Un pasteur en chapeau rond passa un bras autour des épaules de la mère et dit, consolateur : — C'est un honneur que d'envoyer un fils combattre les barbares qui menacent de submerger notre patrie !

Un autre membre de la famille, en tenue nazie, le regarda vivement :

— Comment ? L'ennemi menace de submerger notre patrie ? Le Führer n'a-t-il pas expliqué que les lignes étaient simplement rectifiées ?

— Rectifiées jusqu'à Berlin ! ricana tout doucement un sous-officier accoudé à une fenêtre du train.

Le prêtre cilla craintivement. Il passa un doigt

entre son col dur et son cou, et sa pomme d'Adam se mit à gigoter tandis qu'il regardait humblement l'homme du Parti.

— Monsieur le chef de secteur m'a certainement mal compris. Je veux dire que l'ennemi déferle sur l'Ukraine qui, selon les paroles du Führer, est aussi notre patrie.

— Quand le Führer a-t-il dit ça?

— Maintes fois, en parlant du grand Reich qui doit s'étendre jusqu'au Caucase, où sont justement nos ennemis en ce moment.

Le chef de secteur toisa le prêtre qui penchait sa tête de côté en joignant les mains.

— Ne serait-ce pas une bonne chose pour vous, monsieur le pasteur, que d'aller faire un tour dans l'Est pour aider nos héros à chasser les ennemis du grand Reich? — Il rayonna en voyant le pasteur tressaillir.

Une silhouette grise se déplaçait le long du train, et Bauer hurla de joie en reconnaissant l'Ewald de Tante Dora en uniforme de campagne.

Deux jours plus tôt, il avait passé la petite porte grise qui menait au Q. G. de la Gestapo à la Karl Muck Platz, et, après avoir attendu longtemps, s'était enfin trouvé dans le bureau de Bielert dont un S. S. noir fermait la porte.

Bielert, assis sur un coin de table, reçut des mains d'Ewald l'habituelle liasse de papiers couverts d'une écriture serrée. Il tapa sur la liasse.

— Combien de mensonges et d'inventions là-dedans?

— Rien! Herr Brigadenführer. Tout est vrai!

— Tu peux supprimer le « Herr. » Chez nous on dit Brigadenführer tout court, grinça Bielert. Tâche de t'en souvenir. — Et un déluge d'injures tomba sur Ewald ahuri qui n'y comprenait goutte. Enfin, Bielert exhiba une feuille de papier blanc barrée d'un trait rouge et la mit sous le nez d'Ewald.

— Voilà ton affectation à un régiment discipli-

naire. Tu as été soldat six semaines en tout,
n'est-ce pas?
— Oui, Brigadenführer, trompeta Ewald en claquant les talons comme on le lui avait appris sur la place d'armes de Grafenwehr.

Rien que ce souvenir lui donna froid dans le dos. Plutôt la prison qu'une caserne d'infanterie, avait-il dit à ce moment-là. Il fut transporté lorsqu'on découvrit que son appel était une erreur; en réalité il était destiné à une maison de redressement pour vols et autres bagatelles. Renvoyé de l'armée et ayant purgé sa peine, il vécut dans les bas-fonds de Hambourg, mais maintenant on n'était plus si difficile. Le front accueillait tout le monde, même les gens comme Ewald, et les régiments disciplinaires étaient là pour les bandits de son espèce.

Bielert s'était penché sur lui et avait chuchoté :
— Mais il y a une autre solution, mon petit ami.

Le visage d'Ewald s'éclaira; il se voyait déjà sauvé. La maison de redressement, il s'en était tiré en devenant mouton. Rarissimes étaient les gens sortis de la Gestapo à la suite des dénonciations d'Ewald, et Paul Bielert lui devait au fond d'avoir été nommé Brigadenführer, car le souteneur, tout à fait par hasard, était tombé sur une affaire importante.

— Je ferai tout ce que vous voudrez, Brigadenführer, balbutia Ewald avec un regard de chien couchant.

Celui-ci ricana : — Tu peux choisir entre deux solutions. Bataillon disciplinaire ou tribunal d'exception en tant qu'individu nuisible au bien du peuple.

Ewald étouffait : — Mais je n'ai rien fait ! gémit-il. Je ne me suis jamais mêlé de politique !

— Vraiment? répondit Bielert en montrant les papiers. Et ça? Il s'agit peut-être de potins mondains? Tu es jusqu'au cou dans les ordures politiques, mon cher.

Il se tourna vers la porte et appela : — Geige, Potz !

Deux géants en uniforme S. S. se montrèrent aussitôt.

— Tribunal d'exception pour celui-là ! grinça Bielert en désignant Ewald qui claquait des dents et semblait prêt à défaillir.

Les deux S. S. allèrent à lui et le prirent par un bras en lui disant avec une froide amabilité :
— Viens, petit.

— Non, non ! hurla le malheureux. Vous ne pouvez pas me faire ça, Brigadenführer ! Je vous ai toujours servi correctement, j'ai toujours fait toutes vos volontés !

Bielert se mit à rire : — Je n'ai qu'une volonté, bête puante, ne plus jamais voir ta sale gueule !

Ewald criait comme un possédé. Le misérable souteneur avait été assez bête pour nommer Tante Dora dans son dernier rapport. Tout était fini pour lui; on ne touchait pas à Tante Dora.

— Bien, trouvez-lui un uniforme et qu'il parte par le prochain convoi.

Et c'était pour cette raison qu'Ewald se glissait le long du train dans un uniforme sans pattes d'épaules et sans écussons. Bielert ne s'était pas contenté de l'envoyer dans un quelconque régiment disciplinaire, mais au bataillon 919 de redressement disciplinaire, direction Brest-Litowsk. Si Ewald s'était douté de ce qui l'attendait, il aurait détalé sur l'heure pour se terrer dans les bas-fonds de Hambourg. Sans doute aurait-il eu plus de chances de s'en tirer que dans l'unité la plus célèbre de l'armée allemande, où le Stabsfeldwebel Neuring vous recevait immanquablement par ces mots :

— Si vous pensez que vous avez une chance de sauver votre peau en filant d'ici, vous vous trompez. A midi moins cinq, balle dans la nuque réglementaire.

Le long du train couraient les gendarmes, leurs plaques brillantes sur la poitrine. Le petit légionnaire embrassa Tante Dora et la serra contre lui.

— Ça y est, Dora, il faut partir. Cette guerre ne peut finir sans le caporal Alfred Kalb du 2° Étranger. Pense, si Hitler devait gagner, ça irait mal pour nous deux !

Tante Dora pressait sa grosse poitrine contre la mince silhouette. Ses lèvres trouvèrent les siennes; elle le tenait si fermement qu'on aurait pu croire qu'elle ne le lâcherait jamais.

— Alfred, chuchota-t-elle, tu reviendras !

C'était presque un ordre donné à Dieu : le légionnaire ne devait pas mourir pour une cause idiote. Il hocha la tête et se força à sourire.

— Je reviendrai, ma chère Dora, par Allah je reviendrai. Ces merdeux de Russes ne tueront pas un caporal de la Légion ! Il faut pour ça un vrai Kabyle.

— Alfred, écris-moi, écris-moi ! Je deviendrai folle si tu m'oublies ! — Elle lui jeta les bras autour du cou et l'embrassa sauvagement, le cœur déchiré. Elle pleurait, les larmes coulaient, faisant de longues traînées dans l'épaisse couche de poudre.

— En voiture ! criait le feldgendarme. On verrouille les portes !

Le légionnaire monta lentement et resta dans l'encadrement de la portière. Dora caressait encore le visage amaigri.

— Adieu ! dit-il d'une voix rauque.

Elle tordit ses lèvres en un pauvre sourire :
— Non, Marocain, pas adieu, au revoir. Il rit :
— Tu as raison, au revoir, à bientôt !

Petit-Frère lança par la fenêtre son sac dans le compartiment, puis sa cantine avec trois saucissons, un pain de seigle et quelques bouteilles de schnaps. Il se précipita encore une fois dans les bras de Boule de suif qui le souleva de terre pour l'embrasser.

— Fais attention à toi, grand ours, pour que je puisse récupérer tes morceaux, gronda-t-elle d'une voix de basse. Qu'on se marie, et qu'on ait vingt-trois enfants aussi laids que toi !

— Par le diable ! rigola Petit-Frère, c'est ce que j'aurais fait de mieux dans ma vie ! Vivement qu'on perde la guerre! Vingt-trois mioches, Seigneur!

— Et je ferai de toi quelque chose, bandit de ruisseau!

Elle lui donna une vigoureuse tape sur la joue.

Petit-Frère riait tout heureux. — Mais je suis amoureux de toi! Tu vaux toutes les filles du bordel de Wiener Neustadt, et pourtant c'était chouette! — Son visage s'éclaira d'une idée merveilleuse : — Emma! Quand la guerre sera finie, nous irons ensemble au bordel et tu pourras juger que tu es mieux que toutes les putains!

— Cochon! cria Boule de suif, outrée. Je suis une femme convenable et pas une ordure, tâche de t'en souvenir. D'ailleurs j'y mettrai bon ordre...

Petit-Frère pencha sa grosse tête : — Pardonne-moi, si je te fais honte, mais toi aussi souviens-toi que je ne suis pas un monsieur chic! Et je t'en prie, quand les Angliches lâcheront leurs saloperies, fais attention, rentre ta grosse bouille!

Elle sourit, ce qui fit disparaître ses petits yeux dans des replis graisseux.

— Mon gros ours, murmurait-elle, bête comme un bœuf! Mais tu me plais tellement. Je veux que tu reviennes, même avec une jambe de moins, ça n'a pas d'importance. — Elle réfléchit un instant : — Ce serait même mieux, tu m'obéirais plus facilement.

Un feldgendarme se planta devant eux, les jambes écartées. — Dites donc, vous, l'Obergefreiter, vous voulez une invitation écrite pour monter? — Il empoigna Petit-Frère et le poussa dans le train.

— Dans quinze jours je reviens, Emma! Permission de fiançailles ou de mariage, je trouverai bien, criait le géant.

Le train démarra d'une secousse et sa tête heurta une ferrure; il se mit à saigner.

— Jésus-Christ! j'ai une fracture du crâne. Attends voir que je revienne!

— Reviens, reviens! criait Emma. Elle courait

le long du train, tenant sa jupe d'une main et agitant de l'autre le ruban rouge des infirmières; son visage brillait de larmes. — Reviens, mon ours, reviens !

Tante Dora, à demi cachée par le kiosque, faisait des signes au légionnaire toujours accroché à sa portière ouverte. Une femme d'une cinquantaine d'années tomba, tenant dans les bras un enfant de trois ans qui roula sur l'asphalte. On entendit le cri terrifié d'un soldat de l'infanterie de marine.

Plus vite... plus vite... L'interminable train roulait, emportant trois mille huit cents têtes de bétail en uniforme, à travers Hambourg en ruines vers Berlin.

Un feldgendarme se frayait un chemin le long du couloir. — Fermez les fenêtres, on tire sur tout ce qui se montre aux fenêtres.

— Mouche à merde ! cracha un sous-officier du haut du filet.

Dans un autre compartiment quelqu'un se mit à chanter : « Reviens, je t'attends — Je t'attends — Car pour moi — Tu es toute ma joie... ».

Sur le quai des centaines de bien-aimées, de mères, de femmes et d'enfants fixaient encore l'horizon où le train avait disparu, ne laissant qu'une écharpe de fumée qui se fondait dans les nuages de pluie. La plupart ne devaient jamais se revoir. Tante Dora, seule près du kiosque, gardait un regard absent et ses lèvres bougeaient dans son visage blême.

— Reviens, Alfred... Pour l'amour de Dieu, reviens vers moi, n'importe comment, même sur des béquilles, mais reviens...

Boule de suif, arrivée tout au bout du quai, continuait à agiter machinalement son ruban rouge. Elle haletait, poussive, après cet exercice inhabituel.

— Gros ours bête, chuchotait-elle, ne reste pas là-bas...

Et cette femme si dure fit quelque chose dont

on ne l'aurait jamais crue capable : au beau milieu d'un quai de gare, sous les verrières en miettes, elle joignit les mains et pria.

Il commençait à pleuvoir, une pluie fine et serrée. Le quai se vidait lentement, lorsque les sirènes se mirent à hurler. Les gens s'éparpillèrent de tous côtés. Dans le lointain tomba la première bombe.

A l'entrée du quai restait encore une jeune femme au visage de pierre qui mordait son mouchoir et déchirait l'étoffe de ses dents.

— Otto, bégayait-elle d'une voix rauque. Oh! non ! Otto...

Tout à coup elle poussa un cri perçant en s'arrachant les cheveux de désespoir. — Otto! Ne les laisse pas t'assassiner! Hitler assassin! gémissait-elle à tous les échos. Hitler assassin! — Deux jeunes civils en capote noire surgirent brusquement à côté d'elle. Un insigne d'argent brilla dans une main. On entendit : « Stapo. » Elle se débattit désespérément, mais ils l'entraînèrent et elle disparut dans l'ombre mystérieuse du bâtiment de la Police. Dans le train, le fantassin Otto murmurait :

— Lotte, ma chérie, nous allons nous revoir bientôt. — A un camarade, il confia que Lotte était enceinte.

Mais l'enfant de Lotte ne vit jamais le jour. Sa mère avait dit la vérité dans un pays où la vérité équivalait à un arrêt de mort.

Le train filait à travers l'Allemagne. Il s'arrêtait quelques instants dans des gares pleines à craquer, engloutissant de nouveaux flots de soldats harassés. On grimpait par-dessus des montagnes de sacs, de cantines, de masques à gaz, de carabines, de mitraillettes, de capotes roulées et de corps affalés vêtus de vert, de bleu, de noir, de brun. Toutes les armes. Des soldats de la marine âgés de seize à vingt ans avec l'insigne des sous-marins sur la manche; des S. S. fanatiques aux yeux fixes, élevés dans ce que l'on appelait « les maisons de l'ordre » de l'Etat dictatorial; des policiers d'un certain âge en vert venimeux, en route vers une division de la police de campagne et destinés à être abattus par les partisans ennemis qui les guettaient comme des loups. Il y avait des soldats des divisions blindées, dans leurs noirs uniformes sales, puant l'essence et l'huile; des cavaliers gros comme des paysans avec des pattes d'épaules d'un jaune criard; de minces alpins, l'edelweiss de plomb sur la manche; des artilleurs aux rares décorations; des sapeurs aux visages las d'une indicible fatigue après des travaux inhumains, et tristes comme leurs épaulettes noires. Il y avait aussi des artilleurs de la marine, gros et gras, contents d'appartenir à une arme éloignée du front, le long des côtes; des agents de liaison aux yeux intelligents, qui émaillaient leurs propos de mots étrangers pour montrer qu'ils savaient les langues. Mais la plupart des hommes étaient des soldats de l'infanterie en uniforme si râpés qu'ils démentaient ouvertement l'appellation glorieuse de « reine des armées ».

Dans tous les coins on buvait, on jouait. Un groupe chuchotait autour d'un obergefreiter infirmier.

— La jaunisse, rien à faire, disait l'infirmier, la vérole et la chtouille, non plus... Pour un peu ils vous couperaient le pot de chambre quand on arrive avec ce genre de choses. — Il jeta autour de lui un regard prudent mais il ne semblait pas y avoir d'auditeur dangereux dans le voisinage. Il reprit en chuchotant : — La typhoïde, les gars, un vrai bon typhus, ça c'est quelque chose, ça en dégotte ! Une température qui fait péter le thermomètre. Un presque mort, ils n'y résistent pas... Et je te passe la main dans les cheveux, et je te caresse la joue... Tu crois pas que c'est vrai, tellement ils sont bons pour toi parce qu'ils pensent que tu montes au ciel. Et puis ça dure longtemps.

— Mais comment on attrape la typhoïde ? demanda un petit fantassin fluet.

Quelques petits paquets changèrent de main et l'infirmier mit de l'argent dans sa poche. Il sourit confidentiellement après un autre regard circulaire.

— Ce qui est dans les paquets, vous le mettez dans le café, et puis un bon coup de vodka par-dessus. Quinze jours plus tard, maximum, vous êtes dans un bon lit, et fini la guerre pour six mois.

— On peut en claquer? demanda un cavalier sceptique.

— As-tu jamais rien eu sans risques, crétin? dit un aviateur en élégant uniforme gris-bleu, la poitrine barrée de décorations. — Il avait à peine vingt ans, mais la guerre l'avait fait vieillir de dix. Les héros volants d'Herman Gœring en avaient assez, eux aussi.

La traversée de Berlin se fit de nuit. Il y avait alerte. Partout, le long du train bondé, on se battait pour aller aux cabinets; des remarques bêtes s'échangeaient dans l'atmosphère pestilentielle.

Le petit légionnaire, serré entre Petit-Frère et moi, avait en face de lui Ewald, verdâtre, encadré de Stein et de Bauer. Du haut du filet, le Prussien de l'Est faisait des plaisanteries et des imitations très drôles.

— Raconte-nous ce que le Führer dit de la situation! cria Stein.

Le Prussien leva son masque à gaz en trompette, tira une mèche sur son front et avança la lèvre inférieure. Il ressemblait à une affreuse caricature d'Hitler, mais la voix était étonnante.

— Femmes allemandes, hommes allemands! Nous n'avons jamais été aussi près de la victoire! Nos lignes en forme de poche rendaient les opérations difficiles. Elles viennent d'être repliées sur des positions préparées à l'avance pour que notre action puisse se dérouler conformément à mon plan. Les ennemis du peuple disent que ces rectifications sont une retraite, mais vous savez que là où se tiennent mes héroïques soldats, il n'y a pas de retraite! Encore un petit effort et la victoire finale est à nous. Mais en attendant, soyez-en sûrs, la mort du héros sera la vôtre !

En levant le bras pour le « Heil ! », l'orateur perdit l'équilibre et roula sur le sol.

— Le Führer est tombé, dit Bauer.

Petit-Frère se faisait une cigarette avec beaucoup de soin. Pendant les quatre mois de son séjour à l'hôpital il avait consciencieusement ramassé tous les mégots à la ronde, et possédait maintenant un énorme sac de tabac. Sa pauvreté passée lui avait appris à ne rien laisser perdre, tout pouvait servir.

— Croyez-vous que j'aurai une permission si j'épouse Emma ? demanda-t-il en léchant le papier de la cigarette.

Le légionnaire éclata de rire : — Sûrement pas. Le Hauptfeldwebel Edel dira que tu es l'idiot du régiment et que les idiots ne doivent pas se marier. Ensuite, pourquoi faire une veuve d'une gentille fille ?

— Tais-toi ! D'abord Emma n'a rien d'une gentille fille. C'est un tank et elle peut en foutre une sur le nez du Hauptfeldwebel Edel qui ne s'en remettra jamais.

— Edel dira aussi, continua le légionnaire, que la mort du héros est ton unique chance, sinon après la guerre tu te retrouveras dans un camp d'extermination comme danger public !

Cette évocation nous fit faire la grimace.

— Je ne comprends pas, dit Petit-Frère.

— M'étonne pas, rigola Bauer.

— Je ne suis qu'un porc sorti d'une maison de redressement. Ma mère se foutait bien de nous autres gosses, quant au vieux je ne l'ai jamais connu que saoul. A l'internat on nous battait, et entre-temps nous nous battions entre nous. Est-ce qu'il y en a un de vous qui sache ce que c'est qu'une maison de redressement ? — Personne ne répondit. — Non, je pensais bien. L'enfer. Il n'y avait pas d'école. Vous n'en aurez pas besoin, disait le principal, un défroqué de Thuringe d'il y avait très longtemps. On disait que la femme de l'organiste avait été sa maîtresse, aussi on l'avait foutu à la porte de l'Eglise de Thuringe. Et c'était vrai que c'était pas nécessaire de savoir lire et écrire pour tirer des poutres de fer ou creuser des fossés. Après, je me fais soldat — car n'oubliez pas que je suis de l'active, pas un réserviste. On m'a dit : « Tu pars en guerre pour défendre la patrie. » Je me suis demandé pourquoi au fond je devrais défendre la patrie car elle n'a jamais été bonne pour moi, mais ce n'était pas non plus à cause de moi qu'on faisait la guerre. Je me suis donc mis à défendre la patrie. « Contre des barbares, des ennemis sans pitiés », qu'ils ont dit. Bon. Ainsi tu combats des barbares, des ennemis sans pitié. Ils doivent le savoir, là-haut, ils sont plus malins que toi, Petit-Frère. Toi, tu n'es qu'une pièce de bétail. Ai tiré sur tout ce qu'on a voulu, me suis mis au garde-à-vous, quand on disait « File », je filais. Et ça pendant six ans où je me suis promené avec la poule nazie sur la poitrine.

Petit-Frère s'arrêta et nous regarda d'un air malin.

— Mais maintenant, y a du nouveau et ça me turlupine. Je suis fiancé et je vais avoir vingt-trois petits avec la meilleure femme du monde. — Il essuya d'une main rude son gros visage. — Y a quelque chose qui ne colle pas. L'autre là-bas, celui de Kharkov, Kiev, Sébastopol, et autres lieux où on a défendu la patrie, si tu lui dis : « Ecoute, Ivan Ivanovitch, pourquoi tu me tires dessus? » Il dira : « Tovaritch Fritz, je ne m'en doute pas! Le père Staline dit que je le dois. » Et bang! Tu as un trou dans le crâne. — Petit-Frère se frappa le front. — Dites-moi si on n'est pas cinglés tous les deux?

Le légionnaire regarda vivement autour de lui, ferma précipitamment la porte du couloir et dit brutalement :

— Boucle-la, crétin! Sinon ils te pendront, qu'Ivan te comprenne ou non.

— Mais c'est justement ça que je dis! cria Petit-Frère. Partout on vous explique quand on doit faire quelque chose, mais ici on ne fait que vous dire « La ferme ! Fais ce qu'on te dit, ou tu te balances ! » Moi, je ne comprends pas.

— Aucune importance, dit crûment le légionnaire. Obéis. C'est plus sain pour toi comme pour nous. Tu te rendras malade en réfléchissant; tu n'as pas une tête pour ça, elle est faite pour porter le casque et c'est tout.

Petit-Frère haussa les épaules.

— Tu dois avoir raison, nomade.

— *Je connais ça,* dit le légionnaire.
Nous regardions les soldats pendus qui se balançaient dans le vent. Les hyènes de la police avaient du travail en ce moment. On suivait à la lettre les nouveaux ordres du Führer : Conseil de guerre ou loi d'exception pour tous les cas suivants :

Défaitisme, désertion, sabotage.
Atteinte à la sûreté de l'Etat.
Pillage, détroussement de cadavres, trahison.

— *Je connais ça,* répéta le légionnaire. *C'est le commencement de la fin. On perd toujours les guerres de la même manière.*

12

LA ROCADE

Notre voyage dura douze jours pour aboutir à la rocade Pinsk-Gomel, un peu au sud-ouest de Dawyd Gorodok. D'après le service des renseignements, le régiment devait se trouver soit à Petrikowo, soit à Skrigalow.

Celui qui, une fois, a vu cette rocade ne l'oubliera plus jamais. C'est un chemin de 40 à 60 mètres de large, tassé par le passage de millions de roues et de semelles. Non, même pas un chemin, et pourtant quelque chose d'aussi vital pour l'armée que l'aorte l'est pour le cœur. Cette artère bat continuellement; nuit et jour y ronflent des milliers de véhicules dans un rythme incessant, lequel, s'il venait à s'arrêter, causerait la mort du front.

Dans un sens roulent les longues colonnes de munitions, de ravitaillement, de canons, de chars, et les voitures de la poste. Dans l'autre, l'artillerie démolie, les voitures en miettes, les épaves des chars, des objets tordus qui s'appelaient des avions, et une file interminable d'ambulances remplies de carcasses humaines. En somme, tout ce qu'implique le mot guerre. Cette rocade était un supplice pour les soldats. En hiver, une patinoire; en été, un fleuve de poussière; par temps de pluie, un marécage où machines, bêtes et gens restaient collés à la boue.

Nous nous y traînions, toussant, jurant et crachant, au cœur d'un repli de terrain, espérant comme tout le monde trouver un moyen de transport. Au cours d'une halte, Petit-Frère était à son habitude parti en maraude dans la campagne et ne réapparut que trois heures après. Il portait un gros sac plein à craquer de choses à manger.

— Tu es fou ! dit le Prussien de l'Est. Pillage, mon gars. Si on te pince, c'est la corde.

— Froussard, rigola Petit-Frère. Tu vois pas qu'on rectifie le front, autrement dit qu'on retraite. Les ordres sont que tout doit sauter, et vous vous rappelez pas Kuban ? Quand ils ont envoyé deux cents tonnes de ravitaillement dans les nuages ? — Il tapa sur le sac et sourit d'un air malin : — Des vitamines pour la victoire ! — Et avec un grand éclat de rire il enfourna deux bananes d'un seul coup dans sa bouche.

— Chaque fois que je revois cette route, dit Bauer en envoyant son mégot dans le flot, le cul m'en démange !

Petit-Frère, qui commençait à s'ennuyer et que l'envie de se battre démangeait aussi, se mit à engueuler Bauer, et l'on ne sait ce qui serait advenu si un grand camion d'essence ne s'était arrêté à ce moment-là. Un feldwebel se pencha : — Où allez-vous, flemmards ?

— 27ᵉ Régiment de blindés.

— N'y arriverez jamais de ce train-là ! aboyat-il méchamment.

Toutes les têtes se levèrent. Uniforme fait sur mesure, élégante casquette à pont, baudrier non réglementaire avec revolver d'officier. Bien qu'appartenant aux troupes du ravitaillement, il s'était permis les ficelles jaunes de la cavalerie au lieu des ficelles bleues, si méprisées, des troupes du front que le ravitaillement devait porter aussi. Comme j'étais le seul à me mettre sur mes pieds alors que les autres restaient vautrés dans l'herbe avec une indifférence complète, le feldwebel sauta du camion en gueulant comme un âne.

— Debout, salauds! Et en marche! Le nez à l'est où la mort des héros vous attend!

Ils se levèrent avec une lenteur exaspérante. Petit-Frère jeta le sac sur son épaule comme un colporteur et se mit en route sans un regard au feldwebel.

— Et vous, l'Obergefreiter, qu'est-ce que c'est que ce sac?

— Un sac en jute.

Le sous-off étouffa de rage : — Vous foutez de moi! Qu'est-ce qu'il y a dedans?

— Courrier et boustifaille pour notre commandant le lieutenant-colonel Hinka, répondit sans sourciller Petit-Frère.

— Montrez voir.

— Je ne peux pas, dit Petit-Frère en serrant l'ouverture du sac.

— Tu dis?

— Gekados! (documents secrets) murmura le géant en clignant de l'œil.

— Bien ça! chuchota le légionnaire admiratif.

— Qu'est-ce que c'est que cette foutaise? hurla le feldwebel. — Petit-Frère pencha la tête de côté : — Le lieutenant m'a dit : Soldat, que personne ne mette son nez dans ce sac. C'est du Gekados. C'est comme ça qu'il a dit, Herr Feldwebel, la vérité pure! — Il fit un geste énergique de la main.

Le feldwebel décontenancé nous regarda et s'aperçut que nous nous serrions peu à peu autour de Petit-Frère. Il sauta dans le camion en criant :

— Filez, et que ça saute! Je vais attirer l'œil de la feldgendarmerie sur vous.

Le camion disparut dans un nuage de poussière, tandis que Petit-Frère distribuait fraternellement du chocolat à la ronde.

Nous reprîmes la rocade sans nous presser, tels

des romanichels qui ont toute la vie devant eux, et au bout d'une dizaine de kilomètres nous convînmes d'un nouveau somme.

La nuit était complètement tombée lorsqu'un bruit de moteur nous réveilla en sursaut. La route regorgeait de véhicules : camions, voitures, artilleries, batteries de lance-grenades, transports de troupes, blindés — tout ce que peuvent traîner toutes les armées du monde.

— Ma parole! cria Bauer. On dirait que toute l'armée défile!

— Oui, et vers l'ouest! renchérit Stein.

— La guerre est finie, camarade? cria Petit-Frère à un vieux territorial qui conduisait un camion de munitions.

— On rectifie les lignes! ricana l'autre.

Un major arrivait en tête d'une longue colonne. Il sauta au milieu de la route et brandit un revolver.

— Place pour mon régiment! criait-il, ou je vous casse la tête!

Mais personne ne faisait attention à lui et le long serpent des véhicules avançait toujours à la vitesse d'un escargot. Une grande limousine Horsch, avec fanion carré en métal, se frayait lentement un chemin. On entrevoyait à l'intérieur des officiers d'état-major. Un lieutenant-colonel de gendarmerie apparut entouré d'une section de gendarmes.

— Place pour le général commandant d'armée!

Mais le long serpent piétinait toujours et le général aussi. Alors les gendarmes donnèrent l'ordre de verser de l'autre côté du talus les voitures qui bouchaient le passage. On commença à balancer plusieurs véhicules de tout genre.

— C'est complet! dit quelqu'un. A cause de ce type on démolit toutes ces voitures, si c'est pas honteux!

Le petit légionnaire se mit à rire : — Encore quelques années de guerre, et tu finiras par comprendre, mon petit vieux!

Un colonel commandant un régiment d'artillerie

montée protesta violemment en voyant les gendarmes commencer à bousculer ses véhicules, et au moment où le lieutenant-colonel de gendarmerie mettait la main à la bride de son cheval, il le frappa plusieurs fois de sa cravache au travers de la figure en criant : — A bas les pattes !

Enlevant son cheval qui hennit, l'officier partit au galop dans la direction du général, sauta à terre, se mit au garde-à-vous et voulut parler, mais il n'en eut pas le temps.

— A quoi pensez-vous, colonel? glapit le général. Ai-je donné des ordres oui ou non? Et croyez-vous que je vais rester à moisir dans cet égout?

— Mon général, répondit le colonel d'un ton glacé, mes batteries ne peuvent quitter la route. Mes chevaux sont fourbus et seront incapables de remonter sur le talus une seule de mes voitures.

— Ça ne me regarde pas. Il faut que j'avance et tout de suite.

— Je refuse d'exécuter vos ordres. Mes voitures resteront sur la route.

Le général le considéra de ses yeux froids.

— Si vous refusez d'obéir, alors...

Le colonel se redressa. Il dépassait le général d'une tête; à son cou pendait une décoration.

— Alors, mon général?

Les yeux du général se rétrécirent.

— Je ferai usage de mon pouvoir et vous ferai traduire devant un tribunal d'exception pour sabotage des ordres. Des officiers comme vous, nous n'en avons pas besoin dans l'armée allemande.

Le colonel devint blême.

— C'est votre dernier mot, mon général?

Le général ne répondit pas mais se tourna vers l'officier de gendarmerie qui se tenait derrière lui.

— Oberstleutnant Scholl...

Le colonel porta la main à son baudrier, tira son revolver et l'arma. Le général fit un pas en arrière et devint pâle comme un mort, tandis que l'officier de gendarmerie s'immobilisait, saisi. Toute la vie de la rocade sembla s'arrêter d'un seul coup.

Un mince sourire se dessina sur les lèvres du colonel.

— Ne craignez rien, mon général, vous êtes trop répugnant pour qu'on puisse même tirer sur vous, mais je refuse désormais de servir dans l'armée de l'Allemagne actuelle.

— Arrêtez-le ! aboya le général.

Avant que les gendarmes aient pu faire le moindre geste, le colonel mit le revolver dans sa bouche et tira. Il resta encore une seconde debout, au garde-à-vous, puis se balança d'avant en arrière et s'effondra comme un canif que l'on plie aux pieds du général.

Celui-ci pivota sur ses talons et s'assit dans sa voiture, où un adjudant lui recouvrit les jambes d'une couverture. On l'entendit dire à son chef d'état-major : — On rencontre beaucoup d'imbéciles en ce moment.

Les gendarmes firent verser les équipages de l'autre côté du talus, les chevaux hennissaient désespérément en roulant sur la pente; on jeta le corps du colonel dans un camion et, peu après, la Horsch disparut le long de la route.

— Ben vrai ! s'écria le Prussien de l'Est. Ce colonel savait prendre congé !

Un hurlement de Petit-Frère l'interrompit.

— Un camion de notre division !

En effet, un gros camion bâché s'avançait, marqué de notre signe distinctif, deux croix blanches sur fond bleu, peint sur l'arrière et le pare-brise.

— Hé copain ! cria Bauer. Où vas-tu ? On peut monter ?

Le chauffeur, un obergefreiter, grogna sans nous regarder : — Je vais à Cologne, idiot !

— Où ? dit le légionnaire stupéfait.

— Tu as de la merde dans les oreilles? J'ai dit Cologne. — Il épela le nom que tous s'arrêtèrent pour écouter et qui déclencha un tonnerre de rires.

— Tu as entendu, le cinglé qui veut aller à Cologne?

— Oublie pas de changer de train à Breslau !

Les rires déferlaient. Un artilleur sauta sur le marchepied : — Tiens ! voilà un laissez-passer pour le prochain raccourci. — Et il jeta à l'homme une de ces feuilles que chaque soldat du front de l'Est avait dans sa poche malgré les punitions sévères. C'étaient des placards rédigés en forme de laissez-passer que les avions russes jetaient par tonneaux.

— Veux-tu nous emmener à Berlin ? clama le légionnaire. La prochaine station de métro, ça ira.

— Montez si ça vous fait plaisir, dit le soldat sans se troubler.

Il n'eut pas besoin de nous le dire deux fois. A travers la vitre cassée le Prussien de l'Est demanda au chauffeur :

— C'est sérieux, tu vas à Cologne ?

— Bien sûr, mission importante.

Il exhiba son ordre de marche et nous lûmes à notre stupeur qu'il allait en mission spéciale à Cologne en passant par Lemberg, Varsovie, Breslau, Berlin et Dortmund.

— Ça ! cria Bauer. De ma vie, j'ai rien vu de plus dingo ! Faire faire mille kilomètres à un vieux camion, même pour quelque chose d'important !

— Et quoi d'important ? demandèrent plusieurs voix.

— Des capotes anglaises pour les troupes du front, camarades !

D'autres soldats se hissaient dans le camion.

— La guerre sera bientôt finie, dit un sous-officier sale, en crachant sa chique sur la route.

— En attendant on continue ! ricana un petit fantassin tout blême.

— Savez-vous pourquoi Adolf ne se montre plus jamais au front ? Il a peur qu'on crie : Führer, nous te suivons ! et qu'on aille derrière lui jusqu'à Berlin !

Un soldat de dix-huit ans dont l'uniforme flambant neuf s'ornait des initiales H. J. (Jeunesses hitlériennes) se leva pâle comme un mort.

— Je vous défends de parler ainsi ! C'est du défaitisme. Je prends vos noms car c'est mon devoir de dénoncer ces propos séditieux.

Stein saisit le garçon par les épaules et le jeta au fond du véhicule.

— Ta gueule, demi-portion ! Les traîtres comme toi, on leur fait leur affaire !

Le gamin appelait à l'aide et, pour étouffer ses cris, nous entonnions déjà une chanson, lorsque tout à coup Petit-Frère poussa un hurlement :

— Les avions !

Il bondit par-dessus les ridelles du camion et alla s'aplatir dans le champ voisin. Le légionnaire culbuta à sa suite, suivi du Prussien de l'Est.

Le long de la route c'était une débandade affolée. Un tonnerre ! Trois chasseurs russes nous prenaient d'enfilade avec leurs canons-mitrailleuses. Nous nous collions au sol, la tête rentrée dans les épaules et sentant le vent froid des appareils en rase-mottes. Sur leurs ailes l'étoile rouge luisait, sinistre.

— Par les diables de l'enfer ! jura un obergefreiter, j'ai dans mon camion dix mille litres d'essence. Si ça pète, adieu Marie ! Ce sera un beau feu de Bengale.

Les trois avions virèrent de bord et survolèrent de nouveau la route. On vit des corps humains projetés en l'air. Quelques fantassins très jeunes se mirent à tirailler en poussant des hurlements.

— Ça va devenir coton, murmura le Prussien de l'Est en s'aplatissant comme un tapis.

Sur la route, une masse de véhicules flambait déjà. On criait : « Des infirmiers, des infirmiers ! », mais qui pouvait s'en soucier ? Le Prussien de l'Est tira vivement le légionnaire dans le trou où nous nous étions tapis au moment où six avions piquaient à la queue leu leu.

« Cette fois on y est ! » L'idée fulgura dans mon cerveau pendant que je roulais au fond d'un cratère. Là-haut, des flammes bleues sortirent des canons des chasseurs, la terre jaillit comme un geyser colossal, on entendit des clameurs terrifiées. Un capitaine, les yeux fous, menaçait des deux poings les avions qui viraient et revenaient sur nous. Le capitaine s'effondra dans un flot de sang et sa tête, les yeux grands ouverts, roula comme un melon sur la chaussée. Sa casquette sauta un peu plus loin. Un fantassin de dix-huit ans, hurlant, courait sur des moignons, les deux pieds coupés au-dessus des chevilles. Il laissait derrière lui une longue trace pourpre. Une panique folle s'empara des soldats. Ils se levèrent tous et firent la pire chose qu'on pouvait faire, c'est-à-dire fuir le long de la route.

Les aviateurs se livrèrent alors à un véritable massacre et les salves crépitèrent sur les corps frémissants. Un lieutenant, en uniforme noir de troupes de blindés, bondit dans notre trou et sa botte heurta Petit-Frère qui jura. Le lieutenant se mit à rire en se nommant : « Ohlsen » souffla-t-il. C'était le vrai type d'officier du front, mitraillette sur l'épaule et la poitrine barrée de décorations.

Le légionnaire leva la tête, le dévisagea et se nomma à son tour.

Autour de nous, ça fouettait, ça brûlait, il pleuvait du feu. Les avions attaquaient de nouveau. Une explosion assourdissante nous arracha à la terre protectrice. Un typhon torride souffla sur nos visages tandis qu'un torrent de feu coulait sur la rocade.

— Mes dix mille litres ! gémit l'obergefreiter.

Un chapelet de bombes tomba; des débris de toutes sortes sautèrent vers le ciel. C'était la fin. Les avions disparurent vers l'est, leur fuselage argenté brillant dans le soleil.

Nous nous redressâmes lentement pour voir la route jonchée de morts. Un officier aviateur prit le commandement et l'on se mit à déblayer les cadavres et les véhicules carbonisés. L'obergefreiter qui devait aller à Cologne regardait effondré son camion en flammes.

— Oh! là! là! Mes papiers! Mes papiers! Et tout le reste brûlé!

Les soldats qui ne faisaient pas partie d'une unité donnée furent rassemblés en une compagnie hétéroclite, véritable échantillonnage de toutes les armes et de tous les pays de l'axe : Roumains, Hongrois, Bulgares, un caporal finlandais, des Yougoslaves et même un bersaglier italien, plumes de coq en tête.

Petit-Frère, que cette mosaïque énervait, frappa un soldat de la police polonaise : — Sors d'ici, traître!

Gros remous dans la compagnie dont vingt-cinq pour cent étaient des volontaires. Le lieutenant Ohlsen essaya de calmer les braillards que le mot « traître » rendait furieux. Un cosaque de Tiflis sortit même son couteau et débita des injures en petit nègre allemand. Petit-Frère éclata de rire et appela le légionnaire qui marchait devant la compagnie avec le lieutenant Ohlsen.

— Fous-nous la paix! cria le légionnaire.

Le lieutenant se mit à rire et menaça le géant dont la tête émergeait du troupeau disparate. Il y eut des horions et un murmure de colère finit par monter de la compagnie, tandis qu'une pierre venait frapper l'épaule de Petit-Frère. C'était un Tchèque portant l'uniforme de la police du front qui l'avait jetée. Le géant retroussa ses lèvres et se glissa vers l'homme qui battait en retraite, quand une main de fer l'empoigna par la gorge et le jeta, terrifié, sur le bas-côté de la route. Puis notre camarade nous rejoignit et se mit à chanter.

Trois jours plus tard, nous étions à Proskurow où l'étrange compagnie fut dissoute, chacun ayant à se débrouiller au mieux. Ce fut dans cette ville que nous vîmes pour la première fois les terribles prémices d'un état de choses encore plus affreux.

Deux fantassins, des vieux, étaient pendus, chacun à son poteau télégraphique, avec sur la poitrine une pancarte où flamboyait en lettres rouges : « Trop lâche pour défendre la patrie! »

Nous nous arrêtâmes pour regarder les corps qui se balançaient dans le vent au milieu de la place.

— Pour eux la guerre est finie, philosopha le Prussien de l'Est.

— Je connais, dit le légionnaire en se grattant le nez. C'est bon signe. On voyait ça aussi dans les montagnes du Rif avant la reddition des insoumis.

Nous poursuivîmes la traversée de la ville à la recherche d'un endroit où passer la nuit. Un bâtiment se présenta qui ressemblait à une grange, exhalant une forte odeur de pommes de terre pourries et de foin moisi.

— Tant pis, dit le Prussien de l'Est, il faut bien rester là.

— Bien, dit Petit-Frère, tu seras le premier qui filera.

Telle une locomotive il fonça dans l'obscurité d'où sortirent des jurons et des blasphèmes. Deux corps volèrent dans les airs et en quelques minutes nous étions logés tous les sept.

Le lieutenant Ohlsen riait lorsque, dans la nuit, une voix s'éleva.

— Petit-Frère, est-ce toi?

Le légionnaire alluma une lanterne et, stupéfait, reconnut l'Ewald de Tante Dora.

— Sainte Mère de Dieu! tu es là aussi, clama Petit-Frère. Attends seulement jusqu'à demain et tu auras la fessée que tu mérites!

Soudain, il poussa un hurlement de joie et bondit par-dessus les corps endormis. Un cri de femme lui fit écho.

— J'ai ferré une fille! — Des voix féminines protestèrent, furieuses. — Venez les gars! c'est tout un bordel de campagne!

Une autre lanterne s'alluma et fit briller les insignes d'un capitaine. Ce que Petit-Frère avait pris pour un bordel était une section de la Croix-Rouge et de téléphonistes de l'aviation. Le géant se lamentait; il nous fallut l'asseoir de force et le lieutenant Ohlsen s'employa à calmer le capitaine qui parlait de conseil de guerre pour tentative de viol.

Le silence se fit. Minuit venait de sonner lorsque tout le monde fut réveillé par un bruit de bottes cloutées. Des lumières clignotaient, des voix brutales réclamaient les livrets militaires et les ordres de mission. C'étaient les hyènes de la police. Solidement armés et massifs comme des rocs, ils cernaient la grange; leurs plaques en demi-lune luisaient dangereusement dans la pénombre, plus terrifiantes mille fois que les mitrailleuses ennemies.

La peur... une peur atroce, nous entra dans la peau. On pouvait parfois s'entendre avec Ivan mais, avec ces brutes jamais. Elles étaient l'incarnation même de la bestialité. Déjà ils en tenaient un : un sous-officier d'artillerie qui se débattait et criait : — Laissez-moi, laissez-moi ! Lâchez-moi. Vous n'allez tout de même pas me tuer ! J'ai des enfants, trois enfants, ma femme est morte dans un bombardement. Il faut que je revienne pour mes enfants !

— Ta gueule, cochon ! glapit le feldwebel dont l'insigne lançait des éclairs meurtriers.

Le sous-officier devint comme fou : — Lâchez-moi, salauds ! Tueurs de camarades ! — il se débattait — je ne veux pas mourir, je ne veux pas mourir !

Ils le passèrent à tabac. Un oberfeldwebel lui donna un coup de pied dans l'entrejambes, ce qui le fit s'effondrer dans un hurlement. Ceux qui le tenaient le lâchèrent. Tout à coup, il se précipita sur le policier le plus proche qui tomba comme une masse sous cette poussée inattendue. La peur de la mort donnait au malheureux une force inouïe. Il mordit l'homme au visage en poussant des hurlements de fauve, mais d'autres vinrent à la rescousse, frappant à coups de crosse la face en bouillie qui n'était plus qu'une masse sanglante de larmes et de gémissements.

Le sous-officier fut jeté dans un camion, et, parfaitement insensibles, les brutes continuèrent le

contrôle. Un oberfeldwebel inspecta nos papiers.
— Un régiment des troupes blindées de l'armée en mission spéciale ! murmura-t-il.
Il regarda le légionnaire et jeta à Petit-Frère un coup d'œil écrasant. Ses yeux allèrent ensuite de moi à Stein, puis au Prussien de l'Est.
— On fait un petit détour, hein, paresseux ! Ça m'a tout l'air de s'appeler une désertion, pas vrai ?
Ces mots nous donnèrent froid dans le dos. Le Tribunal d'exception n'écoutait pas les explications, le travail pressait ; deux minutes de délibération et c'était le peloton ou la corde.
— Dernière unité ? gronda-t-il en nous fixant.
— Hôpital de réserve 19, Hambourg, lança le légionnaire.
— Et maintenant vous voilà ici, détrousseurs de cadavres ? Vous pensiez peut-être attendre la fin de la guerre, hein ? — Il montra la porte et cria à un sous-officier qui tenait sa mitraillette braquée : — Occupe-toi de cette bande de cochons, suspects de désertion. Allez, en route !
On est cuits, pensai-je. Et je regardai Petit-Frère et le légionnaire blancs comme des linges, mais l'air indifférent, qui sortaient du bâtiment, poussés par une des brutes.
On nous fit monter dans un camion dont la bâche était fraîchement camouflée. Derrière nous, les téléphonistes trébuchaient.
— Place aux dames, dit un policier en riant. Il cracha sa chique en plein visage de l'une d'elles dont le visage se détourna instinctivement.
— Tête droite, la fille ! Tu auras l'occasion de la tourner, je te le promets !
Quatre infirmières sortirent en courant et l'une d'elles tomba, sur un croc-en-jambe du sous-officier. Un autre lui donna un coup de pied dans le dos. Elle poussa un cri, et un grondement se fit entendre parmi nous.
— La ferme ! Salauds de déserteurs, glapit le lieutenant de police.
L'Ewald de Dora fut traîné, hurlant, vers le

camion par deux brutes énormes. Le légionnaire chuchota : — Si on s'en tire, je prends du service chez Ivan pour pouvoir démolir ces bêtes fauves.

Une des bêtes fauves jeta un œil dans le camion, mais ne put voir qui avait parlé : — Silence, porcs !

Trois camions, pleins à craquer, se dirigèrent vers l'ancienne prison de la G. P. U. (1) au milieu de la ville, où nous fûmes accueillis à coups de pied et de jurons. De toutes les cellules humides et grises, bondées d'hommes et de femmes, montaient des gémissements, des malédictions et des prières. Un petit tirailleur maudissait en hurlant Hitler, Himmler, la guerre, Staline. Une des téléphonistes se mit nue et s'offrit à un policier, « si tu me laisses ensuite filer », chuchota-t-elle... Une paysanne russe, qui était sûre d'être fusillée parce qu'elle avait caché des déserteurs, criait fanatiquement sa haine de Hitler.

De l'autre côté du corridor, un capitaine agenouillé priait silencieusement. En combien de lieux Dieu fut-il invoqué durant cette guerre ? Partout, sans aucun doute, et avec la même ferveur, les prisonniers lui demandaient miséricorde. Je vis un général de division prier Dieu de l'aider contre les blindés russes lors de la débandade de ses troupes; Hitler le nommait dans ses discours exaltant la grande Allemagne, pendant que les S. S. pendaient les prêtres dans les camps d'extermination. On criait le nom de Dieu dans les baraques sinistres, grouillantes de vermine, avant que la corde n'étrangle les cris. Des S. S. avec des objets volés plein leurs poches, condamnés à mort par les tribunaux d'exception, imploraient la miséricorde divine. Cela voulait dire qu'ils demandaient l'aide du Seigneur pour réintégrer l'uniforme nazi... Mais Dieu semblait n'entendre ni les condamnés à mort de la prison de la G. P. U., ni les prêtres des camps de concentration, ni le général aux prises avec les T. 34, ni les gémissements des amputés de l'hôpital.

(1) Gestapo soviétique.

L'un après l'autre furent traînés devant le tribunal d'exception tous les prisonniers qu'avaient faits les gendarmes et à tous on posa les mêmes questions. Nom, âge, régiment. Un chuchotement entre les trois juges, un froissement de papiers, exactement soixante secondes... Puis encore une question du petit juge aux lunettes sans montures.

— Avez-vous quelque chose à dire pour votre défense?

Mais à peine l'inculpé avait-il ouvert la bouche...

— Ça va, nous connaissons ça.

Nouveau chuchotement. Une signature apposée sur quelques papiers, un coup de tampon.

— Au nom du Führer et au nom du peuple allemand, condamné à mort, fusillé. Au suivant!

C'est de cette façon que le IIIe Reich croyait pouvoir gagner une guerre.

A l'autre bout du couloir, là où commençait l'escalier, on entendait un rauque murmure : c'était le peloton d'exécution qui était arrivé. A la vitesse de l'éclair on ouvrait les portes des cellules, mais c'était toujours fait sans ordre précis, de manière que les prisonniers ne pussent deviner de qui c'était le tour. Une infirmière de plus de cinquante ans, qu'on dut porter dans la cour, se jeta par terre. On l'attacha au séchoir à linge, les mains élevées au-dessus de sa tête. Trois commandements et douze coups de feu. On amena le suivant, et cela continua ainsi toute la journée, avec de courtes pauses. Toutes les deux heures on changeait le peloton. Le capitaine fut sorti par les pieds. Il s'accrochait à la moindre aspérité et reçut tant de coups de pied sur ses mains qu'elles furent réduites en bouillie. Il criait comme un animal blessé, et il fallut le tuer couché. Ewald hurlait comme un fou. Il échappa aux geôliers, courut en rond dans les étages et enfin sauta du troisième en se brisant les deux jambes. On l'attacha au séchoir pour le fusiller.

— Et c'est encore trop d'honneur, dit le légionnaire.

Le chauffeur du camion qu'on envoyait à Cologne, et dont les papiers étaient restés dans la voiture carbonisée, alla tout étourdi se placer lui-même sous le séchoir. Deux jours plus tard, son régiment le réclama mais il était trop tard.

Notre chance joua encore. Avant que notre tour arrivât, les hyènes de la police, à leur grand regret, furent obligées de nous relâcher. Le lieutenant Ohlsen était accouru avec des papiers du régiment prouvant que nous étions sous ses ordres, et non pas des déserteurs.

Sauvés in extremis, nous partîmes vers Drubny où se trouvaient les positions.

Le feldwebel inconnu envoya au hasard une salve vers les ennemis invisibles dans le bois.

Une pluie de projectiles fit voler, en guise de réponse, la poussière autour de nos trous.

— Idiot! gronda le légionnaire en arrachant la mitraillette des mains fébriles du feldwebel. Ce n'est pas comme ça qu'on tire!

Il rampa hors du trou en se collant au sol et tira en visant chaque buisson en particulier.

Quatre silhouettes se dressèrent et tentèrent de fuir, mais des projectiles bien dirigés les abattirent. Le légionnaire remplaça son chargeur et se remit à tirer.

13

RETOUR AU FRONT

Ce fut le Hauptfeldwebel Barth qui nous accueillit à la 5ᵉ compagnie. On l'avait surnommé « Le Gros ». Sous la grande casquette de cavalerie non réglementaire qu'il arborait, ses petits yeux méchants nous inspectèrent des pieds à la tête et ce qu'il vit le chagrina au plus haut point. De l'air d'un enfant gâté qui rechigne devant sa bouillie, il avança une grosse lippe et se mit à jouer avec son calepin dont le nez se montrait entre le deuxième et le troisième bouton de sa tunique. Hochant la tête comme si ses pires pressentiments venaient de se réaliser, il se redressa devant le Prussien de l'Est et gronda :
— Votre nom ?

Sa voix roula vers les tristes cabanes des paysans et résonna dans le déprimant brouillard gris.

— Obergefreiter Otto Bülow, Herr Hauptfeldwebel, se présente, selon les ordres reçus, au 27ᵉ régiment, 5ᵉ compagnie, après avoir été libéré de l'hôpital de réserve 19, Hambourg.

— A terre ! siffla le Gros. — Il cracha le mot

à la figure de l'homme, lequel à la vitesse de l'éclair se jeta dans la boue et prit la position réglementaire.

Le Gros l'observa avec soin, puis il se planta devant le petit légionnaire, mais avant qu'il ait pu placer un mot, celui-ci claqua des talons et cria à la façon typique du vieux soldat :

— Obergefreiter Alfred Kalb, Herr Hauptfelwebel, se présente à son retour après avoir séjourné à l'hôpital de réserve 19, Hambourg.

Il ne se passa rien. Le légionnaire se tenait raide comme seul un soldat, un soldat qui a servi de longues années, sait le faire.

Barth lui retira son calot et constata brièvement :

— Cheveux d'une longueur non réglementaire. A terre, bâtard d'Afrique ! Et celui-là ? continua-t-il en mettant la main sur mon épaule.

— Porte-drapeau Sven Hassel, Herr Hauptfeldwebel, se présente à son retour après avoir séjourné à l'hôpital de réserve 19, Hambourg.

Il tira sur mon baudrier : — Trop lâche, équipement non réglementaire. A terre !

Il en fut de même pour Stein. Vint le tour de Petit-Frère qui était aussi grand et large que le Hauptfeldwebel Barth, mais autrement musclé. Sa large poitrine bombait au-dessus du ventre plat; son visage, au front bas, s'éclairait de petits yeux vifs brillants comme ceux d'un renard : son nez aplati, abîmé par les pugilats, sa grosse bouche bête et tordue lui donnaient l'air d'un primate. Le Gros le regarda avec stupéfaction.

— Qu'est-ce que c'est que cette gueule? Jamais rien vu d'aussi laid !

— Moi non plus ! répondit Petit-Frère content, et souriant la tête penchée. D'ailleurs on m'appelle Petit-Frère, mais ce n'est pas mon nom. Ma mère voulait que je m'appelle Wolfgang, comme un certain Mozart, au cas où je serais musicien. Et puis je m'appelle aussi Helmuth à cause du generalfeldmarschall von Hindenburg. De mon vieux, ce pochard, j'ai reçu le nom de Creutzfeldt. En plus j'ai des hémorroïdes et je transpire des pieds. Et vous, vous êtes le Hauptfeldwebel Barth. Et maintenant je me jette tout de suite à terre, pour que vous n'ayez pas la peine de me le dire. C'est mauvais pour la gorge de crier.

Et Petit-Frère s'étala à côté de nous.

Dieu seul savait ce qui se passait dans la cervelle du Gros que ce discours avait paralysé un instant. Personne n'avait jamais osé lui répondre de cette façon. Il se mit à crier et à jurer comme tout bon sous-officier que la colère est sur le point de faire éclater. Ça donnait toujours le temps de réfléchir et il hurla longtemps. Petit-Frère le regardait avec intérêt.

— Dans la boue, cochon! cria-t-il. Debout! cours! marche! saute! rampe! tourne cinquante fois! Plus vite, feignant!

La plaine retentissait d'échos sauvages. Petit-Frère riait, courait, sautait, rampait, riant toujours. Le Gros en perdit le souffle.

— Quand je vois votre grade, siffla-t-il en crachant, ça me fait froid dans le dos. A mon avis, tout individu qui a atteint le grade d'obergefreiter a suffisamment vécu! — Il cracha de nouveau en regardant Petit-Frère, raide devant lui et couvert de boue des pieds à la tête.

Leurs yeux se rencontrèrent et on peut supposer qu'ils en disaient long, mais Petit-Frère rompit le silence.

— Obergefreiter Petit... — il se dépêcha de rectifier — Wolfgang Creutzfeldt prie Herr Hauptfeldwebel de lui accorder une permission. — il sourit — trois semaines de permission de mariage. Ma fiancée s'appelle Emma, Herr Hauptfeldwebel.

Le Gros en perdit le souffle. Sa lèvre inférieure tomba comme un vantail sorti de ses gonds.

— Vous demandez quoi?

— Une permission, dit Petit-Frère souriant. Je dois me marier, Herr Hauptfeldwebel.

Toute couleur disparut du visage du Gros. Il se

mit à vaciller; ses yeux s'agrandirent et devinrent fixes. Ce devait être la fin... la terre allait s'ouvrir... ce ne pouvait être vrai qu'un individu qui en bavait depuis trente minutes osât lui demander une permission avec ce sourire bête ! Un type qui depuis quatre mois se prélassait à l'hôpital... Un type qui venait d'échapper d'un cheveu au tribunal d'exception ! Le Gros rêvait. C'était un cauchemar... Mais non ! c'était bien vrai... L'ours se tenait là en souriant, un sourire infâme, imbécile, à vous rendre fou ! Et devant lui... le Hauptfeldwebel Herbert Barth que l'on appelait « Herbert le sabre » à l'école des sous-officiers de Berlin, le plus rude sous-officier de toutes les troupes blindées... !

Il se mit à trembler de tout son corps, à blêmir, à rougir. Sa bouche s'ouvrit pour un bruit animal sans doute hérité des Cimbres mettant à sac la province de Noricum... Mais il s'arrêta aussi vite. Le Gros venait de remarquer que Petit-Frère souriait toujours, et, comme tous les vieux hauptfeldwebels, il savait qu'on peut embêter un vieil obergefreiter aussi longtemps qu'il ne se met pas à sourire. A cet instant, il devient dangereux... C'est le début de la folie. Une de ces folies que, seule, une salve bien dirigée peut arrêter, mais auparavant, lui, le Gros, aurait été réduit en bouillie et répandu à travers la plaine.

Il fixa Petit-Frère et dit d'une voix éteinte :

— File ! Filez tous ! Et que je retrouve vos noms sur la liste des morts. Toi, ne reparais plus jamais devant mes yeux. — Il tourna les talons et disparut au pas de course.

Nous rejoignîmes les positions avec les gens du ravitaillement et apprîmes que le régiment de blindés, manquant de chars comme d'habitude, les 1ᵉʳ et 3ᵉ bataillons étaient devenus bataillons d'infanterie. Porta faillit mourir de rire en voyant arriver Petit-Frère.

— Te voilà rentré au pays, grosse vache ! Ce que ça fait plaisir de te voir ! Ton cul a-t-il fondu après l'opération ? C'est vrai que tu n'en as qu'une moitié ?

— Quand j'aurai mis la main sur toi, tu n'en auras plus du tout !

Porta évita de justesse une douille vide de grenade, pendant que Alte, qui se dandinait comme toujours, nous recevait à sa manière, brève mais chaleureuse.

— Müller n'est plus. Ivan l'a chipé au cours d'une attaque et nous l'avons trouvé trois jours plus tard... vous devinez comment.

Le Prussien de l'Est leva un sourcil : — Tendu entre deux bouleaux ?

— Oui. Hugo Stege est en permission, à Berlin, alors qu'il devait aller à Dortmund. Histoire de fille, a-t-il écrit dans sa dernière lettre.

— Sur quelle putain a-t-il pu tomber ? grogna Petit-Frère.

Personne ne répondit. Nous filions, pliés en deux, le long du boyau qui menait en première ligne, lorsqu'un projectile arriva en sifflant. Un sous-officier poussa un cri et s'effondra. En plein entre les deux yeux, sous le casque.

— Tireur sibérien, dit Porta.

On hissa le corps au-dessus du parapet et il roula de l'autre côté dans un nuage de poussière.

— Amen, dit Porta en continuant son chemin.

Vers le soir, comme nous étions dans l'abri à jouer aux cartes, le lieutenant Ohlsen entra brusquement. Il avait pris la compagnie après la mort du lieutenant Harter, tombé il y avait peu de temps. Ohlsen s'assit sur un container de masques à gaz et nous regarda alternativement. Porta lui tendit une gourde de cognac. Il mit le pouce dans le goulot, le fit tourner et but comme nous le faisions, puis il se racla la gorge et s'essuya du revers de la main.

— Beier, dit-il en se tournant vers Alte, vous et le groupe 1 devez faire une patrouille cette nuit. Mais vous pouvez désigner quelqu'un d'autre pour prendre le commandement du groupe. Le régiment a donné l'ordre de faire des prisonniers.

— Sainte Mère de Kazan! cria Petit-Frère avec rage, dès qu'on est un peu tranquille, le cul se met à leur démanger à ces messieurs de la haute!

Le lieutenant éclata de rire.

— Qui a dit que vous seriez de la partie, Petit-Frère?

— Mon lieutenant, il faut bien! Je fais la bonne d'enfants pour ces héros imbéciles. Voyez Julius Heide!

Alte commençait déjà à se harnacher, quand le petit légionnaire se leva.

— Alte, reste ici. Je conduirai le groupe. Tu as des enfants et on aura besoin de gens comme toi après la guerre. — Il nous montra de la main :

— Nous autres, on est des merdouilles qui ne représentons rien.

— Non, nomade, dit Alte. Je pars; ce n'est pas le groupe 1 que le lieutenant va désigner, mais le 2 et ce sera moi qui le conduirai. Le porte-drapeau Paust commandera la section pendant ce temps-là.

— Ciel! gémit le Prussien de l'Est en attrapant ses vêtements de cuir, quelle réunion de héros, ici, il n'y aura jamais de retraités!

A 23 heures nous nous trouvions dans le boyau. Le commandant du régiment, lieutenant-colonel Hinka, était là en personne. Petit-Frère grondait.

— Le docteur Mahler a dit qu'il ne fallait pas me fatiguer, mais naturellement on s'en fout! Sainte Vierge de Kazan, quel fumier que cette guerre!

— La ferme, Petit-Frère, dit Hinka débonnaire. Tu risqueras la corde un de ces jours.

On mit les montres à l'heure. — 23 h 9 précises, dit Hinka.

Dans le secteur de droite grondait un bruit d'artillerie, un feu un peu inquiétant.

— C'est du côté du régiment de couverture 104,

dit le légionnaire en suivant des yeux la queue de comète d'une grenade.

Derrière lui, le Gros arrivé avec le ravitaillement aperçut Petit-Frère assis sur le talus et se bourrant de biscuits. Il devint cramoisi.

— Te voilà, espèce d'apache ! Ah ! ah ! Si j'apprends qu'il y a un seul biscuit volé, je ne donne pas cher de ta peau ! Et ce sera le plus beau jour de ma vie.

— Oui, mon adjudant, dit Petit-Frère les talons joints, mais sans se lever.

— Où as-tu pris ces biscuits? insista l'autre.

De nouveau Petit-Frère claqua ses talons sans bouger.

— D'une putain à Dubrasna, mon adjudant. Elle me les a envoyés par cosaque spécial.

Le sous-officier gronda, mais il se sentit subitement mal à l'aise sous le regard du lieutenant-colonel Hinka. Si l'idée venait à ce singe d'officier de lui donner le commandement de la patrouille... Le Gros en frémissait déjà. Hitler, au moins, c'était un sous-officier, ni plus ni moins, et il se chargeait d'envoyer au poteau tous ces faisans dorés... Le Gros se mit à rire tout haut à l'idée des généraux au garde-à-vous devant un sous-officier. Le lieutenant-colonel Hinka le regarda avec étonnement et lui demanda ce qu'il trouvait si drôle. Le Gros vacilla.

— Je pensais à quelque chose, mon colonel.

— Vraiment? dit Hinka. Peut-être à une troupe de choc que vous aimeriez commander?

— Il en ch... d'avance dans ses culottes, rigola Petit-Frère.

Hinka regarda sévèrement le géant.

— Vous, taisez-vous avec vos expressions ordurières. L'adjudant est votre supérieur, ne l'oubliez pas.

Petit-Frère sauta sur ses pieds et claqua des talons.

— Oui, mon colonel, je ne l'oublie jamais, mais j'aimerais pouvoir le faire.

Hinka avait du mal à garder son sérieux, mais il parvint à murmurer :
— Faites donc attention !
— Prêt Beier? chuchota Ohlsen avec une petite tape sur l'épaule d'Alte.

Petit-Frère s'avança en tenant son MG devant lui comme une pelle, ce qui fit hocher la tête au colonel Hinka, mais il renonça à discuter règlement avec une pareille tête de bois.

— Tiens tes outils de façon qu'ils ne s'entrechoquent pas, dit Alte. Et surveillez-vous les uns les autres pour que personne ne disparaisse...

Nous nous laissâmes rouler de l'autre côté du talus vers le no man's land et les positions russes. Nous nous faufilions sans bruit, le long de l'étroit sentier entre les champs de mine, glissant comme des panthères au travers des barbelés, dans l'obscurité qui s'étendait devant nous comme un mur de velours. Le légionnaire et moi-même rampions juste derrière Alte; ensuite venaient Petit-Frère et Porta; Heide avait le petit sac contenant les grenades à main liées ensemble pour faire sauter les abris. Il soufflait bruyamment comme toujours lorsqu'il avait peur.

Un silence de mauvais augure nous entourait; la terre respirait, l'humidité montait des marais, ça sentait le bois brûlé. Nous avions l'impression d'être seuls au monde... la mort guettait de partout.

Alte redressa sans bruit son lourd barda et vérifia sa mitraillette. Petit-Frère voulut allumer une cigarette.

— Imbécile! chuchota le légionnaire. Tu as envie de nous faire tuer!

— Taisez-vous donc! souffla Alte nerveusement.

Bauer appuya sa tête contre le sac de grenades :
— Ça n'ira pas bien, dit-il pessimiste.

Couchés les uns contre les autres, nous regardions au-delà d'un monticule les positions russes désagréablement proches. En avançant la main nous pouvions toucher le champ de mines ennemi.

Petit-Frère mit sa mitrailleuse sur son trépied et regarda Alte.

— Et comment va-t-on traverser ça ?

Le légionnaire se mordit les lèvres : — Nous sauterons avant de dire ouf ! — Un bruit nous parvint... un léger cliquetis. Chacun de nos muscles se durcit. Porta souffla : — Voyez à gauche.

Nouveau cliquetis.

— Job twojemadj.

— Ivan en personne, dit paisiblement Petit-Frère.

Alte lui allongea un coup de pied furieux. Nous retenions nos respirations... Porta, dont les yeux luisaient dans le noir, tira son couteau de tranchées. On entendit un rire dans le noir, puis quatre silhouettes apparurent à quelques mètres de nous. Il n'y avait qu'à tendre la main pour faire des prisonniers... rien ne paraissait plus simple.

— Allons-y ! chuchota Alte.

Silencieux comme des chats nous rampâmes vers les quatre silhouettes qui ne se doutaient visiblement de rien car elles continuaient leur conversation. Tout à coup, il y eut un fracas et un cri bref : Heide venait de tomber dans un trou.

En un clin d'œil tout changea. Les quatre Russes bondirent vers leurs positions en criant : — Germanski ! Germanski !

Petit-Frère, hurlant, jeta sa courte pelle de fantassin contre le Russe le plus proche, mais déjà, des lignes ennemies, sifflaient les balles traçantes qui éclairaient l'espace d'une lumière aveuglante. Heide, émergeant de son trou, se jeta derrière le MG et balaya l'espace de son feu. Une silhouette sauta sur moi. Je réussis tout juste à apercevoir un visage mongol tout tordu. Une voix presque enfantine siffla : — Pjoss !

Trois balles de mitraillette dans le large visage aux yeux écartés, et il roula par terre puis resta immobile. Du côté russe crépitaient les coups de feu et les lance-grenades. Brandt, notre premier servant, fut atteint d'une balle russe et tomba, le sang giclant d'un grand trou entre le cou et l'épaule. Sa vue nous fit perdre la tête et nous nous battîmes comme des furieux, ayant totalement oublié notre mission et les prisonniers à faire.

— Pomotsch, Pomotsch! (pitié, pitié!) gémissait un blessé qui gisait à quelque distance.

— Vous n'avez aucun prisonnier? dit Alte lorsque, hors d'haleine, nous nous retrouvâmes dans un trou. On ne peut pas rentrer, c'était l'ordre.

Il regarda le Russe qui criait : — Et celui-là? Petit-Frère haussa les épaules : — Il est en bouillie. J'en ai tordu ma pelle à force de taper dessus!

— Quel imbécile! Tu n'en fais jamais d'autres. Toujours cogner! Une déveine qu'on t'ait avec nous.

— C'est comme ça! hurla Petit-Frère sans se soucier des Russes. Toujours de ma faute! — Il frappa la terre de ses deux poings, se redressa de toute sa hauteur et cria au point d'en réveiller les échos : — Bien, bien! Je vais chez Ivan et je ramène le commandant. Peut-être qu'on sera enfin content!

— Petit-Frère! s'écria Alte terrifié. Planque-toi! — Des projectiles frôlèrent la silhouette du géant mais, indifférent, il courait déjà vers l'avant, brandissant sa mitraillette. Il disparut dans la nuit, hurlant toujours.

— Il est fou, fou à lier! gémit Alte. Il faut le rejoindre avant qu'il ne saute dans la tranchée.

Nous nous précipitâmes et le retrouvâmes dans un trou, en train de préparer ses grenades. On pouvait entendre notre engueulade d'une lieue. Du coup, des deux côtés, on cessa de tirer; tous devaient croire à une folie collective. Une heure plus tard nous étions dans nos lignes, sans prisonniers, accueillis par le lieutenant-colonel Hinka fort en colère.

— Cette compagnie est la pire bande d'idiots de tout le régiment! Mais nous en reparlerons. — Il

tourna les talons et disparut sans serrer la main du lieutenant.
 Petit-Frère écoutait, appuyé au muret du boyau. La nuit suivante la compagnie reçut l'ordre d'envoyer deux sections derrière les lignes ennemies pour découvrir ce qui se passait là-bas. Ohlsen fit remarquer que l'action coûterait cher, mais Hinka lui coupa sèchement la parole :
 — Assez, lieutenant. Le devoir du soldat n'est pas de sauver sa peau mais de se battre. La division me donne un ordre, je n'ai qu'à l'exécuter. Vous pensez trop, lieutenant. Il faut obéir si nous n'avons pas envie de faire connaissance avec Torgau (1). Oubliez ce que vous avez dans la tête tant qu'elle est sous le casque d'acier. Ici, au 27ᵉ, nous sommes les derniers des derniers, comprenez-le une bonne fois. Dans six heures j'attends votre rapport.
 Le lieutenant resta là, l'écouteur à la main, l'air désespéré.
 Depuis quelque temps nous entendions des bruits de moteur du côté russe, mais les aviateurs n'avaient rien pu voir. Tout était merveilleusement camouflé comme d'habitude. Chaque trace de blindé effacée par les sapeurs, et il fallait reprendre les vieilles méthodes, la reconnaissance par l'infanterie. Nous autres, vieux soldats, nous le sentions aussi dans nos moelles : il se passait quelque chose d'insolite.
 — Ce silence ne me dit rien de bon, proféra Alte. Ivan a rassemblé beaucoup de matériel là derrière.
 — Mais pourquoi est-ce toujours à nous à y aller? grogna Heide. Dès qu'il y a du grabuge, en avant la 5ᵉ compagnie !
 — Parce que tu es un couillon, ricana Porta, et que tu sers dans un régiment d'un genre spécial qu'on espère bien faire massacrer comme héros de la grande Allemagne. Tu verras, on aura son por-

---

(1) Camp d'extermination.

trait avec des lettres d'or. A condition qu'on ne flanche pas avant, naturellement !

— Je ne flanche pas, moi ! gronda Petit-Frère. Et je suis le plus courageux de vous tous, salopards.

Au même instant surgissait le lieutenant avec le courrier.

— Il y en a une pour toi, Petit-Frère.

Le géant en resta stupide : — Une lettre pour moi !

Il regardait presque terrifié l'enveloppe d'un gris sale où, d'une main enfantine et gauche, on avait écrit : « Panzer Obergefreiter Wolfgang Creutzfeldt Panzer-Ersatzabteilung II, Paderborn. » L'expéditeur ne devait rien savoir de notre camarade depuis fort longtemps car il y avait belle lurette qu'il avait quitté Paderborn. C'était la garnison qui avait rajouté le secteur postal : 23 745.

— Sainte Mère de Dieu ! c'est la première lettre de ma vie, chuchota le géant. Comment ça s'ouvre ?

Gauchement, il déchira l'enveloppe et extirpa une feuille de papier d'emballage couverte d'une écriture serrée. Nous eûmes un choc en le voyant pâlir, tandis qu'il épelait avec difficulté.

Julius Heide leva un sourcil : — Mauvaises nouvelles, camarade ?

Le géant ne répondit pas mais continuait à fixer la lettre d'un regard hypnotique. Heide lui donna une bourrade : — Qu'est-ce qu'il y a ? Raconte ?

Petit-Frère bondit. Il saisit Heide par le cou, le jeta contre le parapet et tira son couteau, mais un croc-en-jambe du légionnaire le précipita par terre, aux pieds de Heide paralysé de terreur.

Petit-Frère se releva et regarda le légionnaire :
— Ça te coûtera la tête, putain arabe !

Le légionnaire alluma un *papirochka* sans manifester la moindre émotion.

— Il ne sera jamais un monsieur ! murmura Heide tout pâle.

— Vos gueules ! — Le géant s'éloigna, ramassa

la lettre et la défroissa sur son genou. Lentement, il se remit à lire. Alte vint s'asseoir près de lui et lui tendit une cigarette; tous deux fumèrent en silence, puis Alte mit la main sur l'épaule de Petit-Frère.

— Puis-je te venir en aide, camarade?

— Oui, gronda l'autre, en me foutant la paix jusqu'à ce qu'Ivan ou un S. S. me colle une balle dans la peau !

Il se leva, repoussa Alte, jeta sa lettre loin de lui et se dirigea vers la porte. D'un coup de pied, il expédia le sac de grenades et se retourna hargneux : — Un seul mot, tas de héros, et je vous fais votre affaire !

Il ramassa sa mitraillette et nous la jeta à la tête, puis il disparut dans le boyau.

Alte, hochant la tête, ramassa la lettre et la déplia.

— Ça doit être une rude lettre pour le mettre dans cet état !

— Crétin ! murmura Heide qui se frottait le cou.

— On pourrait demander qu'il soit muté, proposa un nouveau, le gefreiter Trepka dont le père était colonel d'infanterie.

— Si tu veux t'en charger, dit Heide en se frottant toujours.

— Pourquoi pas? — Trepka alla vers la table : — Ce sale type est un criminel dont la place est contre un mur.

Le légionnaire marmonna un juron français et jeta un coup d'œil vers Alte.

— Tu veux dénoncer Petit-Frère? demanda Heide.

— Pas difficile, dit Trepka. — Il sortit une feuille de papier et se mit à griffonner un rapport.

— Magnifique ! ricana Heide. Si Hinka lit ça, ton compte est bon.

— Ça n'ira pas chez le colonel, répondit Trepka mais chez le N. S. P. O. (commissaire politique).

Il empocha la note qui signifiait l'exécution du Petit-Frère.

Alte nous appela, le légionnaire et moi, et nous montra la fameuse lettre.

C'était la mère de Petit-Frère qui l'avait envoyée.

Mon cher Wolfgang, j'ai des rhumatismes dans les jambes, mais je veux tout de même t'écrire pour te dire que tu n'es plus mon fils, même si je t'ai mis au monde. Que ce jour soit maudit. Ton père, ce bandit, était un vrai pochard, mais tu es bien pire. Tu es un criminel et c'est ta pauvre mère qui en supporte les conséquences. J'ai reçu hier une paire de bas de laine de Mme Schutz, tu sais, celle qui m'a aidée à te faire entrer à l'école des garçons. Elle était comme tout le monde et te voulait du bien, mais tu as été sans reconnaissance et tu t'es sauvé parce qu'on te battait un peu. Tu n'as jamais fait que des malheurs, tu es un vrai vaurien. Il y avait bien de beaux messieurs et de belles dames qui ont voulu t'aider quand je faisais des ménages chez eux, et j'ai été si humiliée quand tu as volé un mark dans la poche du fruitier Molerhans. Les schupos auraient dû te tuer le jour où ils t'ont passé à tabac parce que tu avais bu le lait du gardien Grüner. J'ai tant fait pour toi, moi ta pauvre mère. Tu as reçu une paire de sabots tout neufs le jour où tu es entré à l'institution et je t'ai battu chaque fois qu'il le fallait malgré mes rhumatismes dans l'épaule. Toutes les taches de cette lettre sont les larmes de ta pauvre mère. Au bureau de placement, on dit que tu es un criminel de profession et le directeur Apel qui est un monsieur si bien dit que si tu étais mort, alors je pourrais trouver du travail, mais tu es un ennemi de la société et le malheur de ta mère. Quand tu seras mort pour la patrie ils disent qu'on prendra soin de moi. Ainsi sois bon garçon, Wolfgang, et donne à ta mère cette seule joie, tout le monde dit que c'est facile mais je sais que tu ne le feras pas. Nous n'avons plus du tout de charbon et c'est ta faute qu'ils disent au bureau de distri-

bution. « *Votre abominable fils vit toujours, pauvre Madame Creutzfeldt?* » a dit M. Schneider. Vilain! Ta pauvre mère a froid, Wolfgang; les avions viennent toutes les nuits et c'est terrible; hier j'ai échangé un ticket de beurre contre un ticket de café. Il faut que tu sois bon fils et que je puisse aller au ravitaillement si tu tombes pour le Führer. J'en pleure presque quand je pense que nous aurions été si heureux si tu étais inscrit au Parti comme le Carl de Mme Schutz. Carl est un monsieur élégant avec beaucoup de décorations et Mme Schutz dit qu'il voit Himmler. Il donne beaucoup de joie à sa mère et lui a apporté une bague, un collier en vrai or avec des pierres rouges et des tickets de beurre. Il avait reçu ces bijoux d'un ennemi du peuple, espérant qu'il sauverait ainsi la vie d'un de ces monstres qui nous trahissent, nous autres pauvres Allemands, mais tu penses bien que Carl raconte comment il traite ces horribles gens. Wolfgang, Mme Schutz m'appelle, je monte boire une tasse de café. Sois bon garçon, pochard, et meurs comme un héros pour que ta pauvre mère puisse avoir du charbon. Je ne dis pas tendres souvenirs, bâtard, parce que tu n'as jamais su faire quelque chose pour ta mère.

P. S. — *Quand tu seras tombé pour le Führer, dis à tes camarades de m'envoyer une photo de la tombe pour que je puisse la montrer à M. le directeur Apel.*

— Par Allah, quelle horrible mère! s'écria le légionnaire.

Alte avait le visage crispé : — Rattrape Petit-Frère, avant qu'il n'arrive un malheur.

Nous le trouvâmes effondré dans un abri de mitrailleuses; à notre vue il grogna quelque chose d'incompréhensible.

— J'ai lu ta lettre, dit Alte, ta mère est abominable.

Le pauvre type fumait son *papirochka* et, quand

il répondit, on crut qu'un ours allait attaquer.

— Elle m'a envoyé à la Kripo, une fois, pour avoir fracturé un distributeur automatique. Elle voulait la moitié des sous, mais je n'ai pas compris, alors elle m'a dénoncé. Un jour où la Stapo est venue et a trouvé des tracts qu'un de ses beaux messieurs avait oubliés, elle a dit que c'était moi, et tous ceux qui me connaissent savent que je ne me mêle pas de ces choses. C'est comme ça chaque fois et je vous jure qu'elle sera bientôt en route vers la Gestapo pour me coller quelque chose. Elle s'est mis dans la tête qu'il faut que je crève et elle y arrivera — ses yeux flambaient dangereusement sous ses lourds sourcils — vois-tu Alte, je suis né comme un rat, j'ai été chassé comme un rat et elle veut que je sois tué comme un rat.

Alte lui tapa sur l'épaule : — Calme-toi Petit-Frère, ici on t'aime bien. Même si le colonel Hinka et le commandant von Barring t'engueulent, ils t'aiment bien et te défendront contre les S. S.

Le légionnaire lui donna une bourrade amicale : — Quand cette chienne de guerre sera finie, tu pourras toujours venir avec moi.

— Et Emma? Tu ne crois pas qu'elle était sincère?

— Sûrement, mais sait-on, les femmes!

— J'étais si content d'avoir une lettre! C'était la première de ma vie.

— N'y pense plus, dit Heide se mêlant à la conversation, on écrit des tas de choses qu'on regrette après.

— Tu crois? dit Petit-Frère sceptique, ce serait trop beau.

Et il se passa quelque chose que nous n'aurions jamais cru possible : des larmes jaillirent des yeux du malheureux, ces yeux qui ne souriaient jamais même lorsque le géant était secoué de rires. Le long de ses joues sales les larmes traçaient des sillons.

Heide lui passa un bras autour des épaules : — Par le diable, arrête, camarade, ou je me mets aussi à chialer ! Emmerde ta mère, elle ne vaut pas qu'on pleure et s'il y a quelqu'un qui t'en veut, envoie-le à Julius Heide.

Mais le géant sanglotait. Nous le bourrâmes de schnaps, de cigarettes, de photos de filles; les dons s'entassaient dans le boyau. Le Prussien de l'Est lui tendit son couteau et lui dit avec des larmes dans la voix :

— Tiens, prends mon couteau.

Mais le pauvre restait inconsolable. C'était une vie entière de malheur qui lui remontait au cœur; personne ne lui avait jamais dit bonsoir quand il était petit, personne ne lui avait jamais caressé les cheveux... Le lieutenant Ohlsen, attiré par le bruit, vint demander ce qui se passait et resta stupéfié devant ce spectacle. Sans un mot, Alte lui tendit la lettre qu'il lut en secouant la tête.

— Seigneur ! Quand on pense à l'infamie des gens...

Il tapa sur l'épaule de Petit-Frère : — Relève la tête, mon garçon, tu nous as et nous sommes tes amis. Cette lettre ira chez le commandant.

Les officiers supérieurs de la division banquetaient et le vin leur déliait la langue. Personne ne cachait son opposition au gouvernement.

— Le Parti? dit le colonel du régiment d'artillerie en laissant errer son regard sur le cercle qui l'entourait — un cercle chamarré de décorations — que ferait-il sans nous?

Faire de l'opposition était la douce manie des officiers supérieurs, mais on en faisait « entre soi ». Il était de bon ton de s'exprimer ainsi. Toutefois les propos, toujours réservés, ne témoignaient pas d'une opposition de principe. Ils n'étaient dus qu'à l'égoïsme. Au fond, on n'avait pas de grands griefs contre le Parti, mais on acceptait mal qu'il refusât de reconnaître la suzeraineté de l'Armée. On ne reprochait pas tellement sa guerre, à Hitler, on reprochait seulement à un simple soldat de se poser en stratège.

Ces messieurs, les officiers d'état-major, acceptaient parfaitement de gagner la guerre du Parti, mais ils voulaient la gagner par eux-mêmes.

14

DERRIERE LES LIGNES ENNEMIES

C'ETAIT un peu avant minuit. Nous attendions l'heure H.

— Double ration d'alcool et campo toute la matinée, constata Porta. On sait ce que ça veut dire!

Les ordres avaient été changés vers midi; maintenant, ce n'étaient plus deux sections qui partaient en reconnaissance, c'était toute la 5ᵉ compagnie divisée en douze escouades travaillant indépendamment.

— Pas un n'en réchappera, avait dit le lieutenant Ohlsen en secouant la tête.

Le légionnaire nettoyait fébrilement sa mitrailleuse, un MG 42, la nouvelle arme à tir rapide.

— On se sent tout de même quelqu'un avec cette seringue, dit-il en soufflant une poussière. J'ai beaucoup à dire contre nos promenades en forêt, mais rien contre cet outil; on se sent moins seul quand le terrain fourmille de Russes.

Nous étions tous vêtus de toiles de camouflage, depuis le casque jusqu'aux bottes. De vrais fantômes! Une ligne indéfinie de fantômes tous pareils, armés jusqu'aux dents.

— Trente secondes, murmura le lieutenant Ohlsen qui se tenait entre Petit-Frère et le légionnaire, la montre à la main... En avant ! commanda-t-il.

Les hommes commencèrent à franchir le bord du fossé. Un lieutenant de grenadiers annonça, sinistre : — Je n'en suis pas, mais ça ira mal !

— Fumier ! cria Porta qui se hâtait à la suite du légionnaire et de Heide.

Groupe après groupe, tout le monde disparut dans la nuit; une brève attaque d'artillerie gronda dans le secteur voisin pour distraire les Russes.

— Gare ! prévint Petit-Frère. Y a des mines par ici, je peux les sentir à dix mètres. — Il rampait devant le groupe et nous guidait à travers champs.

— En avant, les héros, suivez Petit-Frère !

Sans rencontrer d'opposition, nous réussîmes à nous glisser à travers les lignes russes et nous atteignîmes un village à six ou sept kilomètres derrière le front. Ce fut Porta qui, le premier, découvrit les chars merveilleusement camouflés.

— Sainte Mère de Kazan ! s'exclama Petit-Frère. Toute une armée de T. 34.

— S'ils se mettent à rouler, on peut serrer les fesses !

— Taisez-vous donc, dit Alte qui regardait nerveusement autour de lui.

— Je vous donne un bon conseil, gronda Petit-Frère. En vitesse vers nos lignes; ici, ça sent la balle dans la nuque à plein nez.

— Tu as raison, dit le légionnaire. Grouillons-nous de filer, on a vu ce qu'on voulait voir.

— Oui, filons, approuva Alte.

— Tas de lâches, ricana Trepka, se sauver comme ça devant ces brutes !

Petit-Frère regarda curieusement le visage mince de Trepka où luisaient des yeux pleins de haine. Il gronda :

— Reste ici et attends-les; personne ne t'empêche.

Petit-Frère et Porta en tête, nous nous précipitâmes tête la première à travers le bois où ils nous guidaient d'un instinct sûr par les étroits sentiers qui sillonnaient les marais, le plus souvent sous l'eau. Nous venions d'arriver dans un terrain découvert lorsque quatre fusées vertes jaillirent, illuminant la scène d'une lumière blafarde. Nos visages prirent une teinte livide. Nous tombâmes le nez contre le sol, mais, comme si on avait pressé sur un bouton, tout se mit à vibrer autour de nous. Des voix rêches donnaient des ordres, des sifflets roulaient, l'air résonnait d'une centaine de moteurs, les chenilles des lourds chars s'entrechoquaient, la terre tremblait sous nos pieds au passage de l'artillerie et des T. 34 qui s'avançaient vers leurs positions d'attaque.

— Enfer ! s'écria Petit-Frère en se redressant à demi, on est tombé au beau milieu de l'offensive !

— Qu'est-ce qu'on va faire? gémit le grenadier Schmidt.

— Reste couché et compte les étoiles, dit le légionnaire, et puis suis-nous quand on filera.

— C'est moi qui décide quand on file, coupa Petit-Frère, et je décide tout de suite, car dans une seconde on a l'infanterie sur le poil et on ramasse la balle dans la nuque. Moi, je ne peux pas rester ici, j'ai promis à Emma de rentrer.

— Comment sais-tu que l'infanterie rapplique? demanda Trepka incrédule.

— Con ! souffla Heide. Il t'en reste à apprendre ! Après les chars, c'est l'infanterie qui vient, et si elle nous trouve ici, tu oublieras qu'il faut être un héros.

— Les voilà ! dit Porta en montrant la corne du bois.

Une longue ligne de silhouettes en colonne par un sortait du taillis; c'était l'infanterie russe. Aussitôt les chars se mirent à rouler en direction des lignes allemandes.

— Au revoir, dit Petit-Frère et il disparut.

Alte le suivit de près, puis le légionnaire et moi-même. Trepka tenta de retenir Heide, mais il fut bon pour un coup de crosse. Les fusées montaient, derrière nous l'infanterie russe hurlait :

— Hourrah Staline !

Ça crépitait de tous les côtés. Vague après vague, des fantassins bruns bondissaient des tranchées ennemies; l'enfer se déchaîna, les grenades labouraient la terre. L'artillerie russe et l'artillerie allemande rivalisaient de tumulte.

Le légionnaire et moi sautâmes dans un trou de grenade encore chaud de l'explosion récente; au fond gisait un corps en charpie. Quelqu'un me tomba sur le dos et je hurlai de peur.

— Tais-toi, bétail ! fit la voix de Petit-Frère.

Il venait de descendre un Russe et était couvert de sang. Soudain, un bruit de chaînes nous glaça le sang dans les veines...

— Un T. 34 ! Ils ont dû nous voir... Restez couchés, quand il sera tout près nous filerons !

L'horrible bruit approchait. Je sentais la peur grimper le long de ma colonne vertébrale mais je savais que courir une seconde trop tôt, c'était la mort. Les lèvres du légionnaire tremblaient comme celles d'un lapin et ses doigts se crispaient par terre, mais Petit-Frère semblait complètement indifférent. Tout à coup il hurla : « Filons ! »

Et nous vîmes le T. 34 pointer au-dessus du bord du cratère... Comment en sortîmes-nous ? Je n'en sais encore rien aujourd'hui. Nos jambes avançaient automatiquement. Le char se dandina au-dessus du trou, écrasant tout ce qu'il contenait, puis il continua son chemin. Nous nous étions précipités dans un autre trou, la bouche ouverte, haletants; nos vêtements de camouflage nous serraient à nous étouffer... Petit-Frère lia ensemble six grenades et murmura : — Je vais les arranger, ces salauds qui veulent m'empêcher de revoir Emma !

Le bruit de chaînes recommençait... Il nous rendit fous !

— Je ne peux plus, je ne peux plus ! hurlai-je avec désespoir.

— Envoie-leur un télégramme pour les prévenir,

railla le légionnaire qui leva un tout petit peu la tête.

Il vit le char ralentir, la tourelle virait, le long canon cherchant une cible... Puis il repartit, les chaînes cliquetèrent... Un fracas sonore, et un obus fila vers un nid de mitrailleuses allemandes qui disparut dans un jet de feu. Le bras de Petit-Frère s'arrondit en arrière, un bouquet de grenades au poing.

— Jette, jette! cria le légionnaire qui regardait hypnotisé la main de notre camarade.

Il attendit un moment qui nous parut un siècle, puis il s'écroula dans le trou. Nous écrasions nos visages dans la boue. Une explosion arracha nos tympans... une mer de flammes...

— On file, les gars! rugit Petit-Frère triomphant.

Du char en feu pendait un corps hurlant que le légionnaire acheva d'une salve. A cet instant, sortait du bois en courant le lieutenant Ohlsen suivi d'une quinzaine de nouvelles recrues. Un T. 34 les vit; une fusée monta et les saisit dans son faisceau lumineux.

— Courez! hurla le lieutenant, mais personne ne l'entendit.

D'un creux où il s'était planqué, il vit les projectiles balayer les quinze recrues. Le feldwebel Schneider galopait vers nos tranchées effondrées. Une grenade de 15 s'écrasa devant lui et l'engloutit dans une flamme... Le sous-officier Grünert et le soldat Hauber furent découverts par un char qui fit demi-tour et tira sur eux. Une balle traversa la poitrine de Hauber. Il tomba en avant avec un hurlement. Le T. 34 lui passa sur le corps, broya ses os, le sang et les chairs giclèrent de part et d'autre des chaînes. Grünert, à la vue des monstres d'acier, resta changé en statue de pierre, les bras tendus comme s'il voulait les arrêter. Le T. 34 se balançait sur ses chenilles en une sinistre danse; de la chenille gauche pendait une des mains de Hauber qui semblait faire un signe; l'avant du char dégouttait de sang. Les yeux de Grünert lui sortirent des orbites; il cria, se mit à courir, tomba, et en un clin d'œil, le cinquante-deux tonnes lui passa sur les jambes. Le malheureux se traîna sur la terre labourée, tirant ses jambes après lui. Un fantassin russe le vit, jura, et lui envoya une salve de mitraillette dans le dos. Il s'effondra et ne bougea plus, mais le fantassin ne lui avait cassé qu'une épaule et il ne mourut que deux heures plus tard.

Le commandant en second, lieutenant Burgstadt, sauta sur une mine qui lui arracha le ventre. Deux Russes le trouvèrent, les mains pressées sur son ventre, essayant de retenir les boyaux qui s'échappaient; le sang coulait entre ses doigts, sa bouche était grande ouverte mais pas un son n'en sortait.

— Tschort Germansky ! dit un des Russes en lui enfonçant sa baïonnette triangulaire dans la poitrine. — Il le fit doucement, tout doucement... Sa sœur avait été pendue à Kharkov par les S. S. et il suivit le conseil d'Ilya Ehrenbourg : « Eteignez votre soif de vengeance dans le sang allemand. »

La troisième section, sous les ordres de l'oberfeldwebel Dorn, galopait comme folle dans le no man's land. Trois T. 34 ouvrirent le feu. Les hommes tentèrent de se planquer dans un trou où ils s'entassèrent les uns sur les autres, mais l'infanterie russe bondit sur eux de la corne du bois. Dorn lança quelques ordres et ils se mirent à tirer sur les Russes avec leurs trois MG 42, mais les chars lancèrent des grenades. Malgré les menaces furieuses de l'oberfeldwebel, les hommes se dressèrent les bras en l'air; les fantassins russes, planqués, se dressèrent aussi, levèrent leurs mitraillettes et firent du tir à la cible sur la 3ᵉ section, jusqu'à ce que le dernier soit tombé.

— Ainsi nous savons ce qui nous attend, dit Alte. Il n'y a qu'une chose à faire, revenir chez nous le plus vite possible.

Joseph Porta était assis sur le bord du talus, une grande boîte de singe à la main. Il pérorait abondamment lorsqu'il fut interrompu par le tonnerre d'une centaine de canons.

La violence de la déflagration fut telle que Porta et sa boîte volèrent à la tête de Petit-Frère qui se tenait accroupi en tailleur au fond du fossé.

En quelques minutes, tout le réseau des tranchées était rendu méconnaissable. Les chasseurs sortaient des nuages, piquaient en masse, les bombes incendiaires pleuvaient.

Il n'y avait plus de terre, plus de ciel, plus de soleil. Le monde n'était qu'explosion, hurlements, vrombissements, plaintes déchirantes et cris. Les morts étaient rejetés en l'air; les vivants baignaient dans une mer de feu. La division n'existait plus.

15

LES PARTISANS

A vingt-sept kilomètres de ce qui avait été les lignes allemandes, se trouvaient les débris de la 5ᵉ compagnie; douze hommes en tout : le lieutenant Ohlsen, le Gros, Porta, Petit-Frère, le légionnaire, Alte, Bauer, le Prussien de l'Est, Stein, Heide, Trepka et moi.

Petit-Frère mâchonnait un morceau de bois humide dans l'espoir d'apaiser une soif inextinguible; quant au lieutenant, il avait vieilli de dix ans dans la nuit. Ses yeux fixes, enfoncés dans les orbites, étaient injectés de sang.

— Douze hommes! gémissait-il. Douze sur deux cent vingt-cinq! Que faire, mon Dieu, que faire? — Son regard allait de l'un à l'autre, désespéré.

— Mon lieutenant, dit le Gros, permettez-moi de faire une proposition. — Le lieutenant fit de la main un geste las. — Je propose que nous nous rendions aux Russes.

Petit-Frère éclata de rire et appela le légionnaire qui se reposait sur une souche : — Le juteux en a marre ! Il offre une récréation chez Ivan !

Le Gros bondit : — Taisez-vous l'obergefreiter !

— Avec la proposition que tu viens de vomir, tu as perdu le droit de donner des ordres, cracha Petit-Frère.

Le Gros faillit éclater : — Mon lieutenant, je demande un tribunal d'exception contre cet homme pour insubordination flagrante ! ·

— Doucement, doucement, dit Julius Heide. Petit-Frère et moi pouvons former un tribunal d'exception tout de suite et te pendre à l'arbre que voilà.

— Mon lieutenant, c'est de la mutinerie !

— Non, Hauptfeldwebel. Votre proposition de vous rendre à l'ennemi vous rend coupable de trois choses qui peuvent mériter la corde.

Petit-Frère rit et chatouilla l'homme derrière les oreilles : — Hein ? tu piges, grosse trombine ?·

— Laisse-le, dit Alte, il a toujours été un salaud, maintenant, en plus, c'est un lâche. On lui réglera son compte au retour... si on rentre.

Il jeta un regard vers la piste où les Russes, en un flot torrentiel, coulaient en direction de l'ouest : Lemberg, Brest-Litowsk, Tolochino. Le bruit de leurs colonnes faisait penser à celui d'un orage. Les chars grondaient, les moteurs ronflaient, les chenilles s'entrechoquaient, les chevaux hennissaient, l'artillerie roulait en un long serpent interminable.

Porta et Petit-Frère avaient trouvé du ravitaillement — pas grand-chose, quelques boîtes de singe, des paquets de biscuits humides et... un chat. Tous regardèrent le chat avec dégoût, mais Petit-Frère rit en repoussant son chapeau melon.

— Vous en reviendrez, soldats de luxe ! — Il montra le bois : — Ce vallon-là est profond de cent kilomètres et il est bourré de partisans. Dans quelques jours vous claquerez du bec et vous bâillerez après une cuisse de minet.

— Immonde cochon ! s'écria le raffiné Trepka.

Qu'un type comme toi ait le droit de porter l'uniforme, c'est renversant !
Petit-Frère se retourna d'une seule pièce : — Encore un mot et je te casse les reins !
Trepka pâlit. Avec un regard de haine il marmonna quelque chose d'incompréhensible et chercha son revolver, mais son geste s'arrêta net lorsqu'il vit les yeux de Heide.
— Mon lieutenant, dit Petit-Frère, voulez-vous partager le ravitaillement ?
Le lieutenant Ohlsen acquiesça et fit douze parts rigoureusement égales. A la fin, il distribua à chacun le quart d'un biscuit. Petit-Frère éleva le chat au-dessus de sa tête.
— Qui veut une portion de chat ? — Pas de réponse. — Salopards ! Mais ne venez pas m'en réclamer après ! — Il tira de sa poche sa blague à tabac : — Voilà du tabac. Chaque matin je ferai douze cigarettes et chacun pourra avoir la sienne, mais ne croyez surtout pas que c'est un cadeau ! Je prête et à vingt-cinq pour cent. — Il brandit un de ses gros poings. — Et pas question de me rouler ! Panjemajo (1) ?
— Que reste-t-il comme munitions ? demanda le lieutenant.
— Remarquablement peu, mon lieutenant, répondit Porta qui faisait des ricochets sur la surface d'un petit étang. De quoi tirer une balle dans la tête à chacun de nous.
— Vous me fatiguez, Porta. — Le lieutenant poussa des caisses de munitions vers Alte. — Celles-ci sont pleines. La mitrailleuse est en état ? Et comme autres armes ?
Alte farfouilla dans une fourmilière avec une branche morte et répondit d'un air exténué : — Trois mitraillettes, l'une d'elles russe. Dix-sept grenades à main, un lance-flammes et un tuyau de poêle sans munitions.
— Sainte Mère de Dieu ! rigola Porta. De quoi

(1) Compris, en russe.

finir la guerre ! Pourvu qu'Ivan ne le sache pas, il se mettrait à fuir.

— Taisez-vous donc ! cria le lieutenant furieux, vos imbécillités ne servent à rien, ayez plutôt une idée; il nous faut traverser cette région de partisans pour rejoindre nos lignes. Elles doivent bien être quelque part !

— Aux alentours de Berlin, grogna Petit-Frère.

— Propos défaitistes ! cria Trepka. Je réclame un tribunal d'exception selon l'ordonnance N° 8 du Führer !

Le lieutenant se tourna lentement vers le sanguinaire gamin.

— Vous êtes vraiment trop idiot. Croyez-vous que nous ayons le temps de nous occuper de ces couillonnades derrière les lignes russes?

Trepka eut un regard de fanatique; il claqua des talons et clama comme un coq nain : — Mon lieutenant, tout soldat allemand, quel que soit son grade, peut demander un tribunal d'exception contre les traîtres et les défaitistes ! — Il sortit de sa poche la dénonciation qu'il avait écrite contre Petit-Frère et la tendit à Ohlsen.

Celui-ci la lut en silence, la déchira, puis il regarda curieusement Trepka, droit comme un i devant lui et fier comme Artaban.

— A votre place je ne serais pas fier de ça ! Vous êtes véritablement un intoxiqué des tribunaux d'exception !

— Quand Ivan nous mettra la main dessus, cria Petit-Frère, on verra si cette merde est toujours aussi chaude pour les tribunaux d'exception !

— Cesse tes hurlements ou bien on va être en route pour Kolyma sans avoir le temps de se retourner !

— Saperlotte ! gronda le légionnaire. Je préfère le Sahara à la Sibérie !

— Je les emmerde tous les deux, dit Porta. Je veux rentrer à Berlin Moabit.

— Et peut-on savoir comment tu comptes le faire ?

— On piquera une voiture à Ivan, ça vaut mieux que la marche, dit nonchalamment Porta.

Le lieutenant regarda Alte et secoua la tête :
— Fou à lier !

Porta se leva, jeta la mitrailleuse sur son épaule et se mit à trotter vers la forêt. Petit-Frère, comme un chien fidèle, portait la caisse de munitions. Le lieutenant, d'un air résigné, commanda : — En colonne par un derrière moi.

Et, pendant deux heures, nous nous frayâmes un chemin au travers de la forêt de pins, harassés, fourbus, pleurant parfois, jurant toujours, mais l'instinct de conservation et la terreur de ce que les Russes faisaient aux prisonniers nous forçaient à avancer. Avec le sûr instinct du loup des steppes, Porta et Petit-Frère nous guidaient par les taillis et les marais, et après quatre jours d'efforts surhumains, nous aperçûmes soudain la lumière de quelques feux. Nous nous planquâmes à la vitesse de l'éclair, et tous, nos deux guides exceptés, étions d'accord pour disparaître en douce. Mais, en fin de compte, l'avis de Porta prévalut, bien qu'en son for intérieur le lieutenant le considérât comme insensé.

— Là où il y a du feu, il y a des Ivans, et là où il y a des Ivans, il y a de la voiture. Et il nous en faut une. Viens, Petit-Frère, allons reconnaître les lieux.

Ils disparurent dans l'obscurité sous les jurons rentrés de notre chef. Deux heures plus tard on les vit revenir et tous deux s'assirent en tailleur à nos côtés. Petit-Frère repoussa son melon en arrière et se mit à rire.

— Il y a longtemps qu'on aurait dû se connaître, Joseph Porta. Ce qu'on aurait pu faire ensemble sur la Reepersbahn !

— Comme voiture, ça alors ! Blindée tout terrain, bourrée d'essence, de quoi aller jusqu'à la Bornholmerstrasse !

— Et les Russes ? demanda le lieutenant en fixant le sommet noir des pins.

— Pas de quoi s'en faire. Huit singes jaunes à biberonner autour d'un feu. Panjemajo? Ils ont au moins dix litres de vodka qu'ils ont chauffés à leur intendance. Je parie qu'ils fêtent leur retour en bagnole ! — Porta éclata de rire. — Et justement, on est là, nous, pour la bagnole !

Il y eut un silence. Porta se roula une sèche. Enfin le lieutenant se leva : — Bien, allons chercher cette voiture.

Il se passa ensuite à l'arrière des lignes ennemies un de ces innombrables drames qu'aucun communiqué ne raconte. Il n'en demeure qu'une douzaine de noms rayés sur les statistiques de l'armée.

Le caporal Vassili Rostoff et le soldat Ivan Skoljenski, de la 347ᵉ brigade de blindés, s'étaient dirigés vers leur magnifique char tout neuf pour y chercher du mouton fumé, lorsque des doigts de fer s'incrustèrent dans leurs gorges. Tout s'évanouit lentement devant leurs yeux; la voiture neuve sembla flotter dans l'air. Vassili réussit à porter la main à son cou, puis mourut. Ivan revit en un éclair l'image de ses deux enfants, il voulut appeler mais pas un son ne passa ses lèvres. Il se débattit, le légionnaire serra plus fort et il mourut aussi. Porta et Petit-Frère enfilèrent rapidement les deux blouses russes par-dessus leurs tuniques et coiffèrent les casques des morts. Un chuchotement... nous nous glissâmes vers le feu où se chauffait le reste de l'équipage du blindé.

— Job twojemadj ! jura Porta à haute voix.

Près du feu, les Russes se mirent à rire et l'un d'eux cria : — Grouillez-vous ! On attend la bidoche.

— Tout de suite, mon garçon, tout de suite, murmura le légionnaire. Tu vas l'avoir dans le jardin d'Allah.

Nous avancions sous la fumée du feu, silencieux comme des panthères. Julius Heide tenait sa cordelette d'acier, le légionnaire son poignard maure, un autre la courte pelle de fantassin, chacun soupesait son arme de prédilection... Elles étincelèrent d'un seul coup à la lumière du petit feu. Un gargouillement de terreur... des corps pantelants...

Julius Heide se jeta sur le sergent, lui enfonça le visage dans les braises qui s'éteignirent en sifflant, et ne lâcha sa victime que lorsqu'elle ne bougea plus. Le lieutenant Ohlsen se mit à vomir. Tout avait eu lieu à une rapidité ahurissante, sans bruit, sans héroïsme. Nous regardions avec stupeur les cadavres encore chauds; l'un d'eux avait un morceau de pain à la main, un autre une gamelle renversée dont le « kapuska » lui coulait sur la poitrine...

Alte, la tête dans ses mains, était livide; il avait jeté au loin sa pelle ensanglantée; quant au lieutenant il continuait à vomir. Ces deux-là ne s'habitueraient jamais. Mais Petit-Frère et Porta avaient déjà bondi dans le char flambant neuf, Porta au volant, Petit-Frère à la mitrailleuse. Heide et Stein montèrent par-derrière et poussèrent des cris de joie en découvrant les armes : deux mitrailleuses et un des incomparables lanceurs de grenades russes. Porta rayonnant fit ronfler le moteur qui éveilla des échos.

— Quel outil ! On n'a rien de pareil chez nous !

Le lieutenant et Alte sursautèrent : — Etes-vous fou ? Tout s'entend dans ce bled ! Faites marcher ce moteur plus silencieusement !

— Impossible, mon lieutenant, Yvan ne sait pas construire des moteurs silencieux, faut que ça pète ! — Il fit encore un tour avec le lourd engin, freina brusquement en faisant gicler la terre et alluma les phares, ce qui fit encore bondir Ohlsen.

— Ces lumières, bon Dieu ! Eteignez ça !

— Mon lieutenant, si je fais ce que vous me dites, nous n'irons pas loin. Nous ne sommes plus des Allemands en déroute mais des Ivans vainqueurs, alors pourquoi marcher dans le noir et le silence ? Beaucoup de lumière, des océans de lumière, la victoire est à nous ! Vive le petit père Staline ! Job twojemadj !

Le lieutenant ahuri se frappait le front en regardant Alte; Porta lui inspirait de vives inquiétudes. Comme un possédé il conduisait le blindé dans la nuit; Petit-Frère et lui, revêtus d'uniformes russes, occupaient le siège avant; lorsqu'ils arrivaient à un camp impossible à contourner, tous deux accéléraient et faisaient du poing le signe du « front rouge » à des hommes barbus, d'aspect sauvage en leurs bizarres accoutrements, qui nous répondaient en brandissant leurs armes.

— Hourrah Staline ! Vive l'armée rouge ! criaient les partisans — car c'étaient eux — ivres de victoire à la vue du blindé.

— A bas les Germanskis ! clamait Porta. On va se laver le cul à Berlin !

— Emmenez-nous ! répondaient les partisans ravis.

Heure après heure le char avança en grimpant à travers la forêt; lorsque nous nous arrêtions durant le jour, c'était en camouflant si soigneusement notre engin qu'il était invisible à quelques mètres; la moitié d'entre nous faisait le guet derrière les mitrailleuses pendant que l'autre moitié dormait profondément.

Ce jour-là, au plus épais de la forêt, une section de partisans sous les ordres d'un lieutenant de l'armée russe opérait comme une sorte de tribunal d'exception. Ils avaient attrapé une jeune femme russe, originaire d'une région de la Volga, qui, pour être nourrie et logée, avait servi comme femme de ménage au Q. G. d'un régiment allemand. Survint l'offensive. Plus ou moins exprès, on oublia la jeune Russe; il y avait bien assez de filles partout ! Les uniformes aux passementeries rouges sont toujours du goût des filles. Elle se réveilla donc pour voir les nuages de poussière que soulevait la retraite du régiment et, rassemblant ses hardes à la hâte, elle se jeta elle aussi sur la route dans le flot de l'armée allemande. Engueulée par les brutes de la feldgendarmerie, elle tombait, se relevait, titubait en pleurant; pendant quelques kilomètres elle put s'accrocher à l'étrier d'un de ses compatriotes cosaques, mais le cosaque se mit à accélérer et elle tomba. L'homme la frappa de son long nagajka en disant « Nitchevo »; il cracha sur elle et éperonna son cheval tandis que le soleil faisait étinceler l'insigne de son bonnet rouge.

Pendant un bout de chemin elle put monter dans la remorque d'une cuisine roulante jusqu'à ce qu'un lieutenant l'en chassât. Et déjà, sans qu'elle s'en soit rendu compte, les soldats rouges étaient sur ses talons.

Eperdue, elle gagna la forêt où se trouvaient pourtant ses plus mortels ennemis, qui n'étaient pas les soldats du front; pendant des heures, elle erra, paralysée par la terreur, puis un beau matin elle tomba sur deux partisans barbus et fut traînée devant le lieutenant Turjetza, le chef de la section. C'était un homme grand et mince, le meilleur de sa classe à l'école militaire d'Omsk. A quatorze ans, il avait dénoncé sa mère pour idées contre-révolutionnaires, et celle-ci fut tuée sous un éboulement de terrain à Sib-Chikago, le camp de déportation. Piotr Turjetza, lorsqu'il apprit la nouvelle, haussa les épaules et dit : « Bien mérité. » Il était intelligent, fanatique et rapide dans ses conclusions. A l'apparition de Maria entre ses deux gardiens, il repéra instantanément ses chaussettes allemandes à typique liseré vert. Il eut un sourire froid.

— Traîtresse ! siffla-t-il. — Il lui cracha à la figure et la souffleta de son bonnet de fourrure :

— Ton nom ? Et que fais-tu ici ? D'où viens-tu ?

Elle se redressa sous ses coups; l'entêtement propre à sa race se fit jour. Elle ferma à demi ses beaux yeux d'un bleu d'outremer, lécha le sang qui coulait sur son visage et cria :

— Je viens des genoux de ma mère et je fuis les Allemands. Tu ne sais peut-être pas ce qui se passe dans les villages, toi qui te caches dans la forêt et qui tues par-derrière !

— Ah ! c'est comme ça, putain ! — Il appela son

second, un petit Kalmouk, le sergent-chef Igor Poltonek. — Occupe-toi de cette fille.

Le Kalmouk sourit avec compréhension, commença par battre Maria, lui cassa deux doigts, puis la caressa.

— Marischa, dit ensuite le lieutenant, tu nous espionnais pour le compte des Allemands?

— Niet, gémit la malheureuse.

— Tu devais nous vendre? dit le lieutenant en souriant, et il lui tordit le cou en le disloquant à demi.

Elle se mit à crier.

— Tu es une traîtresse qui as couché avec les Allemands.

Ils lui donnèrent des coups de pied, puis ils lui arrachèrent ses vêtements et la lancèrent sur un arbre où elle resta suspendue à une branche, tandis qu'ils découpaient de fines lamelles de peau sur son corps et enduisaient les plaies de sel. On la descendit et elle avoua. Elle dit tout ce qu'on voulait, qu'elle avait vendu la Russie, combattu l'armée rouge, raillé Staline, qu'elle était un traître de Vlassov. Ils la forcèrent à boire de la vodka en versant le liquide à même sa gorge, puis le lieutenant haussa les épaules : — Faites-en ce que vous voudrez.

Le Kalmouk se jeta sur elle et la viola, puis il dessina sur son front une croix gammée avec la pointe d'un clou rougi au feu. Ils lui rasèrent la tête et brûlèrent ses cheveux, crachèrent sur elle et la laissèrent enfin sans connaissance. A l'aube, ils l'abandonnèrent. Turjetza demanda à Igor si elle était morte.

— Oui, dit le Kalmouk en éclatant de rire. — Il espérait qu'elle mourrait lentement dans la forêt mais elle ne mourut pas. C'était une fille de la Volga et les gens de la Volga sont des durs.

Quand elle revint à elle, une seule pensée demeurait dans sa tête brûlante de douleur : tuer le Kalmouk avant de mourir. Chancelante et sanglotante elle se mit en route; d'instinct elle se dirigea vers l'ouest.

Trois jours plus tard, elle s'assit sur un tronc d'arbre, espérant la mort. Les souffrances les plus lancinantes s'étaient atténuées, la brûlure du front ne la torturait plus, mais elle se sentait envahie d'une fatigue mortelle. Elle mâchonnait des branches juteuses pour apaiser sa fièvre, mais toutes ses dents étaient ébranlées et sa bouche en sang.

Tout à coup, une main serra son cou et la tira en arrière. Elle se sentit mourir en voyant la trogne de bandit de Petit-Frère sous le casque russe.

— Une fille! criait-il. Une fille avec la marque sur le front!

— Idiot! dit Alte, laisse cette malheureuse, tu l'étouffes.

Petit-Frère aida Maria à se remettre sur ses jambes, mais non sans laisser ses grosses mains glisser sur le corps bien fait, à peine voilé de haillons.

— Sainte Mère de Kazan! quel morceau!

— Il faut l'amener au lieutenant, gronda Alte, et si tu y touches je tire. — Il montra son revolver.

Petit-Frère tâtait la fille comme on tâte un poulet à point : — Seigneur! Ça me chauffe sur tout le devant, gémissait-il.

— Ça suffit, en avant marche!

Ils firent quelques pas dans les sapins, lorsque tout à coup Petit-Frère s'exclama : — Job twojemadj!

Maria poussa un cri tandis que Alte se retournait avec terreur.

— La poule n'a pas de culotte, je viens de m'en rendre compte!

— Assez de ces cochonneries! gronda Alte furieux — il donna un coup de crosse sur le bras du géant — les partisans sont peut-être tout près et tu ne penses qu'à tes ordures!

Mis en joue par Alte, Petit-Frère lâcha la jeune femme et tous trois arrivèrent vers nous. Porta siffla d'un air entendu en apercevant Maria, les vêtements en lambeaux, et le visage émoustillé de Petit-Frère qui trompetait : — C'est du nanan ! elle n'a même pas de culotte ! Un beau morceau les gars !

Le lieutenant bondit et se planta devant Alte :
— Qu'est-ce que vous en avez fait ?

Alte le regarda de ses yeux calmes et resta silencieux. Ohlsen se troubla.

— Pardon, Beier. Rien n'a pu se passer, vous étant là.

Il tendit la main vers Alte qui la prit et la serra, puis il interrogea la fille. Avec méfiance d'abord, mais la croix sanglante de son front était trop explicite pour qu'on puisse douter de son histoire. Maria parla d'un ton saccadé pendant une heure et demie.

— Et maintenant, où sont les partisans ? demanda le lieutenant.

Maria montra l'est de la forêt : — Dans le bois.
— Il y en a beaucoup ? dit Alte.
— Da. Partez vite. Dawaï, dawaï. Nix nemma (1).
— Oui, dit le lieutenant, filons.

La fille se plaça entre Porta et Petit-Frère sur le devant du blindé. Avec un calot de fantassin russe sur la tête et ses yeux bridés, elle ressemblait à un jeune soldat ennemi. Heide lui tendit une mitraillette et elle ricana en sentant le froid de l'acier.

— Moi me venger. Le Kalmouk Igor... tirer, mort. Puis-je faire ? dit-elle en petit nègre allemand.

Porta haussa les épaules : — Il vaut mieux que tu ne le rencontres pas, ma fille, et surtout pas maintenant où tu es avec nous. Il te faudrait au moins quinze jours pour crever.

Nous repartîmes le long de l'étroit chemin dans la forêt. A chaque halte Maria nous racontait ses aventures et nous apprîmes des choses qui nous faisaient voir rouge, mais il était rare que le lieu-

---

(1) Pas dormir.

tenant n'interrompît pas l'histoire pour repartir en hâte. Il était devenu tout autre depuis que nous étions derrière les lignes russes... nerveux, fébrile, n'ayant aucune envie d'être un héros.

— Sa hâte me rend fou, grondait Julius Heide.

— On dirait vraiment qu'il a envie de se faire décorer, renchérissait un autre.

Un jour que nous ronchonnions ferme, le lieutenant, comme s'il devinait nos pensées, s'approcha de nous.

— Je sais ce que vous dites de moi, mais vous vous trompez. J'ai le mal du pays, c'est tout, je n'ai qu'une idée, sortir de cette forêt infernale et survivre. — Il sortit son portefeuille et en tira une photo. — C'est ma femme et mon petit garçon. Il a sept ans, je ne l'ai pas vu depuis trois ans. Ainsi, c'est par pur égoïsme que je vous presse. On ne peut échapper tout seul de ce pays maudit.

Il sembla attendre une réponse mais nous nous taisions. Heide fredonna :

Très long est le chemin qui mène à la patrie,
Si long, si long...

— J'ai besoin de vous comme vous avez besoin de moi, continua le lieutenant. Nous avons le choix : ou crever dans ce pays et ses taïgas infinies comme des esclaves, ou essayer de rentrer. Mourir dans cette forêt pourrie n'a pas de sens.

Porta leva la tête : — Vivre, c'est ce que tout le monde veut, ceux d'en face aussi bien que nous, et pourtant il faut se dire que bien peu survivront.

— Bétail né pour l'abattoir, dit le légionnaire. Nous avons simplement un peu plus d'instinct de conservation que les collègues à groin.

— Tu as raison, approuva Heide. Mauvais bétail, trop lâche pour renoncer.

— Non ! cria le lieutenant. C'est faux. Notre ferveur à nous ne doit pas s'adresser à Hitler ou à Staline, mais à la vie ! Survivre, survivre ! Il faut grignoter notre chemin à travers les montagnes et les forêts pour revenir ! — Il essuya la sueur qui coulait de son front et donna un coup de pied à son casque d'acier, le faisant rouler au loin.

Alte respira profondément :

— Ce n'est pas pour vous décourager, mais je ne crois pas que nous revenions. J'ai une femme, trois enfants, un atelier qui m'attendent, et je sais qu'ils ne me verront plus jamais.

Le lieutenant agrippa Alte par ses revers et l'attira à lui. Il chuchotait, implorait presque : — Alte, ne dis pas ça ! Tu n'as pas le droit... Tu dois dans le plus profond de ton cœur croire que nous rentrerons... La guerre tire à sa fin, il faut qu'elle se termine; les Russes nous chassent comme des lièvres, nos jeunes soldats ne valent rien, nous n'avons plus d'armes, ni d'essence, ni de ravitaillement. La police fait régner la terreur et, chez nous, les villes s'écroulent. C'est une question de semaines ou de mois pour voir la fin de cet enfer !

— Oui, et les vainqueurs? railla le légionnaire. Qu'est-ce qu'on va prendre, nous, les soldats ! Ne vous imaginez pas que nous serons sauvés parce que la guerre se termine. Après, ce sera d'autres barbelés, la famine, et nous finirons bien par nous manger entre nous.

— Non ! cria le lieutenant avec désespoir, non pas cela.

— Mais si, reprit le légionnaire. Nous autres lansquenets usés, éreintés, personne n'a besoin de nous; nous sommes du matériel. Plus tôt on crève, mieux c'est. J'ai même oublié comment on travaille. — Il haussa les épaules et souffla un peu de poussière sur le canon de sa mitraillette : — Restez dans l'armée comme moi; on y est logé, nourri, habillé; on a un peu d'argent et une mort rapide.

— Quelle horreur ! Très peu pour moi, rétorqua Porta. Je trouverai bien un moyen de surnager dans cette société de merdeux. — Il eut un claquement de langue et leva un doigt comme pour nous confier un secret : — Vous savez ce que je ferai? Je ramasserai des femmes pour un chouette bordel dont je serai directeur. Plein d'argent à gagner avec les filles! — Il essuya sa bouche sale d'un revers de main : — Ce que je me réjouis, les gars'!

— Porc! dit le lieutenant avec dégoût.

— Pourquoi, mon lieutenant? demanda Porta étonné. Les filles adorent ça, faut pas croire, mais elles n'ont souvent pas l'occasion.

Et il se mit à offrir des emplois à la ronde — le lieutenant et Alte exceptés — à tous ceux que tenterait après guerre son futur établissement de Berlin.

Deux jours plus tard nous rencontrions les feldgendarmes.

Ce fut Heide qui les vit le premier. Il était entré dans la forêt avec Petit-Frère et Maria à la recherche de quelque chose, nous ne savions pas bien quoi, mais notre instinct avait parlé. Petit-Frère, ricanant, préparait déjà son lacet d'acier, mais Heide lui fit signe de se méfier. Nous arrivions par derrière avec le lieutenant Ohlsen. Les brutes — trois feldgendarmes — furent d'abord soufflés à notre vue, mais ils devinrent vite insolents. Un uniforme inhabituel les faisait ressembler à de vagues fantassins. L'un d'eux, un lieutenant-colonel dans les cinquante ans, gros et gras, réclama brutalement l'ordre de marche du lieutenant qui en perdit le souffle.

Il y eut un instant de silence, puis l'officier parla de nouveau.

— Perdu la voix, lieutenant? Ou avez-vous la comprenette dure? Ce sont vos papiers que je veux voir pour me rendre compte de quel droit vous vous promenez dans la forêt.

— Mais quel ahuri! glapit Heide.

— Silence! gronda l'officier, la lèvre inférieure menaçante. — Le canon de sa mitraillette touchait la poitrine du lieutenant Ohlsen.

Au même instant une voix dure, brisant la paix de la forêt, retentit dans les broussailles derrière les gendarmes.

— Haut les mains !

A la vitesse de l'éclair trois paires de poings se levèrent et les armes tombèrent avec fracas sur le sol. Porta et le légionnaire sortirent du bois; Porta avait la lourde mitrailleuse sur l'épaule et le légionnaire adressa un coup de pied au lieutenant-colonel.

— A genoux, bâtard ! Tu auras bientôt un derrière encore plus lourd.

Les deux sous-offs reçurent chacun une gifle de Petit-Frère : — A genoux, dit celui-ci.

— Laissez-les tranquilles... commença le lieutenant Ohlsen.

— Vous le paierez cher ! glapit le lieutenant-colonel. Vous savez que le paragraphe 987 punit de mort quiconque maltraite un gendarme dans l'exercice de ses fonctions.

— Et c'est la pendaison qui punit la désertion, coupa le lieutenant.

Les trois brutes ignoraient que nous avions rencontré Maria, car celle-ci les connaissait. Elle avait servi chez eux pendant quelque temps et les avait entendu dire qu'ils iraient se rendre aux Russes, déguisés en fantassins, après s'être laissé dépasser par l'offensive. Une fois l'arrière-pays devenu tranquille, ils pouvaient se donner pour communistes avec des papiers magnifiquement truqués. Après on verrait pour rejoindre les Balkans par les chemins de montagne. Maria savait qu'ils avaient les poches pleines de feuilles de marche vierges, avec la signature d'un général faite au tampon; pour le lieutenant-colonel, un certain ordre de mission destiné à ouvrir toutes les portes.

— Tombés du char à fumier? dit Porta railleur en piquant le lieutenant-colonel de son couteau de tranchée.

Un gargouillement sortit de la bouche de l'officier :

— Vous le paierez cher, salaud !

— On le saura sûrement avant le lever du soleil, mais à ce moment-là tu auras le cul froid, mon

garçon. Petit-Frère meurt d'envie de t'étrangler.
— Assez! dit le lieutenant. Fouillez-les, ajouta-t-il d'un ton bref.
— Je proteste! hurla l'officier de gendarmerie. C'est une atteinte à l'honneur.
— Non, dit Petit-Frère, c'est le préliminaire à la pendaison.

Alte exhiba les papiers parmi lesquels on trouva trois affectations spéciales en blanc, munies de la signature d'un général.
— Tout est parfaitement clair, dit le lieutenant en brandissant la liasse.

Petit-Frère tendit le cou : — Dois-je les tuer, mon lieutenant? — Il sortit de sa poche un long morceau de fil de fer et deux bouts de bois qui constituaient le lacet d'acier.
— Non! cria le lieutenant avec colère. On les ramène dans nos lignes. Là où je commande il n'y a pas de ces prétendus tribunaux d'exception, tenez-vous-le pour dit.

Heide et le Gros reçurent l'ordre de ramener les trois hommes à la voiture où on les ligota, les mains derrière le dos. Ce fut à cet instant qu'ils aperçurent Maria. On les vit blêmir. Elle vint lentement vers eux, s'arrêta devant le gros gendarme et lui cracha à la figure en sifflant : — Tschort!

Maria avait subi ses caresses dans une hutte abandonnée du côté de la rocade. Comme elle se débattait il l'avait presque étranglée, lui avait arraché sa robe, et, lubrique, avait bavé sur elle en lui mordant la poitrine. C'était une grosse brute harnachée en officier qui bouillait d'un désir animal. Une fois satisfait, il avait passé la jeune femme à ses compagnons. Des lèvres du gros gendarme étaient sortis des mots d'amour qu'il croyait de rigueur même au cours d'un viol. Elle restait comme morte, tandis que l'homme minaudant la prenait; pour terminer, il lui avait desserré les dents et tout tranquillement lui avait craché dans la bouche. Maria avait vomi; c'était pis que les tortures des partisans.

Un caillou atteignit le stabsfeldwebel à la nuque et la femme rit comme une hyène. Petit-Frère lui en tendit un autre.

— Jette-le-lui dans la gueule !

Mais elle s'effondra en larmes et laissa tomber la pierre. Petit-Frère haussa les épaules et d'un croc-en-jambe fit s'étaler le feldwebel sur le ventre. Il regarda un instant le gros tas écroulé, puis, visant avec soin, il lui donna un coup de pied bien appliqué dans l'entrejambes. Un hurlement de bête retentit dans la forêt et le corps se redressa en un arc de cercle tendu à se rompre.

Le lieutenant Ohlsen arriva en courant et injuria Petit-Frère qui se tenait au garde-à-vous, l'air totalement indifférent. Le lieutenant-colonel, les bras liés derrière le dos, aboyait avec indignation :

— C'est de la torture ! du sadisme ! Il a malmené un sous-officier d'active ! Ça lui coûtera la tête !

Personne ne daigna répondre. Une fois revenus dans les lignes, leur procès serait court : désertion, falsification de documents, on savait où ça vous menait.

Mais au petit matin, peu après le lever du soleil, ce fut Alte qui découvrit leur évasion. Nous en reçûmes un choc... C'était le Gros qui était de garde; nous le trouvâmes évanoui à côté de l'arbre où les prisonniers avaient été attachés, et il fut incapable de répondre quoi que ce soit au lieutenant Ohlsen. Il ne savait rien... il se souvenait seulement de s'être effondré tout à coup... Le lieutenant jura, tempêta et évoqua le conseil de guerre pour la sentinelle qui s'endort sous les armes, mais le Gros jura en larmes qu'il ne s'était pas endormi; toute sa graisse tremblotait devant la colère du lieutenant.

— Ils sont loin, dit Petit-Frère en regardant le légionnaire et Porta, lesquels, assis à côté de Maria, mâchonnaient une betterave.

Alte leva ses yeux calmes qui se posèrent alternativement sur chacun des trois hommes et sur la femme... Il hocha la tête en silence, jeta sa mitraillette sur son épaule et entra dans la forêt.

— Tu es un copain, n'est-ce pas? cria Porta.

Alte se retourna sans mot dire, puis continua son chemin.

Nous finissions de charger la voiture lorsqu'il réapparut.

— Avez-vous vu quelque chose? dit le lieutenant.

— Oui, répondit Alte d'un ton bref, avec un regard vers Porta et Petit-Frère qui jouaient paisiblement aux dés et riaient en se tapant les cuisses.

— Que se passe-t-il? insista le lieutenant.

— C'est ce que je ne sais pas.

Le légionnaire arrivait d'un pas nonchalant en se curant les ongles avec son poignard.

— Qu'est-ce qu'il y a? — Son éternel mégot tremblait un peu au coin de sa lèvre.

— Tu t'es promené cette nuit?

— Bien sûr, on se lève toutes les nuits pour pisser.

— Rien remarqué?

— Non, j'avais bien trop sommeil, dit-il enjoué.

— Maria était avec toi?

— Oui. — On devinait une légère menace dans sa voix. — Mais dis donc, tu serais de la Gestapo par hasard?

— J'ai trouvé les prisonniers, articula Alte avec effort.

Le lieutenant bondit : — Quoi?

— Une veine! cria le légionnaire. — Il jeta son couteau en l'air et le rattrapa. — Cette fois on les pend!

— Inutile, dit Alte. C'est fait.

Le lieutenant Ohlsen devint cramoisi : — Allons voir, dit-il sèchement, et que Dieu prenne en pitié celui qui a fait ça.

Nous nous précipitâmes dans la forêt et, au bout d'un trajet relativement long, les trois corps nous apparurent. Les fourmis grimpaient déjà sur leurs visages violets; de grosses mouches bleues remuaient dans les yeux exorbités du lieutenant-colonel; c'était épouvantable à voir.

Porta se pencha sur le cadavre de l'officier :
— Ce sont les partisans, dit-il.

Alte le regarda en face : — C'est aussi ce que j'avais cru, mais quand j'ai vu ce que les deux cadavres mutilés avaient dans la bouche, j'ai pensé à l'histoire de Maria et j'ai eu un horrible soupçon.
— Il jeta un coup d'œil au légionnaire et continua en appuyant sur chaque mot : — N'est-ce pas ça que font les femmes dans les montagnes du Rif?

Le légionnaire sourit, sarcastique : — Il y a beau temps que les Russes en ont pris de la graine !

Le lieutenant mit un bras autour des épaules d'Alte :
— Il vaut mieux croire que ce sont les partisans. Ces salopards auront réussi à s'enfuir et seront tombés entre leurs mains.

Alte hocha la tête : — Ce que les hommes peuvent être ! murmura-t-il. — Et comme Petit-Frère criait à tue-tête, il bondit et le prit au collet : — Si tu ouvres encore la bouche, je te descends !

Le légionnaire continuait à jouer avec son couteau en regardant la scène du coin de l'œil. Il prononça, les lèvres serrées : — Ces ordures ne méritaient pas mieux. C'est la guerre.

Alte se retourna d'un bloc : — Vraiment?

Le légionnaire acquiesça de la tête : — Oui, et je crois aussi que tu devrais faire une cure pour les nerfs quand nous serons de retour.

Alte eut un rire las et regarda le lieutenant :
— Pas mauvaise, ton idée : enfermer les gens normaux et laisser courir les tueurs !

Avec la rapidité de l'éclair, on vit le couteau du légionnaire qui s'enfonça en vibrant dans l'arbre juste au-dessus des têtes d'Alte et du lieutenant.

— J'avais cru voir un écureuil, dit en souriant le petit homme.

— Heureusement que tes mains ne tremblent pas, coupa sèchement Alte, sinon, c'est ta conscience qui aurait eu à le faire.

Nous revînmes lentement vers le char pour terminer les préparatifs de départ, et vers la fin de la journée il y eut une nouvelle halte au bord d'une rivière profonde. Petit-Frère s'approcha discrètement de l'eau et Alte le vit y jeter son lacet d'acier, mais il se garda de rien dire. Le légionnaire se mit à rire, pendant que le Gros, assis sur un tronc d'arbre, recommençait à jurer. Il avait mal à la tête et n'arrivait pas à comprendre comment trois prisonniers ligotés étaient arrivés à se libérer et à l'assommer, lui, un hauptfeldwebel d'active !

— Je n'y pige rien ! Je regardais ces trois merdeux et mon crâne a explosé !

— C'est sûrement un des partisans, insinua Petit-Frère conciliant, en tâtant la bosse du malheureux qui était bien grosse comme un œuf de poule.

— Et il connaissait son affaire, renchérit Porta en caressant la tête du gros sous-officier.

La nuit tombait. Il s'agissait maintenant de passer la rivière avec deux d'entre nous, le Gros et Trepka, qui ne savaient pas nager.

— Reste près de moi, je te passerai, offrit Petit-Frère à Trepka.

— Et qui m'aidera, moi ? gémit le Gros.

Il y eut un rire homérique lorsque Porta lui proposa de rester de ce côté-ci du fleuve. L'obscurité s'épaississait rapidement. Tout à coup, un coup de feu claqua; c'était celui d'une carabine 98. On se précipita : à quelque distance de nous, en bordure du bois, gisait Maria, la tête fracassée. Elle avait mis le canon de la carabine dans sa bouche et avait appuyé sur la détente avec son orteil. Petit-Frère marmonna quelque chose où perçait une rancune masculine et donna un coup de pied rageur à une liane qui entortillait sa cheville. Ce détail le mit tout à fait en colère et la pauvre Maria n'eut pas d'autre oraison funèbre.

Au milieu de la nuit, nous traversâmes le fleuve à la page. Trepka faillit bel et bien se noyer et ne dut son salut qu'à Petit-Frère, ce qui leur fit oublier complètement la fameuse dénonciation. Quant au Gros qui soufflait de peur, il s'accrochait à Heide et à Porta.

Auparavant nous avions basculé le blindé russe dans un marais, non loin du fleuve. Il servait de tombe à Maria.

Toute la bande l'avait accompagné à la gare. La petite Volskwagen faite pour quatre personnes manquait s'effondrer sous ses dix occupants.

Sur le capot, étaient juchés Heide et Petit-Frère que nous perdîmes deux fois en route. En cette importante occasion tous tutoyaient le lieutenant.

Le train partit et nous restâmes à faire des signes d'adieu jusqu'à ce que le dernier nuage de fumée ait disparu. Le lieutenant Ohlsen accoudé à la fenêtre, rêvait. Il ne voyait pas les arbres brûlés, les ruines, les épaves des voitures, les locomotives démolies jetées contre le remblai. Il ne voyait qu'Inge et Gunni. Son cœur éclatait du bonheur de les retrouver. C'étaient Inge et Gunni qui chantaient dans les roues... Il voyait le chaud sourire d'Inge, ses yeux rieurs; il entendait déjà la petite voix de Gunni.

— Papa, où s'en vont les nuages?

16

LE RETOUR

Le lieutenant Ohlsen partait en permission — la première permission en trois ans ! Est-il besoin de dire qu'il nous quittait fou de joie ? Et lorsque le train s'arrêta en gare de Breslau, ce fut justement un visage ami qui surgit dans le compartiment.

Rencontre merveilleuse après tant d'années, on avait tant à se dire ! L'ami en question était un acteur.

— Viens avec moi à Darlem lorsque nous arriverons à Berlin. Je fais partie d'une espèce de troupe théâtrale — troupe de guerre, ajouta-t-il en riant bruyamment. On rigole bien ! Des filles, du champagne à flots et du caviar à la louche ! Tout ce qu'on peut désirer. Le directeur est S. S. Obergruppenführer. — Il eut encore un gros rire.

Le lieutenant Ohlsen secoua la tête en signe de dénégation.

— Je ne désire qu'une chose, Heinrich, rentrer chez moi au plus vite ! — D'impatience, ses mains se crispaient. — Ça me démange de descendre du train et de courir devant, sur les rails !

Heinrich rit encore : — Je te comprends, mon vieux, mais viens tout de même nous voir un jour. Je te réserve une de ces filles ! Une sorcière noiraude... Du feu, mon cher, après ça on est sur le flanc ! Tu verras aussi nos S. S., capables de tout, crois-moi. Si quelqu'un bouge... Pfft ! Supprimé. Tu n'as sûrement rien vu de tel.

— Me doutais pas que tu étais du Parti ?

— Je n'en suis pas non plus, Bernt, mais quoi ? Je préfère travailler avec eux que pourrir dans les tranchées ! Et même si j'étais contre, est-ce que ça changerait quelque chose ?

— Ton frère n'a-t-il pas été pendu à Buchenwald ? demanda le lieutenant étonné.

— Oui, et mon père, répondit tout naturellement Heinrich. Mais je n'y peux rien. Ils ont voulu faire les malins, tant pis, mauvaise carte ! Il faut savoir descendre à temps de la galère ! Liselotte et moi avons été plus astucieux; nous avons senti qu'Adolf était la bonne carte, et on s'est débrouillé.

— Mais tâche aussi de descendre à temps, prévint le lieutenant.

— Ne t'en fais pas ! Aujourd'hui S. S., demain N. K. V. D. ou F. B. I., pourvu que je surnage je m'en fous. Si tu veux me suivre, Bernt, tu ne verras plus jamais le front.

Ohlsen sourit : — J'ai peur de ne pas être assez malin pour tirer mon épingle du jeu au bon moment.

Ils arrivèrent à Berlin dans la soirée et se séparèrent à la gare de Silésie. Heinrich donna son adresse au lieutenant, puis il dégringola les marches en riant toujours et disparut.

Le lieutenant prit un train de banlieue qui s'arrêtait à la Friedrichstrasse, et, un peu déprimé, descendit à cette gare bien connue parmi un flot de gens pressés. Il eut peur tout à coup. Une angoisse étouffante l'étreignit. Dans la foule, un vieux territorial salua, raidi, mais Ohlsen ne lui rendit pas son salut; il lui fit un signe de tête en camarade comme il en avait l'habitude. Aussitôt, un capitaine de cavalerie l'aborda, souriant amicalement, mais son regard était aussi froid que les écussons d'acier de sa casquette de dragon.

— Camarade, dit-il, puis-je vous faire remarquer que la discipline exige qu'un officier réponde militairement à ses inférieurs, et, sous aucun prétexte, en camarade? C'est presque du sabotage.

Le capitaine de dragons salua : — Bonne permission et bonjour de ma part aux héros des tranchées! Il s'éloigna, ses éperons cliquetant joyeusement sur le quai; c'était sa façon de faire la guerre. Le lieutenant Ohlsen essuya son front en sueur sous son calot de campagne et suivit des yeux le capitaine qui engueulait un feldwebel un peu plus loin. Il hocha la tête, et, remontant ses deux musettes d'un coup d'épaule, il descendit l'escalier vers la Friedrichstrasse.

Il se sentait las, terriblement las, avec ce sentiment atroce d'être dans un monde étranger. La peur lui monta à la gorge... Le petit légionnaire aurait-il eu raison? Il regarda son uniforme fripé, poussiéreux, ses bottes éculées, son baudrier crasseux soutenant la gaine noire du 0,38, laquelle n'avait rien de l'élégante gaine brune du Mauser que les officiers portaient sur la fesse. Il était un drôle de mélange de simple soldat et d'officier, de qui, seules, les pattes d'épaule en argent trahissaient le grade. Ohlsen respira profondément et passa la main sur ses yeux.

— Berlin! mon Berlin!...

La trogne de Petit-Frère lui apparut tout à coup; il le revit, donnant un coup de botte au feldgendarme; il revit le couteau menaçant du légionnaire se planter dans l'arbre derrière sa tête, les cadavres mutilés, Maria morte dans une mare de sang, et il tourna la tête pour voir enfin autre chose autour de lui... Tout paraissait désert dans la nuit. Des ruines partout; sous ses pieds, des vitres brisées; sur le mur, des messages à la craie : « Maman chez Tante Anna à Bergenwalde », « Müller du 3e, s'adrésser chez l'oncle Théo »... et il hâta le pas pour ne pas perdre une seconde des brèves semaines où il lui était enfin permis de redevenir un être humain. Trois semaines en trois ans...

Dans un rêve, il lui sembla voir l'écriture d'Inge : « Gunni mort, s'adresser chez Papa. » Il se mit à sangloter de terreur et s'aperçut qu'il courait. Personne ne faisait attention à lui car ce n'était pas rare de voir des gens courir en pleurant dans les rues de Berlin. Les murs et les pierres elles-mêmes pleuraient... Voilà, il était devant sa maison. Aucun message ne l'attendait... Il se raidit. Il n'y avait plus de maison. Nettoyée. La surface nue de la terre.

Le lieutenant s'assit lourdement sur une musette, cacha sa tête entre ses mains et sanglota comme un enfant. Ses camarades ! Oui, il aurait aimé les avoir près de lui... Ses camarades. Cette grande brute de Petit-Frère, Alte si paternel, Porta malicieux, le pétulant Julius Heide, le légionnaire sec et brutal... Tous, oui, tous, les camarades de la mort.

Une main se posa sur son épaule, c'était la main sale et calleuse d'un ouvrier. Ohlsen leva la tête et regarda étonné le visage hâlé, ridé, où pointait une barbe de plusieurs jours.

— Monsieur Graup ! cria-t-il en s'emparant de la main du vieil homme.

— Tu es revenu, Bernt ? grommela l'homme. Et tu es devenu lieutenant ! Ta femme et ton petit sont sauvés; il a fallu trois jours pour les déterrer. Nous en avons sauvé dix-neuf; c'était il y a eu samedi quinze jours, ils ont rasé la rue. Ta femme ne t'a pas écrit ?

Le lieutenant secoua la tête.

— Inge n'écrit pas souvent, elle a tant à faire.

— Sûrement, dit le vieux en crachant sa chique. Il sembla gêné.

— Où sont-ils ?

— Chez son père, ou plus exactement dans la maison de son père. Ton beau-père a dû être appelé.

Téléphone avant d'y aller ! cria l'homme, mais le lieutenant n'entendit rien. Il courait déjà.

— Inge, Gunni, chuchotait-il essoufflé. Vous êtes vivants ! Que Dieu soit loué, vous êtes vivants !

Derrière lui, le vieillard cracha un autre bout de chique : — Pauvre type ! murmura-t-il. Mais c'était pis hier, pour l'oberfeldwebel. Femme et cinq enfants tués, et lui, aujourd'hui, à Plotzensee pour ses remarques désobligeantes contre Adolf. — Il caressa un chat qui se pressait contre sa jambe : — Tu as de la chance, toi, il n'y a que les chiens qui soient après toi !

Le lieutenant Ohlsen retourna en courant vers la Friedrichstrasse et prit le tram pour la Halensee. Un malheur faillit lui arriver car il ne vit pas un général sur le Kurfürstendamm. Il se redressa, au garde-à-vous, en murmurant tout bas :

— Ils vivent ! Inge et Gunni... ne le comprends-tu pas, imbécile ? Ils vivent. — Oui mon général, pas de discipline au front. — Ils vivent. — Oui, mon général, le devoir de saluer est la base de la victoire. — Seigneur je vous remercie de les avoir sauvés ! — Oui, mon général, cela n'arrivera plus...
— Cul ! Qu'une bombe t'envoie sur la porte de Brandebourg. — Merci, mon général, parce que mon général donne le pas à la clémence sur le règlement...

Le général porta trois doigts à sa casquette et s'éloigna enchanté de lui-même. Le lieutenant claqua ses talons éculés et continua sa course. Il réussit tout de même à saluer un major d'état-major aux pantalons gris perle à bandes rouges.

— Berlin, merveilleux et pourri ! Que les compagnies du front viennent nettoyer tout ça ! Comme ce serait beau ! Porta et Petit-frère derrière une mitrailleuse sur la Brandenburger Tor. Voir sauter tous ces embusqués... Mon Dieu ! Ils vivent...

Il tourna dans la Joachim-Friedrichstrasse, perdit une de ses musettes, la rattrapa et continua de plus belle. Une fille le héla mais il n'entendit rien. Elle rit et lui jeta : — Cochon ! — C'étaient une demi-livre de beurre et une bouteille de vodka qui lui passaient sous le nez.

La maison, enfin ! Un bâtiment pompeux à perron de granit poli et à portail en fer forgé; escalier de marbre avec à chaque palier, des miroirs dans un cadre doré où des anges soufflaient dans des trompettes. Il avait tellement ri en voyant ces anges à sa première visite ! Le tout était énorme, plein d'ostentation.

Au premier, une grande porte de chêne avec plaque de cuivre portant en lettres gothiques : veilleux titre : « Regierungsrat » (1). Le lieutenant regarda la plaque, évoqua les beaux-parents hautains et la belle-sœur cancanière... Il respira avant de tirer la sonnette dont le tintement retentit dans l'appartement.

Silence. Il sonna de nouveau. Pas un bruit. Il frappa, d'abord discrètement, puis plus fort. Rien ne répondit.

— Personne à la maison? se dit-il. Curieux ! — Il tambourina sur la porte de chêne sculpté. Rien. Alors, il s'assit sur une marche, tout désemparé. Au loin une horloge sonna douze coups. Il était minuit.

Inge aurait dû être rentrée, Gunni avait toujours peur quand il était tout seul... Il écouta... Mais oui, quelque chose bougea. Il avait l'impression qu'une soie bruissait légèrement... Il en était certain, quelqu'un se tenait derrière la porte.

Le battant de chêne sculpté semblait railler le soldat du front. Quelqu'un glissait, quelqu'un qui ne voulait pas ouvrir. Il bondit et se remit à tambouriner. Aucune réponse. Il essaya de regarder par les jointures de la porte, mais quelque chose les masquait, une sorte d'étoffe rouge. Il se mit à taper des deux poings. Tout demeura silencieux.

Il crut entendre une voix d'homme chuchoter. Un homme? A cette heure? Chez son Inge? Impossible. Elle l'aimait. Le jour où ils s'étaient dit au revoir

---

(1) Conseiller d'Etat.

sur le quai de la gare d'Anhalt, c'était la dernière phrase qu'elle avait murmurée. Elle l'aimait, elle l'attendrait...

A pas lourds, il descendit l'escalier en laissant violemment retomber la porte dont le fracas résonna dans toute la maison, puis, silencieusement, il remonta et se blottit dans un angle d'où il pouvait surveiller le palier.

Il soufflait en serrant les poings sur ses musettes. Les anges à trompettes paraissaient lui rire au nez et il cracha dans leur direction. La prédiction du légionnaire sonnait à ses oreilles : « Bétail inutile, né pour l'abattoir »...

Un monsieur élégant et une dame entrèrent dans le hall et s'arrêtèrent pour s'embrasser. Ils riaient. La dame donna une tape sur la main entreprenante de son cavalier.

— Otto ! Attends un peu... Tu me rends folle ! — Elle eut un petit cri. — Non, pas ici, s'il venait quelqu'un !

Ils continuèrent à monter et furent très gênés à la vue du lieutenant. Assez inquiets aussi. Les Allemands eux-mêmes pouvaient se méprendre et confondre l'uniforme noir des troupes blindées avec celui des S. S. Les sinistres têtes de mort rappelaient les expéditions de nuit dans les voitures noires elles aussi.

Le monsieur et la dame se hâtèrent davantage et le regardèrent par-dessus la balustrade du troisième étage. Ohlsen entendit des mots chuchotés.

« Rafle... Gestapo... » Une porte se referma vivement.

— Leur nuit est fichue, pensa-t-il en allumant sa quarante-troisième cigarette. Il regarda sa montre. Bientôt trois heures.

Soudain, la porte de l'appartement s'ouvrit sans bruit. Il se pencha contre la rampe et put voir entre les barreaux un homme qui se glissait au-dehors. Un homme grand et fort en vêtements civils bien coupés. Il y eut des baisers, une voix de femme gémit...

— Adieu, chérie, dit l'homme à voix basse. A jeudi. J'enverrai un paquet au petit.

Il descendit l'escalier sans apercevoir l'ombre accroupie derrière la rampe.

Un voile de sang rouge passa sur les yeux du lieutenant. Ses oreilles se mirent à siffler, ses ongles entrèrent dans ses paumes. Il pleurait avec un tel désespoir qu'il en avait des crampes : — Pourquoi, Inge, pourquoi? — Tout à coup, une idée atroce l'étreignit : — Et Gunni? Était-ce Gunni que l'homme désignait en disant « le petit »? Gunni qui était à lui... Gunni son fils! Il irait à la Gestapo, chez les S. S., en enfer... Rien au monde ne l'empêcherait de reprendre son garçon! Ses camarades le renieraient d'avoir été à la Gestapo... Ses copains, ses copains lui tourneraient le dos, le légionnaire le tuerait peut-être, mais tout lui était égal... plutôt le mépris de ses camarades que la perte de son fils. Lentement il descendit les quelques marches. Il s'arrêta devant la porte, puis il sonna et frappa.

Derrière la porte fermée, une voix grave de femme demanda : — Qui est-ce? — Il ne répondit pas tout de suite. Attendre... attendre un instant pour calmer son cerveau en feu. Lorsqu'enfin il parla, ce fut d'une voix qu'il ne reconnut pas.

— Inge, c'est Bernt.

La femme dut fermer les yeux pendant quelques secondes et se mordre les lèvres, puis elle apparut, mince et grande, brune; ses yeux noirs riaient, sa bouche souriait, montrant une rangée de dents éclatantes.

— Bernt! murmura-t-elle. Toi! — Elle se jeta dans ses bras.

Il l'étreignit. Un instant il crut avoir rêvé... Oui, tout s'était passé en rêve. Ils s'embrassèrent follement.

Tous deux entrèrent dans le salon. C'était un grand salon, rempli de précieux tapis d'Orient qu'autrefois il avait eu peur de fouler. Comme Inge en avait ri! Elle parlait, parlait... Les mots entraient à peine dans le cerveau du lieutenant...

« Bombes, tout détruit... sauvés. Père appelé... Intendant d'état-major à Leipzig... Maman fait une cure à Karlsbad. Annie chez Tante Ingeborg. »

Elle bavardait inlassablement devant les verres remplis. Ses yeux brillaient, un étroit kimono vert et noir la moulait; quand elle croisa ses jambes, il vit qu'elle était nue sous la soie épaisse.

« Putain! pensa le lieutenant. Putain dégoûtante. » Il balançait nonchalamment une jambe bottée. Ses bottes étaient poussiéreuses; de la poussière russe... Le visage railleur du légionnaire lui apparut encore.

Tout à coup, Inge se rendit compte qu'il n'avait pas ouvert la bouche depuis le début. Elle remplit à nouveau les verres et il vida le sien d'un trait. La belle bouche eut un soupçon de sourire.

— Veux-tu un bain?

Il secoua la tête.

— As-tu faim? J'ai du dindon froid envoyé par Papa.

Faim? Oui il avait faim, mais il secoua encore la tête.

— Es-tu fatigué, veux-tu te coucher?

Il était mort de fatigue, mais il ne répondit pas. Elle le regarda et demanda sèchement : — Qu'y a-t-il donc?

Il eut un sourire forcé : — Il y a que nous sommes en guerre, ma chère, que nous n'avons plus de toit, que nous avons tout perdu. — Il insista sur le mot « tout » et le répéta.

Inge rit avec soulagement : — N'est-ce que cela? Mais ne t'en fais donc pas! Père nous donnera le nécessaire et même davantage. Il est au mieux avec le Parti.

— Où est Gunni?

Elle leva les yeux sur le lustre et alluma une cigarette avant de répondre.

— Dans la maison d'éducation du Parti, à Bergen, près de Lunebourg.

Ohlsen posa son verre d'un geste brusque, plissa

les paupières et dit d'une voix menaçante : — Et pourquoi ? Peut-on le savoir ?

Elle souffla des ronds de fumée.

— Parce que j'ai pensé que ça valait mieux et mes parents ont été de cet avis.

— Vraiment ! Toi et ton élégante famille vous ne savez peut-être pas que je suis le père de Gunni et que mon avis compte aussi ? Sais-tu ce que ça veut dire « Maison d'éducation du Parti » ? Tu as froidement vendu ton fils aux nazis !

Elle baissa la tête : — Je le savais...

— Que savais-tu ? dit-il avec mépris. — La rage lui montait à la tête, ses tempes battaient. Il ouvrait et crispait ses poings en se disant les dents serrées : « Du calme, pour l'amour de Dieu, du calme... »

— Je savais que tu ne comprendrais rien ! dit-elle, presque agressive. — Ses yeux lançaient des éclairs. — Toujours aussi entêté et sûr de toi ! On voit bien d'où tu sors !

Le lieutenant eut un rire très las.

— Oui, on voit d'où je sors, Inge. Je suis un petit rond de cuir admis à lécher les pieds des Lander... Von Lander !

Il prononça ce dernier mot en grinçant, puis se mit à faire les cent pas avec agitation, et donna un coup de pied au sofa.

— Je ne sais toujours pas pourquoi tu t'es séparée de Gunni ?

— Parce que ce gamin est impossible ! s'écria Inge hors d'elle. Il te ressemble, il est atroce, morose, têtu. Quand on lui disait quelque chose, il menaçait de tout te raconter. Il est menteur...

— Tout me raconter ? Je ne comprends pas. Que diable y a-t-il à raconter que je ne doive pas savoir ? Que ta famille dit du mal de moi, je le sais ! Que ta charmante sœur aime à se mêler de tout ce qui ne la regarde pas ? Cette grosse truie...

— Sois assez aimable pour m'épargner tes expressions, lança-t-elle en se redressant.

Il se pencha en arrière et se mit à rire. A rire comme un fou. Elle ouvrit la bouche.

— As-tu perdu la raison?

Tout à coup son rire de dément cessa. Il la fixa d'un regard brûlant.

— Si le mot truie te choque, que penserais-tu de garce, putain, fille de joie?

Elle se leva. Sa voix était très calme.

— Ça suffit, Bernt, va-t'en!

Elle montrait la porte d'un doigt où brillait un diamant :

— Ici, c'est la maison de mon père, ce n'est pas la tienne, tu n'as rien à y faire. C'est moi qu'il a recueillie, pas toi.

Le lieutenant jeta par terre son verre qui se brisa.

— Pourquoi n'as-tu pas ouvert quand j'ai sonné et frappé cette nuit?

Dans sa fureur il approchait du visage de sa femme son propre visage ravagé. Elle le regardait tranquillement et il se rendit compte tout à coup qu'elle le méprisait, lui qui se tenait là, devant elle, dans son uniforme déguenillé.

— Parce que ça ne m'arrangeait pas de t'ouvrir la porte. Tu dois t'en être rendu compte depuis longtemps.

Il étouffa... Son ventre se serra; les rôles se renversaient. Ce n'était plus Inge qui était prise au piège, c'était lui. Son visage trahit une souffrance indicible. Inge! Son Inge qu'il aimait tant lui disait tout tranquillement qu'elle n'avait pas voulu lui ouvrir... Elle ne plaidait pas coupable, elle n'expliquait rien. Tout peut se pardonner, même l'infidélité, mais elle ne demandait aucun pardon. Était-ce la fin? Oh! mon Dieu, ne le permettez pas! Il pouvait tout supporter, l'enfer russe, même s'il devait durer, il pouvait tout supporter mais pas la vie sans Inge! Non, pas ça... Et son fils... Il haletait en plongeant jusqu'au fond du regard velouté. Elle lui rendit son regard sans reculer et passa une petite main soignée sur ses cheveux brillants.

— Pourquoi ne voulais-tu pas m'ouvrir, Inge?

Toute sa rage était tombée, il ne restait que la peine, une peine atroce.

— J'ai trois semaines de permission.

Elle leva un sourcil, fit la moue, puis se dirigeant vers l'électrophone elle mit un disque.

— Parce que j'avais du monde, cher ami.

— Du monde?

— Tu le sais sans doute fort bien. Je pense que tu es resté caché et que tu as vu sortir Willy?
— Elle sourit.

Il acquiesça : — Oui.

Epuisé, il se laissa tomber sur un siège et tourna la tête.

— Tu veux que nous nous séparions?

Il suivait le rythme de la musique :

« ... Le monde ne meurt pas pour si peu... »

— Nous séparer? dit-elle en se versant un verre de cognac. Je n'y avais pas pensé. C'est peut-être une idée. — Elle but à petites gorgées et mit une cigarette dans un long fume-cigarette serti de cinq petits diamants. — En tout cas, j'en ai assez d'attendre. Pour le moment, je suis amoureuse de Willy, mais il est possible qu'avec ta mentalité de soldat tu ne puisses pas comprendre que les femmes ne peuvent éternellement vivre seules. Notre mariage au fond a été une erreur.

— Tu disais que tu m'aimais, Inge, et nous avons eu Gunni.

Elle fumait fiévreusement et but encore. Une veine se gonfla sur son front.

— On dit tant de choses! Combien y a-t-il de gens mariés qui s'aiment? Le mariage devient une habitude. Si tu étais un peu large d'esprit et que tu n'en fasses pas un monde, tu aurais évité cette scène idiote et nous aurions pu vivre agréablement. — Ses yeux étaient devenus mauvais, sa bouche raillait. — J'aurais pu coucher avec ceux qui me plaisaient et toi de même. Nous serions restés des amis, des amis avec alliances...

— Mais, Inge! C'est monstrueux! Ce n'est pas possible!

— Pas possible? — Le ton devint rauque. — Tu n'as même pas idée de ce qui est possible.

Il sentit une boule nouer sa gorge. Que s'était-il passé, mon Dieu? Ce n'était pas son Inge qui parlait ainsi. Il redressa son baudrier, sentit la gaine du revolver et y reposa sa main tout en réfléchissant. Elle vit le geste et eut un sourire crispé.

— Pas de drame classique pour l'amour de Dieu! Nous serions tous deux tellement ridicules!

Il laissa tomber sa main et haussa les épaules.

— Dois-je partir, Inge?

Elle hocha la tête : — Ça vaudrait mieux. De toute façon, tu es trop vieux jeu pour admettre ma façon de voir. Si tu veux divorcer, Bernt, tu pourra me l'écrire.

Son kimono s'était ouvert. Il vit les longues jambes minces qu'il avait si souvent caressées. Est-ce que cette scène était vraie? Tout cela semblait trop bête, trop irréel, risible. Elle se tenait là, souriante et belle, elle vivait. Et pourtant elle était morte, en tout cas pour lui. De nouveau il toucha le revolver. Par la gaine entrebâillée, ses doigts glissèrent sur l'acier froid, puis il pensa au gamin... Et il revit les yeux moqueurs du légionnaire. Sa main retomba une fois encore.

— Tu ne veux pas un verre avant de partir?

Il dit oui... « A moi, son mari... Un verre avant de partir... » — Ils burent ensemble et elle ajouta quelque chose concernant ses souliers poussiéreux et son uniforme taché. Et puis une autre remarque à propos d'un hôtel où il pourrait aller dormir. Tout à coup, des mots lui échappèrent.

— Es-tu amoureuse de Willy?

Elle buvait son cognac et sourit; ses yeux se voilèrent.

— Je te l'ai dit, je l'aime.

— Vous avez couché ensemble?

Elle rejeta la tête en arrière et se mit à rire. Un rire provocant. Il eut envie de la battre et sa main glissa encore vers le revolver, mais le visage de son fils le calma une dernière fois. Demain il irait au camp où se trouvait Gunni.

En partant il lui fit un signe d'adieu, et vit à son poignet un bracelet qu'il lui avait donné jadis, un bijou serti de pierres bleues, acheté en Roumanie. Dans sa joie, Inge s'était jetée à son cou et l'avait embrassé passionnément, puis elle s'était donnée à lui comme jamais auparavant... Il y avait de cela cinq ans.

La porte refermée, le lieutenant put enfin pleurer, puis il alla échouer dans une caserne de la garde, à Potsdam.

Le lendemain, il partait pour Bergen voir son fils. Le camp — de simples baraques en bois — se trouvait loin dans la lande, loin des regards indiscrets. Il semblait qu'on éprouvât malgré tout un tel sentiment de honte que l'on ne voulût pas laisser voir comment, de sang-froid, méthodiquement, on tuait l'âme des enfants.

Un S. S. Obersturführer qui avait perdu un bras en 1941 l'emmena au camp dans sa voiture en l'appelant « Cher collègue », ce qui énerva Ohlsen au plus haut point. Le S. S. raconta qu'il était responsable de l'éducation militaire des garçons.

— Ce sont des chiffes quand ils arrivent, dit le S. S. en haussant la voix pour dominer le bruit de la voiture, mais il ne faut pas longtemps pour en faire des diables — Il agita, enchanté, sa manche à moitié vide. — Capables d'égorger père et mère !

La voiture s'arrêta sur une colline, à quelques kilomètres du camp, et le S. S. désigna une section de jeunes gens, vêtus de brun, qui rampaient sur le terrain.

— Voilà notre commando de sabotage; c'est le terme de notre éducation. — Il eut un gros rire en disant « éducation ». — Nous leur donnons aussi, de temps en temps, un juif à titre d'expérience. C'est plus drôle pour eux de tuer un juif que de voir un combat de coqs. Plus tard il faudra bien qu'ils se mettent à tuer des hommes.

Le lieutenant se retourna d'un bloc et le regarda

avec horreur. C'était un S. S. d'aspect avenant et tiré à quatre épingles.

Ils arrivèrent chez le commandant du camp, le S. S. Bannführer Grau. En souriant on apprit à Ohlsen qu'il n'avait plus de fils, ce dernier appartenant désormais au Führer. Pas question d'apercevoir Gunni et de lui parler, mais on pouvait lui envoyer des colis qui lui seraient remis de la part du Parti.

— Nous sommes tous le Parti, dit Grau en souriant toujours.

Le lieutenant protesta avec la dernière violence contre l'adoption de son fils par l'Etat; il n'avait signé aucun papier.

— Aucune importance, dit le Bannführer enjoué. Votre femme et votre beau-père suffisent comme garantie et vous ne pouvez rien trouver à redire au fait que votre fils sera élevé en vrai disciple du Mouvement. La vie familiale n'est pas indiquée pour notre jeunesse; ici on la trempe comme l'acier de Krupp !

On poussa la complaisance jusqu'à ramener à Bergen le lieutenant Ohlsen, non pas pour lui être agréable, mais pour l'empêcher de chercher envers et contre tout à voir son fils.

Devant la villa se tenait un homme amputé des jambes et des bras, qu'on avait posé sur le châssis d'une voiture d'enfant. Il était en civil, mais sur sa veste brillait la croix de fer de première classe.

Le S. S. Obergruppenführer Berger descendit de sa Mercédès, fronça le sourcil et regarda l'homme-tronc d'un mauvais œil.

— Eloignez-moi ça, chuchota-t-il à son second.

On s'empara de l'invalide qui criait et on le jeta dans le four avec quelques juifs ou autres bohémiens. Le châssis de la voiture d'enfant roula le long de la rue et servit de jouet à un gamin. Aucun objet désagréable n'offensait plus la vue des invités.

17

SOIREE CHEZ LES S. S.

Un soir, le lieutenant Ohlsen fut emmené par Heinrich dans une grande villa près du Wannsee. Toute la fleur du Parti devait s'y rencontrer.
De chaque côté de la porte, sur laquelle était sculpté l'aigle S. S., se tenaient deux gardes en grand uniforme. La foule se pressait dans la grande entrée où d'autres S. S. en veste blanche débarrassaient les invités de leurs manteaux. Aussitôt après, s'ouvrait une grande salle brillamment éclairée par de nombreux lustres de cristal qui se reflétaient en d'immenses glaces sur toute la hauteur des murs. Au milieu de la pièce se dressait une table en fer à cheval, couverte de linge damassé, de porcelaine de Sèvres, de flambeaux à douze branches en or massif, de verrerie en cristal gravé, d'ancienne et lourde argenterie.
A l'une des extrémités du salon, une vingtaine d'officiers supérieurs lorgnaient d'un œil allumé les grandissimes décolletés des dames. Heinrich attira Ohlsen vers ce groupe et le présenta à un homme assez fort, en uniforme brun, dont le regard

glaça le lieutenant. Cet homme était un des rouages les plus insensibles de l'administration S. S. Il tendit au lieutenant une main molle et collante et grommela quelque chose signifiant que c'était un honneur de serrer la main d'un officier du front; puis il engagea le lieutenant à se servir, et, sans plus de cérémonie, se précipita vers une dame en mauve.

Tout le monde se mit à table. Une longue file de S. S. en veste blanche, manœuvrant comme à l'exercice, entra, portant les plats dont l'abondance ne se ressentait nullement du rationnement. Il y avait tout ce qu'on pouvait désirer de plus succulent.

— Ça, au moins, c'est un menu! dit en riant le S. S. Untersturmführer Rudolph Busch, qui, déjà passablement gris, faisait face au lieutenant. A la bonne heure! bégayait-il en mordant dans une cuisse de faisan qu'il tenait à deux mains, se piquant de ressembler ainsi aux vieux héros germaniques.

Busch, d'après les dires d'Heinrich, avait pendu sa propre sœur à Gross-Rosen deux ans plus tôt. Il avait en effet une tête à ça.

— Menu international! gronda-t-il avec un geste large, en jetant ensuite derrière son épaule l'os rongé qu'un S. S. s'empressa de ramasser. — Personne ne sembla surpris. Les Germains festoyaient comme devait le faire les hôtes de Wotan.

— Voilà des artichauts de Yougoslavie, reprit-il avec l'orgueil du vainqueur, des truffes belges, des champignons de France, du caviar russe, du beurre et du jambon danois, du saumon norvégien, des gelinottes finlandaises, des faisans bulgares, du mouton hongrois et des pommes de terre venant des terrains sableux de Pologne. Il ne nous manque somme toute qu'un délicieux rump-steak anglais! — Il jeta un second os par-dessus son épaule. — Mais ce qui ne figure pas encore au menu peut venir — il lécha ses lèvres luisantes —attendez un peu, lieutenant, qu'on saute la Manche! Je me réjouis à l'idée d'établir des camps de concentration en Ecosse et de voir hisser les lords à la corde !

— Bon Dieu ! pensa le lieutenant, il ne sait donc pas que la guerre est perdue !

— Que pensez-vous, cher collègue, de l'avenir de l'Allemagne ? grommela Busch en enfonçant ses mâchoires dans un morceau de chevreuil. — Il avait l'air d'un cannibale en grand uniforme.

Le lieutenant haussa les épaules et s'excusa de n'en rien savoir. Un bœuf sur la langue en pareille société ! Il évoqua le visage moqueur du légionnaire et frémit.

— L'Allemagne sera le plus grand pays du monde et de l'Histoire, assura un peu plus tard l'officier S. S. de plus en plus ivre. Mais attendons-nous à en baver et à avoir faim, ajouta-t-il après réflexion. Une faim de loup ! Regardez un peu nos invités. — Il ricana. — Bâfrer est aujourd'hui pour ses messieurs plus important que la culture ou le combat. Voyez ce qu'ils s'envoient ! Je parle des hommes.

— En effet, dit le lieutenant qui ne put s'empêcher d'ajouter : — Et les dames ?

Rudolp Busch haussa les sourcils. Un nouvel os, jeté nonchalamment, atterrit sur un rafraîchissoir à champagne posé sur une desserte.

— Attendez un peu et vous verrez. — Il rit d'un air renseigné et se mit à boire avec bruit. — Ici, tout se passe suivant les normes S. S. Ce n'est pas aussi artificiel que vos réunions, lieutenant. L'estomac plein, on passe au second acte. — Il mordit à même une pêche et le jus coula sur son uniforme gris perle. — Donc, deuxième acte : d'abord la gniole. — Il rota et fit un signe d'excuse vers sa voisine. — Ensuite, furioso grandioso. — Moue et claquement de langue. — Et enfin, lieutenant, pastorale amoroso. Le tout dans les formes. Je dois vous dire, lieutenant, que chez les S. S. on est, comme disent les Anglais, des gentlemen. — Il se tut et lécha un de ses doigts taché de sauce. Jetant un coup d'œil de biais au lieutenant, il continua en suçant toujours son doigt : — La sauce au raifort me fait toujours penser aux filles, mais aux putains de première classe ! — Il regardait le lieutenant avec curiosité et se décida enfin à sortir ce qu'il avait depuis longtemps envie de dire à un type de l'armée.

— Vous autres, galonnés du front, vous n'avez aucune notion des formes ! Vous êtes de vrais primitifs. — Il éclata de rire en attendant la protestation du lieutenant.

Mais Ohlsen ne l'écoutait pas. Il pensait à ce qu'il pourrait faire contre Inge et son beau-père.

— Mon beau-père est le dernier des porcs ! articula le lieutenant tout haut.

— Donnez-moi son nom et je le signale à un ami de la Prinz Albrechtstrasse, bégaya Busch. Tous les cochons doivent être liquidés. Il faut faire de la place, confia-t-il en baissant la voix.

D'un peu plus loin, Un S. S. Obersturmbannführer cria : — Tais-toi Busch, espèce d'ivrogne, sinon il t'en cuira !

— Oui, Obersturm, hoqueta Busch en avalant son cognac — il eut un regard torve — il faut les liquider, les jeter aux bêtes ! Juste bons pour les bêtes !

Le lieutenant le regarda sans le voir. C'était Inge qui lui apparaissait dans son kimono japonais ouvert sur ses belles jambes. Il détourna la tête, but une gorgée et n'entendit qu'à moitié ce que Busch continuait à dégoiser.

— Les dames ici sont distinguées et riches. Ça les démange toutes où je pense ! — Il rit aux anges et se mit à penser : — Collègue, la vie est curieuse. Vous êtes officier de hussards, lieutenant dans un régiment du front, et que suis-je moi ? Un misérable gardien de drapeau dans un camp. — Il fronça tristement les sourcils, balaya de son assiette un monceau d'os rongés et jeta l'assiette vide derrière lui. — Je suis très malheureux, foncièrement malheureux ! — Son regard roula, désespéré, comme s'il se noyait et il se pencha vers Ohlsen pour lui murmurer un secret. — Ma vie est une déception, collègue. Croirait-on que mon plus cher désir était d'entrer dans les ordres?

— Sûrement pas, dit le lieutenant avec conviction.

— Et pourtant c'est la vérité même! Et puis, qu'en est-il advenu? — Il cracha par terre de dégoût en ratant de peu sa voisine. — Je suis devenu officier de la Garde. Quelle horreur! Mais j'ai une idée. Quand la guerre sera terminée je prendrai un diplôme de théologie et j'espère finir archevêque de Cologne. Ça serait bidonnant!

Il vacilla et continua : — Quand les belles dames, ici, en auront assez de boire du champagne, nous passerons en première ligne, là-haut. Il rit et cligna de l'œil : — On y joue à saute-mouton!

Il se tut et réfléchit péniblement. Son regard cherchait quelqu'un. Il montra enfin une mince brunette en robe lamée d'argent outragement décolletée.

— Celle-là, je vous préviens, elle est tout ce qu'il y a de chaude sur l'article!

Le lieutenant suivit le regard et reconnut une actrice de cinéma très en vogue.

— Est-ce que toutes ces femmes sont vraiment aussi putains? dit-il d'un air de doute en regardant l'actrice qui flirtait des plus familièrement avec un général de la police.

— Pas toutes, avoua Busch, mais celles qui font les mijaurées on les jette dehors. Celle-là, là-bas, qui étincelle, en est une vraie! Dans les films, elle joue les Gretchen, mais ici, oh! là, là! Ma parole, elle devient une bac... une bac... enfin quelque chose comme ça.

— Vous voulez dire bacchante?

— Faites pas le malin, embusqué du front! éclata l'ivrogne en colère.

Le lieutenant se mit à rire et haussa les épaules. Busch marmonna des mots indistincts... « Liquider toute l'armée, ramassis de traîtres... » Tout à coup son visage luisant s'éclaira.

— Savez-vous ce que veulent dire les initiales de votre plaque ?
— Wehrmacht Heer, répondit le lieutenant.
— Raté! clama le gros homme enchanté. Ça veut dire « Weg nacht hinten (1)! »

Hilare, il se tapa sur les cuisses en donnant des coups de coude à sa voisine.

Le lieutenant se pencha en arrière : — Et savez-vous comment, dans l'armée, on appelle les S. S. ?
— Non, dit Busch avec curiosité.
— Arsch (2), arsch! gloussa le lieutenant.

Il y eut un silence oppressant. Ohlsen se mit à rire, leva son verre et dit : — A la santé de l'armée!

Mais comme les verres se levaient mollement, il ajouta, malicieux :
— A la santé de l'armée du Führer!

Force était de porter le toast et de briser ensuite les verres car ceux-ci ne devaient plus servir à rien d'autre. Le lieutenant regarda avec satisfaction le monceau de verres en miettes et se promit de recommencer avant de s'en aller.

Le dîner ayant pris fin, on se répandit dans la grande villa.

— Quel est l'état d'esprit du front en ce moment ? chuchota un officier de la police à l'oreille d'Ohlsen.

Ce dernier fit un geste vague : — Je suis en permission et je n'ai aucune donnée qui soit récente.
— Permission ? cria Busch. Qu'est-ce que c'est que ça ? Chez les S. S. on n'a pas de permissions. Tout au plus des missions pour arrêter les traîtres et ordures de ce genre. Parlez-moi de vous autres, du front, Des peinards! Ça me soulève le cœur quand on me parle de l'armée. — Ses yeux délavés commençaient à se noyer : — Regardez ces culs de généraux qui se dandinent dans leurs bottes! Poux, que je les appelle. — Il s'échauffait. — Si j'étais le Führer, la hache, et en vitesse! — Il se tourna

(1) Marche arrière.
(2) Cul.

vers les gradés S. S. qui faisaient cercle : — N'ai-je pas raison les gars? L'armée est un troupeau de moutons bêlants, une bande de lâches.

On acquiesçait. Quelqu'un murmura : — Oui, bande de lâches.

— Ces beaux messieurs aux galons rouges se pavanent devant nous, la Garde du Führer ! Ils nous méprisent comme de la crotte — Busch cracha sur le tapis persan — ces merdeux oublient totalement que c'est grâce à nous qu'ils sont ce qu'ils sont, car sans nous, que seraient-ils, je vous le demande?

Le lieutenant haussa les épaules. Il regardait une dame dont la jupe remontait bien au-delà des genoux. Un S. S. lui mesurait la cuisse avec une ficelle.

— Qu'étaient-ils ces chiens? continua Busch, têtu, et il poussa le lieutenant du coude. Des merdes ! Ils se présentaient au rapport uniquement pour obtenir des signatures comme au temps du système. — Il cracha de nouveau sur le tapis et écrasa la tache gluante avec son pied. — Vous autres, étalons de la Wehrmacht, vous obtenez des décorations par pelletées pour ce bout de guerre de rien !

On essayait de le calmer, mais en vain.

— Et nous ! Vous ne répondez pas, lieutenant à la gueule de héros. Et nous?

— Assez ! Rudi, conclut une voix. Ce n'est pas la faute de cet officier de blindés si tu n'as pas encore de décorations.

— Laisse-moi finir, crétin, protesta Busch qui s'accrochait aux revers du lieutenant. Notre guerre est bien pire que la vôtre, regardez comme mes mains tremblent. — Il les secoua violemment devant le nez d'Ohlsen. — Des exécutions par centaines, collègue, des exécutions en masse. Vous devriez essayer heure après heure, jour après jour, de commander des pelotons d'exécution, même si ce ne sont que des sous-hommes que nous tuons. Ils crient quand même parce qu'ils ont peur de la mort. — Il se lécha les lèvres. — Nous les enterrons quelquefois avant qu'ils ne soient tout à fait morts, mais ce n'est pas parce que nous sommes des monstres. Souvenez-vous que je voulais entrer dans les ordres ! — Il souffla, vida son verre qu'on remplit aussitôt et qu'il vida derechef. — Mais nous avons du travail, collègue, on est pressé en diable. Tous les juifs doivent être liquidés avant la fin de la guerre, et l'intelligentzia polonaise, et la russe aussi, alors vous comprenez, lieutenant, faut faire vite pour tuer tant de gens !

Le lieutenant qui avait la nausée se détourna de Busch. L'ambiance n'était pas encore au point. Dans l'escalier on commençait seulement à boire du cognac dans les souliers des dames. Ailleurs, on jouait à la bouteille et on tombait la veste; dans un coin, deux officiers supérieurs s'efforçaient de retirer la culotte d'une dame glapissante. Ils en bavaient. Une fille en bleu dansait sur la table; elle lança ses souliers vers le plafond et ils atteignirent un lustre en cristal qui dégringola en éclatant. Aussitôt un Hauptsturmführer sortit son revolver et en descendit deux autres.

— L'ampoule est tombée sur moi, dit-il. Je suis les ordres du Führer, deux pour un.

Il rechargea son arme et la remit dans sa gaine, en notant, très satisfait, que les dames présentes l'avaient remarqué. C'était viril de tirer aussi bien.

Le lieutenant s'absorbait dans la contemplation d'un tableau magnifique. Un S. S. Standartenführer s'approcha.

— Beau, n'est-ce pas?

Le lieutenant hocha la tête.

— Quelle drôle de maison, continua le S. S. Elle appartenait à des juifs. C'est ici que ces salopards faisaient leurs orgies. — Il eut un geste de dégoût. — Grand temps de nettoyer ces écuries d'Augias ! — Il donna une tape sur l'épaule d'Ohlsen d'une main gantée de blanc. — J'y venais. C'était magnifique, somptueux, mon cher !

— Qu'est devenu le propriétaire?

Le S. S. eut le souffle coupé par la naïveté de cette question.

— Dans un camp, naturellement! Qu'est-ce qu'on en ferait? Mais d'abord nous avons baptisé cet adepte du Talmud.

Le lieutenant le regarda sans comprendre : — Baptisé?

— Oui, bien sûr, baptisé. C'est ce que vous faites aux partisans, je crois ! — Il alla en riant vers une dame, déchira sa robe et fit un nœud des deux pans, ce qui dénuda le derrière de la dame. C'était comique, elle avait les genoux cagneux.

— Alors on va se coucher? cria un S. S. Sturmbannführer de la Division T « Surveillance des camps. »

— C'est le commandant en second d'Oranienbourg, expliqua un policier en offrant au lieutenant une coupe de champagne. Du véritable Veuve Clicquot, ce n'est que chez nous qu'on en trouve. — Il avait la bouteille dans sa poche et remplit les verres une seconde fois. — Vous êtes-vous trouvé une génisse, lieutenant?

— Une quoi?

Le policier riait : — Une génisse, c'est une des nouvelles; une vache, c'est une dame qui a dépassé l'âge mûr, et une jument, c'est une acrobate qui le fait devant tout le monde.

— Et quels noms donnez-vous aux hommes?

L'officier de police éclata de rire et se hâta vers deux dames. Ohlsen revint vers le coin où était Busch, lequel expliquait toujours à deux messieurs en costume civil foncé ce que faisaient les valeureux S. S. pendant que les autres s'amusaient au front.

Un des messieurs alluma lentement un long cigare noir. On voyait qu'il était connaisseur. C'était un de ces Allemands mystérieux dont l'Amérique du Sud regorgeait durant l'entre-deux guerres. Pendant un temps, il avait été conseiller de la politique secrète en Bolivie; plus tard on le vit vendre des armes de Krupp au Paraguay, l'adversaire de la Bolivie dans la longue guerre qui avait opposé les deux États. Maintenant, il tenait le haut du pavé à Berlin, avec un bureau au dernier étage de la Prinz Albrechtstrasse.

— Nous liquidons tout le monde, bavait Busch qui titubait dangereusement et répandait son cognac sur son uniforme. D'abord on tue les juifs jusqu'au dernier ! — Le monsieur hocha la tête en silence. — Puis les romanichels. — Le monsieur acquiesça de nouveau. — Busch mit le goulot de la bouteille dans sa bouche sans se douter qu'un ami l'avait remplie à moitié de vodka et à moitié d'aquavit. Il tituba. — Puis le tour des Polonais, et enfin il n'y aura de la place que pour nous, les Allemands ! En avant, camarades, vive les S. S. !

— Il claqua des talons leva le bras et hurla :
— Heil ! Victoire !

Tout le monde hurla en chœur, puis on entonna :
... *Judenblut soll spritzen...*

Le chant fut interrompu par une fille à moitié nue qui se sauvait en criant à travers les salons, poursuivie par un officier en manches de chemise avec de larges bretelles volant derrière lui. Un officier portant les insignes de général S. S. commanda d'une voix de stentor :
— Attention... au plumard !

Un tonnerre de joie souleva presque le toit de la villa. C'était le signal d'une folle ruée vers les dames. L'une d'elles, qui protestait, fut violée dans l'embrasure d'une fenêtre. Une autre marchait sur les mains, montrant une culotte plus qu'indiscrète en dentelle noire; un officier y versa du bourgogne, tout doucement, avec sentiment. L'Obersturmführer Stenthal approuva cette destination d'un bon vin; il avait été autrefois sommelier à Bonn, maintenant il était directeur des interrogatoires à la section de police de Buchenwald.

Il enleva la culotte de la fille et se livra à quelques expériences pornographiques avec elle. Chacun se surpassait en inventions érotiques; tous bramaient comme des cerfs en rut.

Le lieutenant Ohlsen, assis à califourchon sur une chaise, était ivre. Devant lui, étendue par terre, une femme nue, qui n'avait gardé que de longs bas fixés par des jarretières à roses rouges, se pâmait aux bras d'un S. S. en caleçons longs, rapiécés grossièrement. Le lieutenant riait de ce maladroit ravaudage.

— Supergermain en caleçons longs mal raccommodés ! — Il cracha et atteignit le derrière du S. S. juste sur le rapiéçage. — Tu es un cul, dit-il avec conviction. Demain j'irai à la Prinz Albrechtstrasse et je raconterai à ce chien du quatrième étage que connaît Heinrich, oui, je lui raconterai des tas de choses sur cette autre putain, ma femme. — Il se mit de nouveau à rire.

Une blonde platinée vint s'asseoir sur ses genoux et lui caressa les cheveux.

— Tu peux bien m'appeler Ilse, dit-elle.

— Ilse, dit le lieutenant en crachant de nouveau sur la pièce du caleçon.

Ils restèrent un instant silencieux à regarder les contorsions des deux corps sur le parquet.

— Elle aime bien ça, constata la blonde Ilse.

Une autre dame les rejoignit. Elle portait une robe dorée décolletée jusqu'aux hanches.

— Tu as l'air si triste, dit-elle au lieutenant. Pourquoi ne t'amuses-tu pas ? N'aimes-tu pas les femmes ?

— Tu es une putain ? demanda le lieutenant.

— Goujat !

— C'est ce qu'il te faut, dit brutalement Ohlsen. — Il donna un coup de pied à la fille mais faillit tomber avec sa chaise; il arriva cependant à saisir son verre posé par terre. C'était un hanap d'un litre et demi, plein de vodka et de cognac. Un lieutenant de police avait déclaré que ce mélange chassait le cafard.

Un S. S. Hauptsturmführer parut, tirant une chaise derrière lui. Il n'avait qu'un œil, l'autre était masqué par un monocle noir qu'il perdait tout le temps, et on ne voyait plus alors qu'un trou rouge et humide. Il adorait montrer son trou; on en perdait l'appétit.

L'homme s'assit lourdement à côté du lieutenant et regarda autour de lui de son unique œil, noir comme jais.

— Veux-tu venir au camp et jouer au couteau avec les traîtres à la patrie? Il souffla et montra la blonde platinée : — Et toi, es-tu gentille, veux-tu faire l'amour?

— Pas avec toi, dit Ilse, tu es un vrai cochon.

Le S. S. se mit à rire et perdit son monocle qui roula vers les deux corps enlacés sur le sol. L'œil rouge luisait; les filles frissonnèrent. Le lieutenant tirait sur son fume-cigarette et regardait avec indifférence le trou sanguinolent qui ne voulait pas guérir.

— Tu es certainement un vrai petit tigre, dit le S. S. à Ilse. Une panthère qu'il faut apprivoiser au fouet. — Son rire devint mauvais.

— Pourquoi joues-tu comme ça de ton œil? dit le lieutenant en buvant quelques gorgées de son hanap.

— Il est fou, murmura la blonde platinée, complètement fou. On dit qu'il crucifie les gens dans son camp.

Le lieutenant dévisagea le S. S. qui riait tandis que l'œil rouge donnait une impression de folie.

Le S. S. hocha la tête : — C'est exact. Quatre clous, une robe noire ou un cochon talmudique. — Il parut réfléchir : — Les types du Talmud sont plus coriaces, mais les soutanes crient plus fort, c'est plus drôle. Tu ne veux pas venir, lieutenant? Tu pourrais voir, on vient d'en amener une fournée.

Il regarda les deux corps par terre, se pencha, ramassa son monocle et saisit un des seins de la fille nue qu'il serra fortement. La fille cria.

Le borgne continua, indifférent :

— Dans ma chambre, j'ai deux têtes de la taille

d'une orange. L'une d'elles est celle d'une fille juive, l'autre celle d'une Polonaise. Au camp il y a une Française, et je veux avoir sa tête. Je trouve que ça fait bien, ces têtes, sur un bureau, et quand la guerre sera finie, ça aura sûrement de la valeur. Il est plus facile d'en chercher à Berlin qu'au cœur de l'Amérique du Sud, c'est moins dangereux !

Le lieutenant but encore.

— Qu'as-tu là-dedans ? demanda le borgne.

Le lieutenant tourna la tête mais ne répondit pas ; physiquement il eût été incapable d'adresser la parole au collectionneur de têtes.

— Lieutenant, as-tu jamais goûté du sang de femme dans du cognac ? Il en faut juste un dé à coudre dans un verre, mais c'est merveilleux.

Il saisit le poignet d'Ilse, le mordit brutalement et racla le bord de son verre contre la plaie. Ilse cria de terreur, ce qui le fit rire férocement. Des gens s'attroupèrent. Le grand monsieur en complet foncé s'approcha, suivi de quelques S. S. en vestes blanches. Sans mot dire, il écouta le récit de ce qui s'était passé et tourna le dos en murmurant :

— C'est tout ? Une plaisanterie. — Il chuchota aux serveurs : — Faites arrêter la fille pour insultes à un S. S. Mais pas encore, plus tard. — Il alluma un nouveau cigare noir, regarda avec amusement un couple dans une position érotique et quitta la salle en chantonnant.

Le chasseur de têtes qui buvait du sang de femme se leva et poussa du pied la fille nue, par terre.

— Ton mec fait ça mal, trouves-en un mieux ! — Et il glissa plus loin. Peu après on le revit, un manteau gris jeté sur son uniforme de gala constellé de taches. Le monocle noir avait encore disparu et la chair de l'œil enflammé rougeoyait. La salive coulait au coin des lèvres entrouvertes. Il frappa le lieutenant Ohlsen du pommeau d'or de sa cravache.

— Tu viens au camp, lieutenant de l'armée ? Clouer quelques circoncis sur la planche ?

Le lieutenant leva les yeux. Des mots de haine lui montaient à la gorge, mais l'endroit était mal choisi. Il ne répondit pas et but de longues gorgées au hanap plein. Oublier... Comment un jour pourrait-on oublier ?

Le S. S. haussa les épaules et s'en alla en vacillant. On crut qu'il allait tomber, mais il se redressa soudain et essuya de son gant blanc la chair rouge qui ne voulait pas guérir.

— Je pars, cria-t-il. Si vous vous ravisez, demandez Oberscharführer Schenk ; il vous conduira à mon camp et nous aurons un divertissement de circoncis et de soutanes à qui criera le mieux.

Il sortit en faisant cliqueter ses éperons dorés fixés à de petites bottes. La fille brune demanda à Ohlsen de lui attacher son soutien-gorge.

— Tu es en permission ? demanda Ilse.
— Oui.
— Tu n'as pas de famille ? reprit la brune aux yeux mi-clos comme ceux d'un chat.

Le lieutenant ne répondit pas.

— Tu peux venir coucher chez moi, proposa la blonde Ilse.

— J'y penserai, dit-il en buvant toujours. — Il était parfaitement ivre mais personne ne pouvait s'en apercevoir. Posant le hanap, il regarda la blonde. — Si j'étais toi, je filerais.

— Pourquoi ? s'écria-t-elle en rejetant d'un coup de tête ses cheveux dénoués, brillants comme de la soie.

Ohlsen sourit : — C'est un avis, crois-moi. File sans qu'on te voie.

— Quelle idiotie ?

Elle alla vers un Unterscharführer dont le col portait les lettres S. D. (1). Il lui caressa les jambes et ils montèrent.

Le lieutenant ne la revit plus. Elle fut arrêtée après avoir couché avec le S. S. et ce fut lui qui l'emmena. On la fit sortir par la porte de derrière

---

(1) Sicherheits Dienst : Service de sécurité.

qui donnait sur une rue voisine et, le lendemain, on retrouvera son corps dans Grünewald. Une note de service signala qu'elle avait été écrasée par une auto inconnue, et qu'elle était en outre une des femmes « asociales » de Berlin. Les gens haussèrent les épaules : — Une putain !

Quelqu'un donna une tape dans le dos du lieutenant. C'était un très jeune S. S. Sturmbannführer portant, autour du cou, la croix de fer. Sur une de ses manches était cousu le ruban noir où, en lettres gothiques, se lisait « Leibstandarte S. S. Adolf Hitler ». Une ahurissante rangée de décorations barrait sa poitrine.

— Une bière d'Ingefar, camarade? demanda le jeune major.

C'était la première fois de la soirée qu'on appelait le lieutenant « camarade ». Étonné, il leva les yeux.

— De la bière d'Ingefar? dit-il, ça donne la nausée.

Il leva son hanap et but lentement, mais toussa. Le major S. S. se mit à rire et plongea son nez dans le hanap.

— Bon Dieu que c'est fort !

— Oui c'est fort. Il faut ça pour vivre, ajouta le lieutenant.

Le major S. S. de la Garde personnelle d'Hitler hocha la tête et jeta un coup d'œil circulaire.

— Quelle porcherie !

Ohlsen ne répondit pas; il en pensait davantage.

— Quand la guerre sera finie, il faudra rendre des comptes pour tout ce que ces types auront fait, dit le major.

— Ils crucifient les gens.

— Oui, dit le S. S. — Il se pencha vers le lieutenant et chuchota : — Sais-tu ce que je vais faire, camarade. Je vais me tuer.

Il regarda encore autour de lui et sa bouche eut un sourire ironique.

— Et je vais le faire ici, en plein milieu de la horde !

— C'est une connerie, dit le lieutenant.
— Peut-être, camarade, mais ça leur fera quelque chose.
— Tu es ivre?
— Pas du tout, affirma le major S. S. qui avait au plus vingt-cinq ans. — Il était très mince, très grand. Ses cheveux rappelaient la couleur du blé mûr, ses yeux, le bleu du ciel par une chaude journée d'août. Il était très beau.

Sa haute taille se redressa tout entière : — Regarde plutôt, camarade ! — Il alla vers un général S. S. bardé de décorations de la Première Guerre mondiale qui encadraient l'emblème d'or du Parti. Une distinction ornait sa manche droite. Le jeune officier l'empoigna par ses revers où luisaient les feuilles de chêne d'argent. Il sourit et dit très haut :

— S. S. Gruppenführer, vous allez voir quelque chose de drôle, une blague hors série !

Le général qui avait bien passé la soixantaine regarda, irrité, le grand et bel officier. Il causait justement avec le monsieur en veston foncé et trois dames; des actrices de la U. F. A.

— Et quelle est cette plaisanterie?

Le jeune officier eut un rire charmant et contagieux. Ohlsen but encore un peu, puis se renversa en arrière. Il se sentait convié personnellement à ce qui allait suivre.

Le major pointa son index vers le général.
— S. S. Gruppenführer, vous êtes un salaud, un infâme salaud nazi !

Le génral fit un saut en arrière. Tout son sang avait quitté son visage bouffi; il resta la bouche ouverte... Le major sourit.

— Vous tous, types des camps et des services de police, vous êtes un ramassis de monstres et d'assassins, mais pour votre agréable surprise je viens vous apprendre que nous avons perdu la guerre. Les collègues de l'autre côté sont en route pour Berlin et ils vont vite !

Une main lui prit le bras qu'il secoua brutalement.

— Bas les pattes, salopard !

L'homme qui lui avait saisi le bras le lâcha et fit un pas en arrière. Le ruban de la Garde et la Croix de chevalier en imposaient tout de même. Le jeune major prit son revolver et l'arma.

Il y eut un silence de mort.

Le général et le monsieur en civil regardaient hypnotisés le lourd revolver de l'armée dans la main du jeune officier.

— J'ai honte de l'uniforme que je porte, dit le major tout doucement, en appuyant sur chaque mot. J'ai honte pour ma mère allemande ; j'ai honte de ce pays qu'on dit être le mien ; j'espère en vérité que nos vainqueurs seront assez sages pour fusiller chacun d'entre vous comme un troupeau de hyènes que vous êtes et qu'ils vous pendront avec vos propres ceintures aux murs de vos casernes et de vos prisons.

Il appuya le revolver sur son ventre, claqua des talons et tira.

Le revolver tomba. Le major se balança un peu, mais ne tomba pas. Il prit son poignard de parade, une arme aiguë attachée à une chaîne à son côté, et, sans cesser de sourire, il enfonça lentement le poignard dans ses entrailles en ouvrant de gauche à droite une large plaie. Le sang coulait sur ses mains. Il se balança encore comme un arbre dans la tempête puis tomba à genoux. « Vous ne vous attendiez pas à cela, assassins ! » semblait-il dire, mais ses lèvres ne s'ouvrirent pas. D'un effort énorme il se releva, puis s'effondra. Il regardait le lieutenant toujours assis à califourchon sur sa chaise et leva la main en guise de salut. Une main pleine de sang.

— N'était-ce pas beau, camarade ? chuchota-t-il.

Ses yeux se ternirent, mais il souriait encore. La croix de chevalier tintait contre ses boutons. On l'étendit sur une table ; quelqu'un ouvrit son uniforme et le haut de son pantalon. Le mourant regarda le visage barbu de l'officier qui se penchait sur lui.

— Arrière vous tous ! Je suis sorti de la confrérie. Dommage de ne pas vous avoir vus pendus !
Que ça faisait mal... Seigneur que ça faisait mal...
— C'était peut-être une connerie, camarade...
« Mets-toi à genoux et prie le Seigneur », disait sa mère. Le grand-père était pasteur, il s'en souvenait... Un col raide et blanc. Grand-père prêchait toujours en pleurnichant, mais il trichait au jeu quand il jouait au café... La lumière du lustre de cristal taillé à Prague lui blessait les yeux. Il pouvait entendre quelqu'un faire les cent pas derrière lui.
— Il ne faut pas qu'il meure, dit une voix.
Il sourit, c'est-à-dire que ses lèvres se crispèrent et montrèrent ses dents.
— Raté, je me débine... ! — Il pouvait bien mourir maintenant, mais c'était drôle de les faire languir... — Tout de même, ce que ça pouvait faire mal... Pourquoi avoir enfoncé ce couteau? C'était bête, camarade, c'est la faute des Japonais.
— Ces singes jaunes ont de la gueule quand ils font hara-kiri, mais il n'aurait tout de même pas cru que ça faisait aussi mal... Et jusque dans le cou, dans le dos... Pourvu qu'il n'y ait pas de Dieu ! Ce serait une déveine... Il n'était pas parmi les bons, il le savait. Peut-être ses souffrances lui seraient-elles comptées si Dieu l'attendait... Peut-être le grand-père avec son col raide dirait-il un mot pour lui...

Le général, livide, se pencha sur la table où on l'avait couché et son visage, subitement, était celui d'un très vieil homme. Avec un effort que l'on n'aurait pas cru possible le mourant se redressa, furieux. Le sang lui sortait par la bouche. Il toussa, étouffa, bégaya une injure. Le général fut éclaboussé de sang, ce qui le mit en colère. On entendit le mot « cochonnerie ». Une fille pleurait.

Le major retomba lourdement sur la table. Maintenant, ça ne faisait plus mal... Il se sentait bien... Tout à fait bien... Il mourut.

Sans s'en être rendu compte, il se trouva tout à coup devant un grand bâtiment gris, au N° 8 de la Prinz Albrechtstrasse. Deux aigles et la mention « Police secrète » étaient gravés sur la plaque ovale en bronze.

Il monta l'escalier comme un automate, ouvrit la lourde porte dont la poignée se trouvait placée à une telle hauteur qu'on se sentait réduit à la taille d'un enfant. Les plantons S. S. ne lui accordèrent pas un regard, malgré son uniforme d'officier.

Au quatrième étage, il s'arrêta devant une porte grise où l'on pouvait lire sur une petite plaque de cuivre : S. T. A. P. O. B2.

Il frissonna comme s'il avait froid. Plus loin, une autre porte s'ouvrit. Des casques noirs et brillants parurent; une femme traînée dans un ascenseur qui s'enfonça brusquement vers les caves.

Un grand blond, au nez aquilin — la silhouette idéale pour Himmler — s'enquit de ce que cherchait le lieutenant Ohlsen.

— Je me suis trompé, murmura celui-ci, comme dans un rêve.

Il descendit l'escalier en courant, gagna la rue et respira, soulagé. Ce serait sans rougir qu'il pourrait regarder Alte et le légionnaire.

18

AMOUR DE RENCONTRE

Il pleuvait lorsque le lieutenant Ohlsen quitta la villa. Le lieutenant n'avait pas de manteau et il tenait son calot à la main pour laisser la pluie glisser sur ses cheveux. Il s'arrêta, leva son visage vers les nuages, goûta la pluie qui rafraîchissait sa peau brûlante...
Comme il avait bien fait, le jeune major !... Seigneur ! Comme il avait bien fait ! Toute leur fête sabotée... Le lieutenant en ressentit une sorte de joie et se remit à marcher. Savoir s'il aurait eu ce courage idiot... Une idée trottait, une merveilleuse idée... Rentrer, sonner, sonner vraiment fort, aller tranquillement vers ses arrogants beaux-parents, regarder le beau-père assis, imposant et replet dans son fauteuil, lui dire tout ce qu'il pensait d'eux... Des porcs, pas autre chose ! Des porcs endiamantés. Voir leurs yeux de poisson frit quand il s'enfoncerait sa baïonnette dans le ventre... Que ce serait drôle !
Une Mercédès noire, à plaque de police officielle, l'évita. On pouvait entrevoir à l'intérieur des officiers et des dames qui riaient. Le lieutenant se dit qu'il s'ennuyait. Ses copains ! Il y avait des années

qu'il les avait quittés... Tous morts peut-être. Il eut peur et revit le petit légionnaire dont le visage brutal sembla se montrer derrière les buissons, là-bas... Un visage sans corps. Le lieutenant dit tout haut :
— Salut, Alfred !

Le petit légionnaire sourit de son sourire de tête de mort. Sa bouche seule souriait, jamais les yeux. Il y avait longtemps que ses yeux et son cœur avaient cessé de sourire.

— Tu avais raison, Alfred ! Dieu ! que tu avais raison ! Nous sommes du bétail et nous mourrons sur le fumier. Vive la Légion étrangère ! — Il cria ces mots tout haut, inconsciemment, se réveilla et jeta autour de lui un regard craintif.

Un schupo arrivait en flânant. Soupçonneux, il dévisagea le lieutenant qui était trempé des pieds à la tête. L'aigle, sur le casque de l'agent, luisait et la pluie dégouttait de sa nuque sur l'imperméable aux reflets brillants. Le lieutenant pressa le pas, tandis que le schupo s'arrêtait pour le suivre des yeux en pensant que ce soir, tout de même, c'était une chance... pas d'alerte. Il continua son chemin.

Le lieutenant tourna dans une rue transversale. Les souvenirs se pressaient en foule... Ce jour où ils étaient en position près de la vallée de l'Elbrus... Une chaleur écrasante. Pas d'arbres, pas d'ombre, que c'était loin ! Tant de camarades morts d'une balle dans le front sur ces positions-là ! Incroyable ! Il vit défiler toute une série de visages, tous ceux qui avaient reçu une balle dans la tête : le sous-officier Schöler, Gefreiter Busch, panzerschütze Schultze, oberschütze Mall, feldwebel Blom... celui-là même qui voulait aller en Espagne planter des orangers après la guerre. Il parlait toujours de cette plantation d'orangers, n'avait jamais été en Espagne et apprenait l'espagnol dans un vieux dictionnaire en loques. Le jour où il mourut — le tireur sibérien n'avait pas bien visé, aussi eut-il trois minutes d'agonie — il dit à ceux qui l'entouraient :
— Yo no me figuraba.

Le petit légionnaire qui savait l'espagnol hocha la

tête et répondit dans la même langue. Blom fut content et mourut en pensant à sa plantation d'orangers. On l'enterra près d'un cactus tordu avec un tout petit morceau d'orange que le légionnaire lui mit dans la main, puis on tassa bien la terre afin que les chiens de la steppe ne viennent pas le dévorer. On n'avait jamais le temps de le faire, il en mourait tant ! Mais pour Blom c'était différent, tout le monde connaissait son vallon d'orangers.

Le lendemain ce fut le tour du lieutenant-colonel von Herling, que le tireur sibérien attrapa juste sous le rebord du casque. Il mourut tout de suite et on ne tassa pas la terre de sa tombe parce que c'était un nouvel arrivant, mais le lendemain on en retrouva un peu car les chiens de la steppe l'avaient déterré. Le commandant, fou de rage, parla de conseil de guerre, mais il faisait tellement chaud dans la vallée de l'Elbrus que l'incident fut oublié avant le soir.

Ce commandant était le colonel von Lindenau qui, plus tard, tomba à Kiev, brûlé dans son char. Son corps carbonisé pendait à l'extérieur de la tourelle et Porta dit qu'il ressemblait à un rôti oublié par la cuisinière. On en avait ri. Comme von Lindenau n'avait manqué à personne, on laissa à Ivan le soin de tout nettoyer, ce qui fut fait. Le commando russe, à l'aide de deux fourches, décrocha le corps du colonel qui fut mis dans un trou avec un peu de terre par-dessus et personne ne sut jamais où le comte von Lindenau dormait son dernier sommeil. Ohlsen hocha la tête. Quelle guerre !

Il était arrivé au bord de la Havel et s'assit sur un banc, sous la pluie, ruisselant, mais il s'en fichait et il découvrit qu'il se trouvait tout à côté de la Prinz Albrechtstrasse où Heinrich avait son bureau au quatrième étage de la Stapo. Une fille arrivait à pas traînants, vêtue de cuir rouge, avec un chapeau tout trempé sur la tête. Elle lui sourit. Il lui rendit son sourire et s'essuya le visage.

La fille s'assit près de lui sur le banc dégouttant

d'eau et lui offrit une cigarette. Ils fumèrent en silence; les cigarettes étaient humides.

— On est trempé, dit la fille, qui avait de jolies jambes.

Il fit un signe affirmatif.

— Vous aimez vous promener sous la pluie?

— Non, dit-il, je déteste ça.

La fille fumait avec effort : — Moi aussi.

Ils se mirent à rire et restèrent quelque temps perdus dans leurs pensées.

La fille rompit le silence.

— Vous venez du front?

— Oui, de l'Est, et j'y retourne bientôt.

— Faisons un bout de chemin ensemble, proposa-t-elle en se levant.

Ils prirent le chemin qui longeait la Havel.

— Mon amoureux, lui aussi, avait eu une permission, reprit la fille en ralentissant le pas. Mais il n'a pas voulu repartir.

Le lieutenant la regarda de biais. Elle était jolie, avec le nez retroussé d'un petit chat.

— Déserté?

La fille fit oui de la tête et s'essuya le visage.

— Il ne voulait pas y retourner. On lui avait tout coupé.

— Tout coupé? interrogea le lieutenant sans comprendre.

La fille demanda une autre cigarette.

— Oui, une balle, une blessure mal placée, il avait fallu le castrer; pour pisser il avait un tuyau, ça sentait.

Le lieutenant resta sans paroles. Le commandant Fromm, lui aussi, avait été castré, mais par les Russes. Sa compagnie l'avait trouvé attaché sur une table dans une hutte de paysan, les parties posées sur une assiette à côté de lui, comme chez un tripier. Il était mort. Tout son ventre bleu foncé. On exécuta sept prisonniers d'une balle dans la nuque à cause de lui, non qu'ils aient eu quelque chose à y voir, mais il fallait bien faire un exemple. C'étaient sept Géorgiens du régiment frontalier 68, tous de Tiflis, et ils tombèrent en avant comme des mahométans faisant leur prière.

— Et puis, qu'est-il arrivé à ton fiancé ?

Il la tutoya d'instinct; cette histoire de soldat castré les liait, elle devenait aussi quelqu'un du front. Un amoureux castré... triste histoire, que faisait une fille dans ce genre-là ? Le petit légionnaire aussi avait été castré, mais par un tortionnaire des camps.

— Ils l'ont pincé, dit la fille en retirant son chapeau pour en secouer la pluie.

— Pas de veine !

— Ils l'ont fusillé dans la Morellenschlucht, en même temps qu'un général de l'armée de l'air. Je suis allée chercher ses cendres au conseil de guerre.

« La barbe ! pensa le lieutenant. Au fond, en quoi cette histoire me regarde-t-elle ? »

— On me les a données dans un carton à souliers, contre un reçu, comme pour un paquet postal.

— Et qu'as-tu fait des cendres ?

La fille sourit et regarda le fleuve.

— Je les ai répandues dans la Havel. — Elle montra le flot gris et torrentueux qui coulait devant eux, encore plus luisant que d'habitude à cause de la pluie. — C'est pour ça que je viens tous les jours ici, dire : « Bonjour, Robert ! ». Je lui jette parfois des fleurs, et en partant je dis : « Au revoir, Robert, la guerre n'est pas encore finie. »

— Je te comprends, dit le lieutenant, et il s'étonna de la comprendre en effet.

Tous deux entrèrent au domicile de la fille. Elle jeta sa veste rouge sur une chaise et proposa de faire du café, mais elle s'aperçut qu'elle n'en avait plus; elle n'avait plus rien que quelques bouteilles de bière et deux litres de vodka rapportés par Robert du front de l'Est. Ils burent la vodka dans une chope de bière, puis la fille s'étendit sur le sofa; le lieutenant l'embrassa et lui raconta l'histoire d'Inge, de Gunni, et lui dit aussi qu'il avait voulu se venger.

— Ça ne sert à rien, chuchota la fille en se serrant contre lui.

Il prit dans sa paume les genoux fermes et ronds pendant qu'elle lui caressait les cheveux.

— Tu as de beaux cheveux, ceux de Robert étaient comme les tiens, aussi noirs.

La main du lieutenant glissa plus haut, mais la jupe était tellement étroite qu'elle ne pouvait aller loin; la fille desserra les jambes presque inconsciemment, soupira, le prit par le cou. Les doigts du lieutenant glissaient toujours; il sentit le mince revers du bas, et juste au-dessus, une profonde cicatrice.

— Qu'est-ce que c'est?
— Un éclat de bombe, il y a deux ans.

La blessure avait beaucoup saigné cette nuit-là. Un matelot du commando des mines s'était hâté de poser un garrot avec le ruban de son béret, dont la mention « Marine de guerre » » se trouvait juste sur le dessus. Si la blessure avait été moins grave, elle en aurait ri, mais elle souffrait terriblement; l'éclat touchait l'os. « Un millimètre de plus, et adieu la jambe! » avait dit le chirurgien. Elle l'éleva pour la regarder.

— J'ai de jolies jambes, n'est-ce pas?
— Oui, dit le lieutenant.

Il la saisit, l'embrassa; elle ouvrit la bouche et un long baiser les unit. Des doigts encore incertains remontèrent sa jupe tandis qu'elle se soulevait légèrement.

— Il ne faut pas, murmura-t-elle les yeux fermés. Nous nous connaissons à peine!

Mais elle se jeta contre lui, pressa sa bouche contre la sienne dans un baiser goulu, chuchota de pauvres mots. Il lui mordit la gorge, baisa le bout de ses seins offerts et laissa jouer ses doigts le long de ses épaules.

Ils oublièrent tout en sombrant dans l'amour. Pour un instant, le maximum d'oubli et de vie, puisque demain il allait mourir. Elle pleurait, mais pourquoi? Sans doute n'aurait-elle pas su le dire. Sur

Robert en cendres au fond du fleuve, sur elle-même ? Une sirène se mit à hurler.

Ils se redressèrent à moitié et écoutèrent passionnément le concert infernal qui soufflait sur la ville, puis ils retombèrent aux bras l'un de l'autre.

— Ce sont les Anglais, dit-elle. Ils viennent toujours de jour. — On pouvait entendre les avions très haut. — Comment font-ils pour trouver Berlin par un temps pareil ?

Les explosions commencèrent, faisant trembler les vitres.

— On descend à la cave ? demanda le lieutenant.

— Non, c'est horrible, humide et sale. Restons ici.

Ils s'animèrent de nouveau et s'endormirent enlacés, épuisés. Le soir, à leur réveil, la pluie tombait toujours. Ils burent, mangèrent, se remirent à faire l'amour ; tout à coup, ils se sentaient très jeunes. Et le lendemain arriva la sœur qui était employée de bureau à la S. D. (1). Son expression favorite était le mot de Cambronne qu'elle disait toutes les deux minutes. Le lieutenant en était excédé, une fille aussi jolie n'avait pas une bouche faite pour le mot de Cambronne.

— Vous deux, vous ne vous êtes pas embêtés dans le noir, merde alors ! dit-elle en riant. Et si vous récoltiez un môme ? Eh ben merde ! — Elle se dirigea vers la cuisine et se mit à farfouiller dans les casseroles. — On est en train de mettre au point une nouvelle organisation, cria-t-elle en passant la tête à travers la porte. C'est un secret. Merde, quelle histoire ! Ils veulent pincer les derniers circoncis avec tout un régiment de S. D. qui arrive de Pologne et de chez les Sudètes. L'un d'eux, un S. S., m'a coincée dans les toilettes. Il prend le service pour un bordel, ce qui, après tout, est assez vrai ! — Elle laissa tomber un œuf. — Merde ! cria-t-elle en donnant un coup de pied à la coquille.

— Alice est un véritable cochon, dit la fille au

---

(1) Sicherheits Dienst : Service de sécurité.

lieutenant, mais elle est assez chic. On peut tout lui raconter, elle ne vous donne jamais. Elle a caché un juif ici, à côté, mais elle n'a pas voulu aider Robert parce qu'elle n'aime pas les déserteurs; elle dit que ce sont des lâches.

Le lieutenant eut un geste vague. Qu'est-ce qui était lâcheté ou non dans cette guerre?

— Pourrais-tu déserter?

— Qui est-ce qui a déserté? cria Alice de la cuisine. — Elle n'attendit pas la réponse. — As-tu une serpillière? Impossible de la trouver! Merde, la voilà!

— Je ne crois pas que j'oserais, répondit le lieutenant.

— Ça doit être si épouvantable sur le front de l'Est. N'as-tu jamais peur? demanda-t-elle en lui caressant la joue.

— J'ai toujours peur, mais si on reste, on a une chance de s'en tirer. Au contraire, si on déserte et que l'on soit pincé, on n'en a aucune; c'est le poteau à Senne ou à la Morellenschlucht.

— On en fusille beaucoup?

— Un nombre invraisemblable.

— Et quand repars-tu?

— Demain.

Elle soupira et l'embrassa encore de ses lèvres pleines et gonflées comme un fleuve au printemps. Alice arriva avec le dîner.

— Vous y ferez bien honneur? Heinz vient ce soir, on sera tous les quatre.

« Qui peut bien être Heinz? » se dit le lieutenant.

Le cognac et la bière circulèrent; on buvait tout ce qui vous tombait sous la main et Alice obtenait beaucoup de choses, ou bien elle les volait, mais elle savait que les autres volaient aussi et ces derniers savaient qu'elle savait! Aussi finissait-elle par voler ouvertement.

— Alice, tu n'as pas de moralité, disait sa sœur. Tu ne peux tout de même pas t'asseoir devant le lieutenant en combinaison.

— La barbe! dit Alice, et merde pour la morale.

Le dénommé Heinz qu'on entendait monter l'escalier quatre à quatre entra comme quelqu'un qui a le droit de faire du bruit; il était S.S. Unterscharführer.

— Salut, les filles! Voici de l'eau piquante et du café.

Il eut un gros rire d'ivrogne et ne remarqua pas le grade d'Ohlsen qu'il appela sans façon « collègue », mais rien n'importait au lieutenant.

Ils burent encore, plaisantèrent, puis allèrent se coucher. Alice gémissait de plaisir, Heinz riait comme un soudard qu'il était et soufflait tel un taureau.

Le lendemain, à l'aube, le lieutenant partit sans réveiller personne, sans même savoir le nom de la fille. Il gagna la gare de la Friedrichstrasse. Le quai grouillait de permissionnaires qui retournaient au front, les uns accompagnés de leurs proches, mais la plupart seuls, car on évitait les adieux à la gare qui rappelaient trop les enterrements. Ohlsen fit les cent pas sur le quai. « Pas ordinaire, pensa-t-il, de repartir avant la fin d'une permission. »

— Pourquoi diable, ne prenez-vous pas le train à Charlottenbourg? demanda un employé de la gare à un groupe de soldats. Vous trouverez bien plus facilement de la place, c'est là que se forme le train.

Un vieux sous-officier, qui était assis sur son sac, dit méprisant :

— C'est dans l'autre sens qu'il faut faire ça; il faut aller à Schlesinger Hof.

— Pourquoi? C'est la dernière station de Berlin, pleine à craquer!

— Justement, ricana un obergefreiter étendu sur le quai mouillé, un étui de masque à gaz sous sa tête. Il n'y a pas de train pour le front à la gare de Silésie, mais si on y fait timbrer ses papiers par l'officier de gare, on a gagné un jour et on repart le lendemain.

Un rapide arriva, bourré de soldats que le vieux sous-officier montra en riant.

— Ce sont ceux qui ont compris! Je parie ce

qu'on veut que le train va se vider à la gare de Silésie, mais il faut se grouiller. Si on tarde, ces chiens de gendarmes y seront et on aura une bonne chance d'être collé au mur.

Une demi-douzaine de soldats bondirent vers le train, essayant de s'y accrocher.

— Ils ont du mal ! dit le sous-officier hilare. Eux aussi ont compris !

— Sans arrêt jusqu'à la gare de Silésie ! criait le chef de train qui courait le long du quai.

Il y eut un rire énorme : — Tu parles ! On sera plus vite rentrés !

L'employé qui avait recommandé Charlottenbourg regardait bouche bée le train archicomble.

— C'est pas avec cette bande-là que le Führer gagnera la guerre ! — Il s'en alla outré.

Un lieutenant de blindés vint vers le lieutenant Ohlsen et le salua en camarade.

— Vous essayez le truc de la garde de Silésie !

— Non, répondit Ohlsen avec indifférence.

— Cher ami, c'est une journée de perm en plus !

— Je n'en ai pas envie, rétorqua le lieutenant en souriant.

L'officier tourna les talons et s'éloigna rapidement : — Nazi ou idiot, se dit-il, probablement les deux. Il alla vers deux lieutenants d'infanterie dont l'un disparut aussitôt dans le train.

Accrochées à tous les transports, des pancartes portaient en grosses lettres des slogans encourageants, par exemple : « Il roule vers la victoire ! » Un sous-officier cracha sur l'une d'elles : — Peut toujours courir !

Soudain retentit un coup de sifflet. C'était l'avis d'un feldwebel d'artillerie d'avoir à se méfier... Trois casques d'acier, trois gendarmes surgirent sur le quai. Des yeux méchants, soupçonneux, luisaient sous les casques brillants. Le train qu'attendait le lieutenant entra en gare et s'arrêta dans un grincement de freins. Les soldats se précipitaient. Cris, appels, jurons, disputes.

— En voiture, le train part !

Lentement, le train traversa Berlin, passa la Spree; on devina l'Alexanderplatz et la Préfecture de police où des centaines de gens emprisonnés attendaient sans doute la mort. A la gare de Silésie il y avait un monde fou, mais peu de gens montaient; la queue devant le bureau de l'officier de gare s'accroissait continuellement, une queue de gens bien contents qui avaient réussi à faire timbrer leurs papiers et dont certains avaient poussé l'audace jusqu'à faire attendre leurs familles au-dehors des barrières. Un long sifflement, les haut-parleurs passaient les consignes. Le train du lieutenant continua vers l'est.

Chaque compartiment emportait sa pleine charge d'hommes en route vers les abattoirs qui avaient encore dans le sang les souvenirs de quinze jours merveilleux. Mais d'autres choses les attendaient maintenant : le feu, les blindés, le corps à corps, le sang, les mutilations, la mort... des mots recouvrant une telle somme de terreur et de souffrances que cela passait l'imagination.

Recroquevillé dans un coin, sous son manteau, le lieutenant fermait les yeux pendant que les autres jouaient aux cartes, buvaient ou racontaient de sales histoires grivoises. Le lieutenant Ohlsen pleurait... sans bruit. Il pleurait son fils perdu, son foyer détruit, il pleurait sa solitude... Mais non ! Il n'était pas seul. Là-bas, où allait le train, il y avait ses frères d'armes, ses copains...

Tous, il les revoyait : Alte, ce rocher, le petit légionnaire, Joseph Porta, Petit-Frère si grand, si bête, et tous les autres...

Le train roulait à travers l'Allemagne.

A cet instant s'achevait, derrière les lignes, la concentration des troupes russes. Tout était prêt pour la plus grande offensive que la guerre eût jamais connue.

Dans un profond cratère de grenade on aurait pu voir Porta, Petit-Frère et un fantassin russe qui jouaient aux dés. Leurs mitraillettes gisaient à côté d'eux. Tous trois avaient été projetés là au cours d'un combat, et dépassés. Petit-Frère gagnait déjà une bouteille de vodka, lorsqu'à sa grande colère le front se réveilla d'un bout à l'autre, et arrêta le jeu.

Deux cent soixante-trois divisions d'infanterie et quatre-vingt-cinq divisions blindées montaient à l'attaque.

FIN